中国社会科学院青年学者文库
国际问题研究系列

中国社会科学院创新工程学术出版资助项目

海军竞赛与英德全面对抗的生成
（1900—1912）

NAVAL COMPETITION AND THE FORMATION OF
THE ANGLO-GERMAN CONFRONTATION(1900—1912)

徐若杰 著

中国社会科学出版社

图书在版编目（CIP）数据

海军竞赛与英德全面对抗的生成：1900—1912／徐若杰著.-- 北京：中国社会科学出版社，2025.5.--（中国社会科学院青年学者文库）.-- ISBN 978-7-5227-4990-7

Ⅰ.E561.53；E516.53；D856.19

中国国家版本馆 CIP 数据核字第 20252ZX587 号

出 版 人	赵剑英
责任编辑	黄　晗
责任校对	李　硕
责任印制	张雪娇

出　　版	中国社会科学出版社
社　　址	北京鼓楼西大街甲 158 号
邮　　编	100720
网　　址	http://www.csspw.cn
发 行 部	010-84083685
门 市 部	010-84029450
经　　销	新华书店及其他书店
印　　刷	北京明恒达印务有限公司
装　　订	廊坊市广阳区广增装订厂
版　　次	2025 年 5 月第 1 版
印　　次	2025 年 5 月第 1 次印刷
开　　本	710×1000　1/16
印　　张	15.5
字　　数	250 千字
定　　价	98.00 元

凡购买中国社会科学出版社图书，如有质量问题请与本社营销中心联系调换
电话：010-84083683
版权所有　侵权必究

序

徐若杰博士写了一本好书。

尽管中外学界对100多年前英德关系发生复杂转变的那段历史已做过不少研究，成果可谓汗牛充栋，但《海军竞赛与英德全面对抗的生成（1900—1912年）》所显示的创新意识和理论勇气应得到充分的肯定和赞许。

首先，社会科学工作的创新活动主要是在既有知识的基础上作出思想和方法的某些修正、拓展或超越。本书的基础是徐若杰的博士学位论文。它以20世纪初英德海军竞赛及其对两国关系转向产生重大影响作为选题，不仅体现了一位青年学子对于探究前人经验教训的浓厚兴趣，更可贵的是其努力将国际关系理论与战略史研究相结合后提出的分析框架。作者运用丰富的史料展现英德两国内外环境、实力发展、战略观念、政治生态和公众心理，以及消极互动中的危机事件等多重变量，使理论与史实二者在有机联动中均鲜活起来。

其次，社会科学的理论总是为社会活动的发展所推动。包括国际形势、对外政策的变动与调整在内的一切实践，既代表了那些不以人的意志为转移的客观变化所产生的新问题、新挑战，也需要人们不断地完成主观认识的交换、比较、反复过程。本书作者在回顾英德关系关键转折的这段历史时，颇为独到地选取双方围绕海权的激烈角逐与彼此"威胁认知"交替作用作为切入点，梳理出一条由军方到政府、媒体及公众的认知扩散链，有力地支持其基本研究立论："认知偏向及其传导的失控"作为主因，助推了英国在前后十余年里完成对德全面敌对的定位过程。

再次，作者是带着很强的现实关切从事这一研究的。细心的读者一定能从书中感知到那些与当下国际政治和大国关系负面事态及成因存在的相似之处——无论是彼时霸权国因竭力护持权势而被迫实行的战略集中，为平衡地区和海上利益的挑战者而调整"两强标准",还是崛起的陆权国转向海洋并推进"陆海兼备"战略的必然性,在启动"世界政策"及大海军建设之时所面临的自身局限和外部压力,都似乎是对 21 世纪以来,特别是近年来美国再度祭出西方地缘政治传统,强化与中、俄等大国开展全方位战略安全竞争的某种历史映照。常言道,"历史会惊人地相似,但不会是简单的重复"。毫无疑问,英德双方,特别是两国军方的"威胁认识"都存在明显误读与错判,以及那个时代条件下技术、信息、决策心理乃至社会价值观所导致的"过度恐慌"等,放在高度全球化、信息化以及军事侦察现代化的今天是可以得到更多改观、抑制的。同时也应该指出,人们对于历史的有效记忆与再认识并非都是积极、进步和符合正确史观的。对于当代西方知识精英和政治决策者而言,接受和放大类似"修昔底德陷阱"等进攻性现实主义理论似乎更为理所当然,这就使得他们吸取教训并站在"历史正确的一边"似乎更难。如今中美基本矛盾不是也不能简单重复历史上守成国与崛起国的竞争与冲突,双方相向而行的正确方向是管控、克服而不是刻意搅动、放大地缘政治危机,把世界拉回到阵营对抗甚至大国交战的邪路上去。由此去理解中国领导人一再将正确的认知比喻为"第一粒纽扣",是处理好两国关系的关键,其深意当不言自明。

最后,要着意强调一点,学术上做"以史为鉴"研究是需要有大眼光和大问题意识来引领的。一方面,社会科学繁荣与否的标志不仅是现象上的"百花齐放""百家争鸣",还在于新发现、新观点、新思潮的并蓄发展;而另一方面更要注重在其发展中切实赓续和强化主流意识形态,让辩证唯物主义和历史唯物主义的立场、观点和方法始终居于主导地位。本书作者言明,对英德关系这段历史和大国战略史的研究还是"中观"层次的。事实上,20 世纪上半叶的世界历史之所以波诡云谲、危机四伏,离不开那个时代世界主要矛盾加剧和爆发的宏观背景。无产阶级革命导师马克思、恩格斯、列宁等坚持运用唯物史观,对资本主义推动全球范围社会化大生产的政治经济学逻辑作出深刻的分析,进而洞见那一时期的经济全球化所催生的不平衡、不平等现象必然导致殖民国家与殖民地、帝国主义国家之间两大国际主要矛盾日益尖锐,而国际矛盾又会不断激化殖民地、帝国主义宗主国社会内部的矛盾,这些矛盾与斗争的相互联系与作用将引起资本主义世界体系总危机的爆发。这些经典论断不仅被本书侧重展示的第一次世界大战前欧洲列强兴衰缠斗的图景所证实，也为维也纳体系和凡尔赛—华盛顿体系先后崩溃、两次世界大战以及俄国革命、殖民地半殖民地获得民族解放和国家独立等后续历史事件的发生作出了科学的注脚。

徐若杰博士勤奋用功，耕读不辍，涉猎范围很广，这在本书所列的各类中外参考文献里得以体现，也为抱有同志的青年学者提供了一个扎实求学的参照。衷心地希望新一代学术同人能有更多高品质且体现中国观点、造诣和气派的研究成果问世，以不辜负这个风云际会、百舸争流的崭新时代。

吴白乙
中国社会科学院欧洲研究所前所长、研究员
2024 年 10 月

目 录

绪论 ··· 1
  一 问题的提出 ································· 1
  二 对英德海上矛盾成因的解释 ············· 3
  三 研究方法 ··································· 18
  四 核心概念与解释机制 ······················ 20
  五 研究意义 ··································· 24

第一章 英国霸权的结构性危机与调控 ········ 27
  一 20世纪英国霸权的基础 ·················· 27
  二 英国霸权的结构性衰落 ·················· 37
  三 社会思潮的冲击 ·························· 47
  四 英国的初步战略调整 ····················· 55
  小结 ··· 63

第二章 海上矛盾缘起与战略协调尝试
       （1884—1902年） ················· 64
  一 新挑战：德国海权的兴起 ··············· 64
  二 英德战略协调及其失败 ·················· 91
  三 英日同盟的建立 ·························· 102
  小结 ·· 103

第三章 海军部对德国海军扩张威胁的初步评估
       （1900—1904年） ················ 105
  一 海军部与英国政府 ······················· 107

  二 海军建设的困境 …………………………………… 109
  三 海军部威胁认知的初步形成（1900—1904 年）……… 118
  小结 ……………………………………………………… 124

**第四章 通往"海上唯一敌人"之路：海军部威胁认知的定型
   （1904—1909 年）**………………………………………… 126
  一 "两强标准"下的对德威胁认知（1904—1906 年）………… 126
  二 "无畏舰"竞赛与单一敌国身份的固化
   （1907—1909 年）…………………………………………… 141
  小结 ……………………………………………………… 158

**第五章 海军部与英国整体性威胁认知的调整
   （1907—1912 年）**………………………………………… 160
  一 英国整体性威胁认知调整的开端 ………………………… 163
  二 "海军恐慌"与海军部威胁认知的全面扩散 ……………… 168
  三 英国整体性威胁认知的彻底固化 ………………………… 181
  四 海军部威胁认知形成—扩散的历史影响 ………………… 191
  小结 ……………………………………………………… 196

第六章 总结与反思…………………………………………… 198
  一 战略过程总结 …………………………………………… 200
  二 经验与启示 ……………………………………………… 205

参考文献 …………………………………………………………… 213

附 录 ……………………………………………………………… 230

后 记 ……………………………………………………………… 235

绪　　论

一切有文字可考的历史都发生于欧亚大陆，而它三面临海的土地始终关切于海面的波涛、牵动于海上的风浪。①

——王赓武

世界史是一部海权国家对抗陆权国家，陆权国家对抗海权国家的斗争史。②

——卡尔·施米特（Carl Schmitt）

一　问题的提出

大国竞争管控是一个历史悠久且意义重大的国际安全议题。历史上，霸权国与崛起国之间曾多次因竞争失控而爆发剧烈冲突，双方似乎被无形的"修昔底德陷阱"所支配，难以实现有效的战略协调，即通过外交沟通和政策释疑，以非暴力途径降低和消除彼此矛盾。第一次世界大战（以下简称"一战"）前英德走向全面对抗的历史，是大国战略竞争管控失败的经典案例，对于深度挖掘探寻大国竞争失控的根源具有不容忽视的研究价值。以海军竞赛为主要内容的海上矛盾，是英德从"天然盟友"走向兵戎相见的主要矛盾，在两强交恶的过程中发挥了极为关键的作用，因而是理

---

① ［新加坡］黄基明：《王赓武谈世界史：欧亚大陆与三大文明》，当代世界出版社2020年版，第1页。
② ［德］卡尔·施米特：《陆地与海洋——世界史的考察》，林国基译，上海三联书店2018年版，第10页。

解英德敌意缘起和演进的一条叙事主线。尽管目前学界已有大量相关研究作品，然而未能充分解释海上矛盾作用于英德关系的机制机理，尤其是从霸权国英国战略决策和威胁认知变迁视角深入，基于过程追踪方法进行系统分析的成果数量相对匮乏。

本书遵循战略史研究范式，依托于"一战"前英德战略竞争的历史，根本的学理关切是探求大国崛起中的霸权国与崛起国竞争失控的成因。研究问题是以海军竞赛为代表的海上矛盾对英德关系的作用机制，即"海上矛盾如何对英德关系变化产生影响，并最终造成两国全面对抗"。本书选取1900年海军部启动针对德国海权发展的风险评估进程开始；以1911—1912年发生的阿加迪尔危机和霍尔丹使团访德失败后，英德海军谈判的全面破裂，两国开始全面备战为终点。需要指出的是，英德海上矛盾的产生最早可以追溯到1884年德意志帝国首任宰相奥托·爱德华·利奥波德·冯·俾斯麦（Otto Eduard Leopold von Bismarck）批准在非洲攫取德国第一块殖民地，由此引发英国的不满，且双方在1900年前因殖民利益纠纷发生了多次外交摩擦。但是两国的殖民纠纷烈度有限，并没有对双边关系产生根本性影响，特别是没有改变德国在英国战略认知中的潜在合作者角色，导致英国对德敌意的产生和发酵。英国整体仍然以安抚和寻求战略协调的绥靖策略应对德国的殖民利益挑战。因此，本书将1884—1900年英德之间的殖民利益矛盾，仅作为1900年后两国因海军问题而迅速交恶的历史铺垫，重点关注1900年后，德国海军快速扩建引发的英德海上矛盾，是如何作用于英国军方和政府的威胁认知，最终诱发两国的全面对抗。

本书聚焦的是国际安全层面的战略决策，其中的核心内容是战略目标的管理，包括确定战略目标和利益的轻重缓急，以及根据不断变化的环境灵活调整。[①] 本书基于的宏观历史背景是19世纪末20世纪初，英国霸权地位的相对衰落和通过"收缩式"大战略进行的霸权护持。为了更加深入地理解德国海上挑战对英德关系的影响，改进现有研究存在的相对不足，笔者选择从"一战"前英国战略决策过程中的威胁认知角度切入，根据主体差异对英国的威胁认知进行了类型化处理，细分为军事部门在军事安全层面的威胁认知，以及以政府为认知主体的大战略层面的整体性威胁认

---

① 牛军：《冷战时代的中国战略决策》，世界知识出版社2019年版，第1—2页。

知。军政互动是本书展开论述的核心视角，整个研究过程将"一战"前英国内部军政决策精英群体对德国海军扩张的威胁认知变迁作为叙事主线，通过追踪透视"一战"前英国海军部对德威胁认知的变迁和扩散，对海上矛盾作用于英德关系的逻辑机制进行概括、萃取和还原。贯穿其中的一条逻辑主线是军事部门的威胁认知形成与扩散，对国家大战略层面上的整体性威胁认知的塑造。

笔者试图通过细致的历史爬梳与宏观机理萃取，寻求对大国竞争失控典例的宏观理解，力求在纷繁芜杂的历史细节中，梳理出一条兼具创新性和启发性的逻辑主线。在总结历史教益的同时，增进对霸权国—崛起国竞争管控问题的理解，笔者认为：海上矛盾推动了皇家海军对德威胁认知的形成和固化，并通过威胁认知扩散对英国政府内部决策精英的战略判断，以及社会层面的公众舆论倾向施加影响，最终在军方—政府—社会三方基于国内政治过程的认知互动中，对英国整体性对德威胁认知产生塑造作用，促使两国敌意的结构化与政治、社会关系的全面崩坏。海上矛盾在性质和层级上，也由两强的军事安全矛盾升级为大战略层面的结构性矛盾。

历史一再证明，任由大国战略竞争烈度的持续升级，往往会造成灾难性国际政治后果。在当今世界深处"百年未有之大变局"特殊历史时期，在"世界之变、时代之变、历史之变正以前所未有的方式展开"[①]的大背景下，虽然英德海军竞赛的爆发已经逾百年，其中依然不乏需要我们认真总结和反思的经验教训。本书的目的并不仅仅局限于"旧史新探"，提供一个理解英德围绕海上矛盾走向敌对的新视角，而是"立足历史，关怀当下，启示未来"，提炼历史深处蕴含的丰富战略启示和历史教益。

二 对英德海上矛盾成因的解释

"一战"是世界现代史上重要的分水岭。作为 20 世纪大国间第一次大

---

① 习近平：《高举中国特色社会主义伟大旗帜 为全面建设社会主义现代化国家而团结奋斗——在中国共产党第二十次全国代表大会上的报告》（2022 年 10 月 16 日），人民出版社 2022 年版，第 60 页。

规模战争，这次历时四载的残酷大战对世界历史发展起到了承上启下的决定性作用，"随后爆发的第二次世界大战及长达半个世纪的美苏冷战不过是第一次世界大战的续曲"。① 长期以来，"一战"爆发的原因一直备受不同学科背景的学者关注，引发了激烈的学术争论。在"一战"爆发的诸多原因中，霸权国的英国与作为崛起国的德国两强之间的竞争和对抗，无疑最为重要和引人注目。在导致英德走向战争的诸多因素中，海上矛盾的作用最为突出，尤其是1900—1912年日益激烈的英德海军竞赛，更是直接导致了双方关系的全面崩坏。

目前已有为数众多的作品讨论英德海上矛盾的成因及其对历史的影响，分析和解释视角涵盖了国际体系、社会思潮、海权战略、国内政治和大战略等诸多层面的因素。此外还有大量探讨"一战"起源的著作中也会涉及对英德海上矛盾的间接讨论，穷尽全部文献是非常困难的任务。根据研究需要，本书将文献考察主题聚焦于英德海上矛盾的成因与对双边关系的作用机制，即"海上矛盾何以形成，并通过何种作用机制对英德关系产生影响"。在此基础上对既有解释进行分类评价。在挖掘知识基础的同时，寻找既有解释存在的不足之处，揭示本书的创新性所在。

（一）权力转移解释

权力转移是一种研究大国竞争与冲突成因的经典理论范式，立足于国际体系对国家间互动的影响，② 假定体系中有一个主导性大国、一个潜在挑战者和其他大国。当潜在挑战者国际权力持续上升、与主导性大国之间的实力差距不断缩小、具备挑战体系霸权的能力时，大国冲突与战争最容易爆发。③ 大国之间的竞争、冲突乃至战争源于"增长速度的差异，更重

---

① 吴征宇编译：《〈克劳备忘录〉与英德对抗》，广西师范大学出版社2014年版，第2页。
② 国际体系是一个常用的国际政治专业术语，但是学界目前对其定义仍然模糊不清，甚至与国际格局等概念相互混淆。本书采用中国学者阎学通的定义，认为国际体系是指以国家为主要行为体组成的无政府社会。它由三个部分构成：国际行为体、国际格局和国际规范。参见阎学通、何颖《国际关系分析》（第三版），北京大学出版社2017年版，第36页。
③ ［美］詹姆斯·多尔蒂、［美］小罗伯特·普法尔茨格拉夫：《争论中的国际关系理论》第五版（中译本第二版），阎学通、陈寒溪等译，世界知识出版社2013年版，第320—323页。

要的是，主导性国家与挑战者之间增长速度的不同使得后者能够超越前者"。① 采用这一范式分析和研究"一战"前英德海上矛盾的学者，尽管观点各异，但是普遍具有一种认知倾向——英德关系走向全面对抗的过程，本质上反映的是霸权国与崛起国间"挑战霸权—霸权护持"的结构性矛盾，而这种矛盾根源于国家实力的消长和体系位置竞争。由此推之，作为英德对抗诸多方面之一的海上矛盾，其缘起、发展及影响都离不开这种来自体系的结构性约束。概而言之，海上矛盾对英德关系的作用机制体现在：实力增长后谋求更高的体系地位的需要，使得德国以英国为"假想敌"，走上了海外扩张和海军建设之路。德国挑战英国海上主导权的行为刺激英国采取制衡手段以进行遏制，体系结构的作用像一双"看不见的手"推动着双方关系在安全困境中越陷越深，"修昔底德式"的历史悲剧重新上演。

较早关于英德海上矛盾的讨论，多见于以权力转移视角分析"一战"起源研究的历史著作中。在这些文献中，海上矛盾只是被视作英德霸权之争的从属部分和重要表现之一，并没有被单独作为研究对象进行考察。1954 年，英国学者艾伦·泰勒（Alan J. P. Taylor）强调，德国对欧洲霸权的觊觎和争夺是导致英德关系全面恶化和"一战"爆发的决定性因素。英德海上矛盾的产生与激化是德国争霸政策的直接后果，是英德霸权之争的重要呈现；② 极富争议的联邦德国历史学家弗里茨·费舍尔（Fritz Fischer）也持类似观点，坚信德国理应承担"一战"爆发的主要责任。在"世界政策"的主导下，挑战英国霸权地位的帝国主义政策主导了德国的战略决策，推动其发动大战。海外利益和海军建设是"世界政策"的重要内容，英德海上矛盾由此产生和发酵；③ 保罗·肯尼迪（Paul M. Kennedy）的名著《英德敌意的缘起：1860—1914》（*The Rise of the Anglo-German Antagonism 1860-1914*）是其中的翘楚与集大成者。该书从国力消长、地缘政治

---

① A. F. K. Organski and Jacek Kugler, *The War Ledger*, Chicago: University of Chicago Press, 1980, p.61.

② Alan J. P. Taylor, *The Struggle for Mastery in Europe: 1848-1918*, Oxford: Oxford University Press, 1954.

③ [联邦德国] 弗里茨·费舍尔：《争雄世界：德意志帝国 1914—1918 年战争目标政策》上册，何江、李世隆等译，商务印书馆 1987 年版。

和社会变迁三个方面对英德敌意的兴起做出了解释。第一，工业和先进技术实力的增强使得德国成为欧洲最具军事效率、最为强大的国家。这种变化促使德国摆脱"欧洲皮肤"，获取一种世界性的权势地位——生机勃勃的海外贸易、海外政治影响力、殖民地和舰队扩张，由此对英国在相关领域的优势地位和欧洲政治均势产生冲击。第二，英德地缘距离接近，安全距离的缺乏使得英国面对德国的快速崛起不得不做出果断回应。第三，工业革命和经济发展伴随而来的是阶级分化与新兴阶级，尤其是工人阶级的形成和发展、民族主义和意识形态影响的增大。以上因素共同作用，加之两国在互动中不断激化的安全矛盾，助长了英德政治精英和普通民众对彼此的敌意，由此也可以解释海上竞争缘何最终失控。[1] 虽然该流派的观点屡遭非议，但是凭借对于无政府状态下大国竞争敏锐的洞察力和直击本质的解释力，权力转移这种源头可以追溯到古希腊历史学家修昔底德的研究范式，深刻影响和塑造了有关"一战"爆发原因的研究进程，直到当代仍然为众多学者所采用。[2]

随着研究成果的不断积累与议题的细化，第二次世界大战（以下简称"二战"）后，英德海军竞赛研究逐渐兴起，海上矛盾由此开始，被作为一个影响英德关系的独立研究对象进行考察。其中很多作品仍然深受权力转移范式的影响，被众多学者视作英德海军竞赛研究的"正统范式"[3]（Orthodox）。在1961年出版的海军史著作《从无畏舰到斯卡珀湾（第一卷）：通往战争之路1904—1914》（*From the Dreadnought to Scapa Flow*, Volume I: *The Road to War 1904-1914*）中，美国学者亚瑟·马德尔（Arthur J. Marder）系统考察了1904—1914年的英德海军竞赛。作者重点强调了安全问题是导致海军竞赛不断升级与失控的根源。德国海军发展构成了英国自由施展政治影响的最大障碍，因而被英国视为德国试图称霸欧洲的有力

---

[1] Paul M. Kennedy, *The Rise of the Anglo-German Antagonism 1860-1914*, London: George Allen & Unwin, 1980.

[2] Allison, *Destined for War: Can America and China Escape Thucydides's Trap?*, Boston and New York: Houghton Mifflin Harcourt, 2017；吴征宇编译：《〈克劳备忘录〉与英德对抗》，广西师范大学出版社2014年版。

[3] Matthew S. Seligmann, *The Royal Navy and the German Threat 1901-1914: Admiralty Plans to Protect British Trade in a War Against Germany*, Oxford University Press, 2012, p.136.

证据，这是两个国家相互仇视的焦点。① 该书的出版时间距今已逾甲子，但是这一经典结论至今仍为很多后辈学者所接受和推崇。霍尔格·赫维希（Holger H. Herwig）基于对1888—1918年德国的海军发展史及英德互动的系统考察，得到了与马德尔类似的结论，认为英德海上矛盾源于德国在战列舰数量上单方面挑战英国海上主导权，试图以此迫使英国在与德国结盟和殖民地等事务上进行妥协和让步的战略行为。德国挑起并助推了英德海军矛盾的不断激化，最终摧毁了德国的国际环境和外交空间。德国陷入与英国、法国、日本等众多国家的敌对和"被包围"的危险状态，直至"一战"爆发。② 大卫·格雷戈里（David J. Gregory）的总结更为精练，海军竞赛是英德关系失和的最重要原因，结盟承诺和与其他大国纠缠不清的关系创造了海军竞赛升级的结构，欧洲大陆复杂的国际关系事务为双方从海军竞赛最终走向尖锐冲突提供了条件。③ 采用这一视角对海上矛盾与英德关系恶化之间的联系进行解释的高水平研究著作还有很多，④ 在此不做赘述。

作为一种古老且经典的大国博弈研究范式，权力转移对于我们理解海上矛盾对英德关系的影响无疑具有非常大的帮助和启发。但是这一视角在解释力方面存在一些不容忽视与回避的短板：第一，权力转移理论假定由挑战国的权力增长而来的国际结构变化是解释大国竞争与冲突的核心变量，国家行为体在其中的政策选择较为机械化和模式化。研究导向往往带有一种"霸权国—崛起国冲突难以避免"的宿命论色彩。依据该理论范式，在国际体系的权力转移时期，挑战国与霸权国的矛盾是结构性的，双方之间的竞争和冲突是易发且不可避免的，罗伯特·吉尔平（Robert Gilpin）甚至悲观地宣称唯有周期性霸权战争方能解决权力增长差异带来

---

① Arthur J. Marder, *From the Dreadnought to Scapa Flow*, Volume I: *The Road to War 1904-1914*, Oxford: Oxford University Press, 1961.

② Holger H. Herwig, *"Luxury Fleet": The Imperial German Navy 1888-1918*, London and New York: Routledge, 2016.

③ David J. Gregory, *The Lion and the Eagle: Anglo-German Naval Confrontation in the Imperial Era 1815-1919*, Oxfordshire: David Gregory in conjunction with Writersworld, 2012.

④ Peter Padfield, *The Great Naval Race: Anglo-German Naval Rivalry, 1900-1914*, New York: David Mackay Company, 1974; Arthur Herman, *To Rule the Waves: How the British Navy Shaped the Modern World*, New York: Harper, 2004.

的权力再分配危机，维持体系秩序和均衡。① 但是历史并非如此，随着相关档案材料的大量公开，一大批研究成果已经证明了在英德海军竞赛的过程中，英德关系呈现出的变化趋势并非线性的，双方的战略互动与各自军政决策精英的政策选择在其中扮演了非常重要的角色。第二，采用权力转移范式的研究深刻把握住了英德敌对在本质上是由霸权之争引发，海上矛盾是两国全面竞争中的一个关键部分。虽然这种观点一针见血地点明了英德海上矛盾的实质，但是并未能进一步对海上矛盾如何导致英德敌对的过程做出充分解释。第三，作为一种典型的体系理论，其对国际关系的解释主要聚焦于国际体系层次，对单元层面的因素关注存在不足。须知要深入研究海上矛盾对英德关系的影响，必不可少的一项内容是打开双方战略决策过程的"黑箱"进行相互对照，从双方国内政治角度深入探源寻根。第四，基于权力转移范式的"德国争霸"叙事，往往有意无意地带有一种明显的对霸权国的"共情"倾向。作为一个综合国力高速发展、海外利益迅速扩张的崛起大国，德国发展海权并非完全没有必要性与合理性，将德国发展海权的意图完全归于谋求挑战体系霸权，带着先入为主的"修正主义国家"身份设定，去批评德国的战略选择破坏了原有国际秩序，显然也会影响到研究结论的全面性与客观性。在这一历史过程中，德国发展海权的原因中，到底哪些部分属于客观的合理诉求，哪些属于过度扩张？上述文献并没有做出很好的分类论述。

（二）大战略解释

根据英国学者利德尔·哈特（Liddle Hart）的定义，"大战略的任务是协调和指导所有国家资源（或者若干国家的资源），以达到战争的政治目的"。② 经过多年的积累和发展，大战略的内涵逐步拓展，超越了单纯的军事层面，政治、经济、外交等也被包含其中。本书采用以下界定：大战略是国家有目的地运用军事、外交和经济资源，以对抗外部威胁并保证国家安全，③

---

① Robert Gilpin, *War and Change in World Politics*, Cambridge: Cambridge University Press, 1981, p. 12.
② Liddle Hart, *Strategy*, London: Plume, 1991, pp. 335-336.
③ Paul K. MacDonald and Joseph M. Parent, *Twilight of the Titans: Great Power Decline and Retrenchment*, Ithaca and London: Cornell University Press, 2018, p. 6.

是对战略实力调动、分配和运用过程的筹划指导。① 大战略在层级上高于军事战略,因为它关注的是更为广义的国家安全,考虑范围包括战争与和平时期,军事安全战略在理论上是大战略的从属。

大战略分析力图从英德两国更为宏大的大战略出发,从根源上寻找对英德海上矛盾成因和作用机制的解释。这一视角抓住了双方的海上矛盾之所以出现,本质上由两国大战略之间的对冲与张力造成,分析思路往往聚焦于大战略与海权战略之间的相互影响。由于涉及英国和德国两个博弈主体,因此采用大战略分析视角的研究成果,可以具体分为德国视角和英国视角两种。需要指出的是,战略博弈是一个双向互动的过程,上述两种视角并不是非此即彼的关系。无论采用德国视角抑或英国视角,都不可能完全忽视对另一方战略回应的考察,区别只是体现在研究重心上。

1. 德国视角

德意志帝国是"一战"前国际体系中的崛起国,威廉二世(Wilhelm Ⅱ von Deutschland)执政后,德国国内政治与对外政策选择的急剧变动是造成英德交恶与大战爆发的重要诱因。因此,德国大战略长期以来受到学者的广泛关注和讨论,形成了数量众多的研究成果。总体而言,采用德国视角的文献,大致的分析逻辑是将德国大战略的瑕疵和弊病作为导致英德海上矛盾产生、发酵和失控,以及英德关系全面恶化的根源。乔纳森·斯坦伯格(Jonathan Steinberg)指出,阿尔弗雷德·冯·提尔皮茨(Alfred von Tirpitz)计划和英德海军竞赛并不是英德关系恶化的全部根源。虽然旨在针对英国的舰队必然遭到英国的抵制,但是德国的海军扩张未能得到有效的外交政策配合,加速了德国安全处境的迅速恶化。正是由于德国混乱、反复无常、恃强凌弱的外交政策,最终迫使英国寻求对德国的安全,并建立了德国最害怕的制衡联盟。② 在同年发表的一篇文章中,斯坦伯格从德国决策精英的心理认知切入,系统研究了"哥本哈根情结"对德国决策精英威胁认知及战略决策过程的影响;③ 伊沃·尼古拉·拉比(Ivo Nikolai Lambi)考察了1862—

---

① 周丕启:《大战略分析》,上海人民出版社2009年版,第7页。
② Jonathan Steinberg, *Yesterday's Deterrent*: *Tirpitz and the Birth of the German Battle Fleet*, New York: The Macmillan Company, 1966.
③ Jonathan Steinberg, "The Copenhagen Complex", *Journal of Contemporary History*, Vol. 1, No. 3, 1966.

1914年德国国内政治、国际权力政治的双层互动关系,认为海军先天发展不足、后天大战略缺失和战略决策错误等方面的原因导致了军事计划的重大缺陷,这是造成德国海军发展深陷困境和英德交恶的根源;① 杰克·斯奈德（Jack Snyder）从国内政治联盟的视角,认为国内政治的高度卡特尔化使提尔皮茨等海军政治精英凭借自身的专业优势,制造了扩张主义战略迷思（国家安全只有通过扩张方能获得）。最终因过度扩张而招致"自我包围",即德国提出的过度扩张要求威胁其他大国利益,遭到联合抵制,陷入了越扩张、越不安全的死循环。②

近年来,中国学者在这一领域也做出了引人注目的贡献。徐弃郁认为威廉二世时期德国的海权战略,是造成德国崛起失败历史悲剧的重要原因。威廉二世执政后,没有明确大战略目标指导的"世界政策",以及紧随其后"单骑突进"式的"大海军"建设造成了德国大战略的瓦解,海军战略取代了大战略的位置,成为1897—1914年德国唯一具有系统性、延续性的战略。这种不正常状态催生并激化了英德海上矛盾,打破了与霸权国的战略稳定关系,恶化了周边环境,引发了英国主导下的严厉体系制衡。③梅然认为德国大战略的缺失导致了海权战略决策的错误,由此引发了激烈的英德海军竞赛。海军竞赛对英德关系的作用机制体现在,德国自身安全处境的不断恶化造成了德国的深度安全焦虑,促使其在形势严重恶化之前发动预防性战争的动机上升。④吴征宇基于对《克劳备忘录》的战略解读分析,认为明确政治目标的缺乏,使得德国在复杂多变的国际环境中丧失了合理界定国家利益的能力。德国通过同时拥有一流陆海军的方式追求"绝对安全"的努力严重损害了英国的霸权利益和欧陆均势,造成了英德海上矛盾的形成与激化,最终导致双方因此交恶。而英国利用"再平衡"将英德海上矛盾逐渐转化为德国与整个欧洲均势的对抗。在这种状态下"德国任何企图突破这种约束的努力都将使束缚更紧,这是'一战'爆发

---

① Ivo Nikolai Lambi, *The Navy and German Power Politics 1862-1914*, London: Allen & Unwin, 1984.

② Jack Snyder, *Myths of Empire: Domestic Politics and International Ambition*, Ithaca and London: Cornell University Press, 1993.

③ 徐弃郁：《脆弱的崛起：大战略与德意志帝国的命运》（修订版）,新华出版社2014年版。

④ 梅然：《德意志帝国的大战略》,北京大学出版社2016年版。

的根源"。① 姜鹏建构了"威廉困境"的解释模型，认为作为一个正在崛起中的陆海复合型国家，德国试图同时追求在陆海两大地缘空间上的战略优势地位，从而激活了体系内潜在的权力均衡机制。② 时殷弘结合了物质与心理两个方面，考察德国大战略对英德关系的影响，认为德国扩建海军与追求更广阔的海权是造成英德交恶的根源。其中的作用机理是德国的行为：一方面冲击了英帝国霸权仰仗的海权优势，另一方面在心理认知层面加剧了英国的恐慌。德国的战略选择客观上帮助英国在多面受敌的环境中，快速明确了战略方向，恶化了德国自身的崛起环境。③ 顾全强调英德海上矛盾之所以产生并最终失控，根源在于德国罔顾大陆国家发展海上力量面临的多种约束性条件，在实力崛起的过程中试图通过发展海军力量对海上霸主英国进行制衡，而这也是德国海权发展归于失败的根本原因。④ 笔者的文章《崛起国缘何陷入战略迷思——基于一战前德国海权战略决策的实证研究》结合目前学界在德国海权战略研究中相对忽视德国决策精英战略认知的问题，借鉴了斯坦伯格与斯奈德等人的研究思路，聚焦"一战"前德国的海权战略决策过程，并将决策精英所表现出的非理性战略认知抽象化概括为"海权迷思"⑤。该文认为国家崛起从根本上破坏了德国海权战略决策的内外部环境，决策精英和社会基于国内政治博弈的双向互动，使彼此的社会心理焦虑融合并扩散蔓延，加之战略文化因素对决策精英认知的结构性制约，导致决策精英陷入战略迷思，直接后果是战略决策科学性的下降和非理性战略决策的形成。⑥

---

① 吴征宇：《〈克劳备忘录〉与英德对抗的起源》，《国外理论动态》2016年第2期；吴征宇：《〈克劳备忘录〉、"再平衡"与中美关系》，《江海学刊》2018年第1期。
② 姜鹏：《海陆复合型地缘政治大国崛起的"威廉困境"与战略选择》，《当代亚太》2016年第5期。
③ 时殷弘：《英德敌对的缘由：结构性动能与大战略激荡》，载时殷弘《巨变与审慎：论对外战略问题》，南京大学出版社2019年版，第169—178页。
④ 顾全：《大陆强国与海上制衡：1888—1914年德国的海军扩张》，上海人民出版社2020年版。
⑤ "海权迷思"的基本逻辑可以简单概括为："德国的安全和崇高的国际地位必须获得与英国接近的海权"。这种战略理念的突出特征是将控制海洋等同于国家发展，以军事战略思考替代了大战略考量，认为夺取制海权即可实现国家崛起。原本包含政治、经济、文化等诸多内容的海权被等同于军事意义上的制海权。
⑥ 徐若杰：《崛起国缘何陷入战略迷思——基于一战前德国海权战略决策的实证研究》，《太平洋学报》2020年第9期。

总体而言，既有文献分析和解释了德国大战略，以及从属大战略的海权战略决策在英德海上矛盾引发双方全面敌对的过程中所起到的作用，对于本书具有不容忽视的学术参考价值。作为"一战"前国际结构中位居霸权国之后的崛起大国，从德国的大战略出发，不仅有助于理解德国海权战略决策出台的国内政治根源，而且可以与英国视角的文献相互印证，增加相关研究的客观性和价值中立性。但是现有研究也存在着一些不可忽视的不足：一是部分研究过于关注"客观合理性"，强调战略结果是否符合战略的应然规则，而忽视了"主观合理性"，即德国决策者在当时的特定环境下，为什么会选择一个事后被证明错误的战略，决策所基于的认知依据是什么；二是很多研究只强调德国方面的战略错误，有预设英国为被挑战与被动回应方（虽然并未明确表示）的先入为主倾向。忽视了英国在"一战"前适应霸权衰落的主动战略调整，以及在英德互动中存在的若干战略误判之于结果的重要影响。

2. 英国视角

相比于采用德国视角的研究，以英国大战略为研究对象和视角的成果数量不多。普遍采用的分析逻辑是英国出于霸权护持的大战略调整，如何对英德海上矛盾发展产生影响。值得一提的是，与采用德国视角的研究侧重总结教训有所差别，采用英国视角的学者也是更多地强调英国战略决策的迫不得已，将竞争失控的主要责任归于德国，鲜有对英国战略决策失当的批评。

第一类是宏观视角的研究，主要内容是从整体上论述大战略、海权战略与英德海上矛盾激化之间的关系。1935 年，伍德沃德（E. L. Woodward）梳理了 1898—1914 年英德两国与海军问题相关的军事和外交斗争历程，全景展现了海军矛盾及竞赛对英国政府对外政策的塑造。[①] 作为最早从英国大战略的视角研究英德海军竞赛的文献之一，该书具有重大的学术开创意义。保罗·肯尼迪以维护海上主导权的努力为主线，论述了皇家海军与海权战略在 1897—1914 年英国世界角色被迫转换的过程中发挥的决定性作用。作者认为与英国从海外的战略撤退相伴随，1903 年后，英国政策制定

---

① E. L. Woodward, *Great Britain and the German Navy* (Reprinted), New York and London: Routledge, 2018.

者和民众对德国海军扩张的疑虑,迫使皇家海军进行相应的战略调整。而由于英国的地理位置使其可以控制德国通往外部世界的航线,这种调整又加深了德国的疑虑,更加坚定了德国快速扩张海军以获取"权力杠杆"的决心,双方在海上陷入了严重的安全困境。① 中国学者胡杰也采用类似视角,重点论述了英国通过战略收缩调控"古典海权"(Classical Sea Power)② 衰落与德国海军快速扩张之间的张力,对双方海上竞争烈度提升与矛盾激化的推动作用。③ 保罗·麦克唐纳(Paul K. Macdonald)和约瑟夫·帕伦特(Joseph M. Parent)将1908年至"一战"爆发英国的内外战略决策,作为轻度衰落国家进行的战略收缩的案例研究,认为英国向国内水域的军事力量回缩以对抗德国崛起带来的挑战是导致双方走向对抗的根本原因。④

第二类是海军技术因素对英国海权战略及英德关系的影响。"拿破仑战争"结束后,海军技术在短短的几十年内一改持续了几个世纪的停滞状态,相继发生了多次重大技术革命,经历了从风帆舰到蒸汽舰,再到铁甲舰和"无畏舰"的质的飞跃。⑤ 海军技术直接关系到皇家海军的实力,而皇家海军的实力又对英国对外战略具有潜移默化的影响。二者的紧密互动关系在"一战"前英德走向全面对抗的过程中表现得尤为突出。一些学者从海军技术变革的视角探讨技术因素之于英国海权战略与英德海上竞争的影响。威廉·哈迪·麦克尼尔(William Hardy McNeill)是采用这种视角的先驱,以技术、军事与社会三者为分析框架,研究了1840—1884年欧洲国家相继进入战争工业化时代后,跨国军事工业贸易的增强与英国军事—工业综合体的出现,两大因素共同作用下产生的海军军备与经济的政治化现

---

① Paul M. Kennedy, *The Rise and Fall of British Naval Mastery*, London: Allen Lane, 1976.
② 国内地缘政治学者更多地将这一名词翻译为经典海权。
③ 胡杰:《海洋战略与不列颠帝国的兴衰》,社会科学文献出版社2012年版,第125—237页。
④ Paul K. Macdonald and Joseph M. Parent, *Twilight of the Titans: Great Power Decline and Retrenchment*, Ithaca and London: Cornell University Press, 2018.
⑤ 参见 Bryan Ranft, *Technical Change and British Naval Policy, 1860-1939*, London: Hodder and Stoughton, 1977;[美] E. B. 波特主编《世界海军史》,李杰、杜宏奇、张英习译,解放军出版社1992年版。

象对英德海军竞赛升级的推动。① 麦克尼尔的学生乔恩·萨米达（Jon Tetsuro Sumida）系统研究了第一海务大臣约翰·费舍尔（John Fisher）运用新兴技术实现节约成本和提升军事效率双目标为核心内容的海军改革，认为海军技术革命在给英国带来先发优势的同时，刺激和助长了德国的效仿与挑战。"无畏舰"革命后迅速升级的海军竞赛最终导致了英德海上矛盾不断升级。② 尼古拉斯·兰伯特（Nicholas A. Lambert）延续了萨米达的研究，接受了其中关于英德关系的评价，但对一些重要的细节进行了修正。其中学术影响最大的是强调了费舍尔试图通过研发战列巡洋舰实现战列舰与巡洋舰两种类型舰艇的功能合并，以节约成本的战略设想。③ 克里斯托弗·贝尔（Christopher M. Bell）和巴里·高夫（Barry Gough）则对"一战"前皇家海军的两个关键首脑——费舍尔与温斯顿·丘吉尔（Winston Churchill）的个人战略认知，以及他们进行的国内政治活动进行了考察，探寻了二者在英德海上矛盾发展激化的过程中所扮演的角色。④

上述文献为我们提供了从霸权国角度审视英德海上竞争过程的有益启发，也与本书的研究直接相关，其学术价值自不待言。然而也不应该忽视其中的不足。既有研究更多地关注了物质层面的变量之于英国大战略、海权战略和英德关系的影响，如国际结构、海军实力、军力部署、经济因素等。但是目前尚没有形成从"一战"前英国战略决策中军政决策精英对德威胁认知变迁的角度，考察分析英德海上竞争过程及结果的系统性研究成果。

（三）海军社会史解释

海军社会史是近年来西方学术界兴起的，一种分析海军与社会变迁之间的互动关系和相互关联性的研究视角和路径。19世纪末20世纪初，欧

---

① William H. McNeill, *The Pursuit of Power: Technology, Armed Force, and Society since A. D. 1000*, Chicago: University of Chicago Press, 1984.

② Jon Tetsuro Sumida, *In Defence of Naval Supremacy: Finance, Technology, and British Naval Policy, 1889-1914*, Boston: Unwin and Hyman, 1989.

③ Nicholas A. Lambert, *Sir John Fisher's Naval Revolution*, South Carolina: University of South Carolina Press, 2002.

④ Christopher M. Bell, *Churchill and Sea Power*, Oxford: Oxford University Press, 2012; Barry Gough, *Churchill and Fisher: Titans at the Admiralty*, Annapolis: Naval Institute Press, 2017.

洲正处于第二次工业革命方兴未艾、民族主义和帝国主义等新的社会思潮风起云涌、大众政治全面兴起的历史阶段，社会的急剧变迁必然会对身处其中的英德两国的海军政策产生一定程度的影响，从而为解释英德海上对抗的生成提供了有益的视角。早在 1940 年，奥伦·詹姆斯·哈尔（Oron James Hale）就比较研究了"一战"前，英德两国媒体和公众舆论与外交政策的互动情况。尽管他的研究并不以英德海上矛盾为关注重点，但是其中的大量内容涉及 1890—1914 年英德媒体在海外利益纠纷、海军竞赛、海军恐慌、国际危机等问题上的立场变化，对于深度理解社会因素在英德海上竞争失控过程中的作用颇有助益。① 詹·鲁格（Jan Rugger）运用跨学科方法，以社会学和人类学的跨文化比较方法解释国际安全问题，聚焦文化维度在英德海上竞争失控过程中发挥的作用。他根据时代特征，将海军政策视作一种在"大众市场"中被讨论、受到公众舆论影响的文化现象；将海洋和大陆文化差异作为导致英德海上矛盾激化与竞争失控的根源，比较分析了英德两国不同的海洋文化对各自海军政策的影响。② 莱尔·罗斯（Lisle A. Rose）研究了海军至上主义社会思潮对英德两国陷入激烈海军竞赛和最终走向大战的影响。③ 罗尔夫·霍布森（Rolf Hobson）的研究主张将英德海军竞赛与"一战"爆发的关联性放在更为广阔的时代背景（工业革命和民族主义兴起）中进行考察。他认为提尔皮茨计划的实施和海军竞赛的作用导致了英国国内对德国的民族主义愤恨，这种日益扩大和公开的敌对情绪被自由主义政府、帝国主义者、工人运动群体等政治—社会势力作为谋取政治利益的工具加以利用，最终将英德双方在军备领域的矛盾发展为全方位的结构性敌对。④

毫无疑问，在大众政治时代，无论是国家还是决策精英，都不可能独立于自身所处的特定历史发展阶段和社会环境之外，并免于受其影响。但

---

① Oron James Hale, *Publicity and Diplomacy: With Special Reference to England and Germany*, New York: Appleton, 1940.
② Jan Rugger, *The Great Naval Game: Britain and Germany in the Age of Empire*, Cambridge: Cambridge University Press, 1979.
③ Lisle A. Rose, *Power at Sea. Vol.1, The Age of Navalism, 1890-1918*, Columbia and London: University of Missouri Press, 2006.
④ Rolf Hobson, *Imperialism at Sea: Naval Strategic Thought, the Ideology of Sea Power, and the Tirpitz Plan, 1875-1914*, London: Bedfordshire: Brill, 2002.

是这一视角存在一个操作性问题，即社会环境在性质上，更多的是一种对行为体战略行为产生约束作用的结构。如果将社会环境作为解释国际安全问题的核心因素，其之于对外政策和海军政策领域的影响程度很难测量，这与战略文化研究路径遭遇的测量难题非常类似。特别需要指出的是，作为兼具技术性和专业性的军种，尤其是在专业性很强的海军战略部署和战役战术领域，如舰队的战舰种类配置、海军人事制度、作战训练等，以高级职业军官集团为代表的政治精英具备引导和利用公众舆论的能力及意愿，具有很强的独立性和自主性。例如，提尔皮茨与费舍尔等人都曾利用媒体宣传影响本国的公众舆论，为自己的海军政策主张争取更多的民间支持，对政治对手形成压制。皇家海军的作战计划也长期被海军部作为内部机密，仅第一海务大臣知晓，甚至海军大臣、内阁都难以获知真实内容。直到阿加迪尔危机后，出于海陆军协同备战的紧迫需求，这种情况才在丘吉尔出任海军大臣后有所改善。

(四) 军事战略解释

根据美国参谋长联席会议的经典定义，"军事战略是运用一国的武装力量，通过使用武力或武力威胁，达到国家政策各项目标的一门科学和艺术"。[①] 在英德海上矛盾中，德国海军高速扩张引发的海军竞赛最为突出。因而，一些学者将提尔皮茨主导下的德国海军战略，作为独立的研究对象进行考察。通过对德国采取的海军战略进行分析评判，解释海军战略与英德海上竞争失控的关联性。最早对"一战"爆发前和战争中德国海军战略进行反思的是原德国海军内部一批与提尔皮茨存在意见分歧的军官。沃尔夫冈·魏格纳（Wolfgang Wegener）在《世界大战中的海军战略》（*Naval Strategy of the World War*）一书中，对提尔皮茨主导下的德国海军战略进行了猛烈的批评，认为地理位置的差异（对海上贸易航线的控制），决定了德国在毫无战略优势的北海与英国进行决战没有任何胜算。在提尔皮茨的战略谋划中，德国海军只能寄希望于通过进攻英国海军来取得制海权和保卫交通线。这种战略设计产生了两个恶果：其一是德国海军力量在北海的

[①] 美国陆军军事学院编：《军事战略》，军事科学院外国军事研究部译，军事科学出版社1986年版，第3页。

集聚招致了英国的敌意;其二是造成了"一战"中德国海军的失败。①1940年美国海军赫伯特·罗辛斯基（Herbert Rosinski）少将指出,提尔皮茨的海权战略的失败之处在于误解了"制海权"的真正含义。海上决战变成了德国海军所有理论和思想的最终结果与目的,"控制"一直被认为是一种纯军事优势下的情形,类似于陆军在陆战中夺得的控制权,而不是海战中确保海上交通线安全这个最终目标的必要前提和手段。这种进攻性海军战略主导下的海军扩张,必然对英国的海上主导权形成猛烈冲击,这是造成英德海上矛盾形成与竞争失控的根源。② 赫维希从阿尔弗雷德·马汉（Alfred Mahan）海权六要素出发,对提尔皮茨制定的海军战略进行了分析,认为该战略罔顾英德两国发展海军的自然禀赋,同时误解了英国的民族性格及政府素质,由此引发并助长了英德海上矛盾的一再升级。③ 此类文献尚有很多,不做赘述。④

  这些文献有助于我们理清德国海军战略的内在逻辑、实施过程和自身缺陷,以及海军战略决策失误与英德海上矛盾之间的相关性。美中不足的是,很多文献带有非常明显的"结果导向"色彩,因为德国在"一战"中的失败,而将德国海军战略的错误视作导致英德海上对抗甚至德国崛起历史悲剧的主要原因,以专业性的海军战略设计是否科学代替了视野更为宏大的国际关系理解,"只见树木,不见森林",相对忽视了海军战略背后的国家大战略设计、国内政治和对外政策博弈等因素的影响。从逻辑关系来看,海军战略在层级上从属于大战略,并不能代替大战略本身。英德对抗本质上是霸权国与崛起国在大战略层面的博弈,海军战略尽管非常重要,但单纯从狭义的军事视角出发,显然无法对这一问题做出强有力的解释。

---

  ① Wolfgang Wegener, *Naval Strategy of the World War*, translated by Holger H. Herwig, Annapolis: Naval Institute Press, 1989.
  ② ［德］赫伯特·罗辛斯基:《海军思想的演进》,吕贤臣、尤昊、王哲文译,上海交通大学出版社2015年版。
  ③ Holger H. Herwig, "The Failure of German Sea Power, 1914-1945: Mahan, Tirpitz, and Raeder Reconsidered", *The International History Review*, Vol. 10, No. 1, 1988.
  ④ Gary E. Weir, *Building the Kaiser's Navy: The Imperial Navy Office and German Industry in the Tirpitz Era, 1890-1919*, Annapolis: Naval Institute Press, 1992; Michael Epkenhans, *Tirpitz: Architect of the German High Seas Fleet*, Washington, D. C.: Potomac Books, 2008; Patrick J. Kelly, *Tirpitz and the Imperial German Navy*, 1st Edition, Indiana: Indiana University Press, 2011; Corrado Pirzio-Biroli, *My Great-Grandfather Grand-Admiral von Tirpitz*, Archway Publishing, 2016;等等。

三 研究方法

本书的定位是一项依托历史案例的定性国际战略研究。根据诺曼·邓津（Norman Denzin）等人的界定，"定性研究是一种将观察者置于现实世界之中的情景性活动，由一系列辨析性的、使世界可感知的身体实践活动所构成……研究者是在事物的自然背景中来研究它们，并试图根据人们对现象所赋予的意义来理解或来解释现象"。① 本书聚焦的是英国军方与政府的威胁认知变迁，与两国海上矛盾生成发展之间的关联性，全书各章节严格遵循传统战略史研究的路径和规范。通过在历史、理论与现实之间搭建起桥梁，从纷繁芜杂的历史细节中总结经验和规律，借助理论化和抽象化处理以提炼萃取战略教益，进而形成可用于分析现实国际问题和国家战略选择的理论。时殷弘关于战略史研究价值的论述鞭辟入里，"战略领域一项根本的经验或常识性道理，那就是实际上只有通过历史（战略史）的考察、探究或研习，才能构建、理解或高效地应用战略观念或战略理论……一定意义上超越'时间和环境'的战略逻辑和战略理念，只要是略微复杂的，一般而言只能依靠对具体'时间和环境'中的战略行为的具体考察得到……而纯抽象的理论思维和推理在这方面所能成就的颇为有限"。② 在具体的研究过程中，本书重点采用了案例分析、比较案例和过程追踪三类社会科学方法。

（一）案例分析

案例分析（Case Study）是一种具有深厚历史传统的、应用范围极为广泛的定性研究方法。社会科学中的案例分析传统的源头，可以追溯到1829年法国学者弗雷德里克·勒·普莱（Frederic Le Play）对矿工家庭收支情况的研究。③ 中国学者李少军将国际关系中的案例分析定义为"人们

---

① ［美］诺曼·K. 邓津、伊冯娜·S. 林肯主编：《定性研究：解释、评估、描述的艺术及定性研究的未来》，风笑天等译，重庆大学出版社2007年版，第49—90页。
② 时殷弘主编：《战略二十讲》，天津人民出版社2008年版，第5页。
③ John Gerring, *Case Study Research: Principles and Practices*, Cambridge: Cambridge University Press, 2006, p. 8.

基于特定目的,选择单个或少数事例进行深入分析与解释的一种途径……可以对个案做出历史性解释,可以通过确定新的变量与假设对因果推论做出贡献。在某些情况下也可以发挥验证假设的作用。通过联结个别研究与一般研究,案例法可以打开通向理论概括的门径"。① 左才在对比分析了众多中外学者关于案例分析的定义的基础上,总结概括了这种研究方法的五种特征:(1)将某个现象进行深入的考察;(2)考察时重视这个现象存在和发生的客观情境及案例本身的特殊性;(3)运用多角度多类数据对现象的复杂性进行剖析;(4)运用的数据主要为历史的、人类学的、过程追踪的,而非实验或民意调查类数据;(5)分析目的包括提高对案例母体的理解及发展相应理论。② 尽管社会科学中的案例分析因其缺乏普遍性、案例选取和解释主观性太强、干预变量难以被有效分离和控制等问题而广受批评,但是与定量研究方法相比,案例分析在解析复杂因果关系与考察因果机制方面,具有非常明显的比较优势,它能够帮助我们解释一个整体而细致的因果关系机制,且其理论验证均为强检验,因为这种方法更易于抓住可用于证实或证伪政治理论的关键性证据。③

(二) 比较案例

比较案例法是一种被广泛使用的案例研究方法,其内容概括而言是选择具有"可比较性"的多个案例进行综合性分析和研究,即其他条件相同,差异仅体现在关键变量和最终结果上的案例。这种方法的精髓在于通过模拟自然科学中人为干预和控制实验条件的方式,对案例发生条件和环境的有效控制(或称变量控制),以避免单一案例可能带来的将虚假变量关系作为研究结论或忽视异常案例等问题,增强研究结果的精确性。④ 本书在总结 1900—1912 年,英国军方、政府的威胁认知和英德关系发展变化的几个阶段的基础上,将每一个阶段视作一个单独的案例,通过进行对比

---

① 李少军:《国际关系学研究方法》,中国社会科学出版社 2008 年版,第 99 页。
② 左才:《政治学研究方法的权衡与发展》,复旦大学出版社 2017 年版,第 68 页。
③ Stephen Van Evera, *Guide to Methods for Students of Political Science*, Ithaca: Cornell University Press, 1997, pp. 50-55.
④ Eggan Fred, "Social Anthropology and the Method of Controlled Comparison", *American Anthropologist*, Vol. 56, No. 5, 1954.

与分析实现两个研究目的：其一是通过对案例对比，进一步凸显海军竞赛不同阶段，英国对德威胁认知与英德关系两者之间的逻辑关联性，寻找并解释案例之间的差异性；其二是揭示案例共性，即英国在英德海军竞赛中对德威胁认知这一战略行为的连贯性与持续性，探寻背后的结构性战略根源。

（三）过程追踪

过程追踪是一种萌芽于认知心理学的研究方法。该方法于1979年被美国政治学者亚历山大·乔治（Alexander George）引入政治学研究领域，并将其定义为"运用历史数据、档案文件、采访数据及其他资料来检验理论假设的因果过程是否符合某个案例中事件发生顺序及干预因素对事件结果的影响"。[①] 这一方法的核心特征在于对因果过程中的时间序列以及机制的关注。过程追踪作为本书采用的辅助研究方法，与比较案例方法相辅相成，共同为本书的因果机制、理论框架和研究结论提供强有力的双重检验，有助于增强本书因果机制的有效性和解释力，减少研究偏差，排除研究谬误。

四　核心概念与解释机制

（一）对威胁认知的界定

在研究之始，为了确保概念使用的规范性、一致性，对书中使用的威胁认知进行如下界定：威胁认知是指一国拥有决策权力的政治精英群体，在战略决策过程中，基于国家或自身所在部门的特定利益需要，对外部威胁次序的主观感知与理解，构成了国际环境与战略决策之间的认知连接点。威胁认知的判定可以通过两个方面进行：一是决策精英的政策立场宣示，如正式官方文件记录等；二是相关的政策执行情况，共识性的威胁认知变化最终会通过相应的政策调整表现出来。

[①] Alexander George & Andrew Bennett, *Case Studies and Theory Development in the Social Sciences*, Boston: The MIT Press, 2005, p.6.

战略决策本质上是一种主观活动,根本目标在于确保国家安全。无政府体系中的客观事态,如国际格局变化、他国实力消长、战争与和平等,无法直接对其产生影响,①需要通过参与战略决策的政治精英作为中介发挥作用。②简言之,战略决策的结果由政治精英看待和评判外部环境变化的主观认识所决定,而不是外部环境本身的直接作用。作为决策精英群体进行战略决策的认知依据,威胁认知因素在战略决策中发挥着不容忽视的重要作用。具体来说,一方面,战略决策需要对环境的变化做出及时反应,很多时候决策精英难以有充裕的条件进行细致的战略评估和形势研判,主观认知甚至直觉都可能主导战略决策的方向,特别是在面临突发性国际事件或国际形势在短时间内发生巨变的情况下,这种影响更为突出;另一方面,判定外部威胁的次序先后和程度大小,归根结底是一个能动性的过程。决策精英持有不同的威胁认知,很可能对同样的外部事态做出截然相反的判断。因此可以毫不夸张地说,威胁认知是深度解析战略决策结果的一把钥匙。

(二)威胁认知的类型划分

孙子有云:"兵者,国之大事也,生死之地,存亡之理,不可不察也。"③在大国竞争中,军事安全之于国家安全的意义最为重大,通常是一国政府和社会最为重视的国家安全问题。因此,要理解一国重大的战略决策,军事安全是一个不可能被回避的层面。基于上述学理性认识,本书从霸权国在大国竞争中威胁认知的变迁视角切入,以其中具有实践导向的主观因素——决策精英群体的威胁认知为解释机制,尝试从英国内部军政关系出发寻找答案,在研究中重点关注海军部和政府(主要是内阁与外交部)两大英国军政决策精英群体的威胁认知互动,兼顾公众情绪等社会层面的因素在其中发挥的作用。

---

① Stephen M. Walt, *The Origins of Alliances*, Ithaca: Cornell University Press, 1987, p. x.
② 左希迎、唐世平:《理解战略行为:一个初步的分析框架》,《中国社会科学》2012年第11期。
③ (春秋)孙武著,(汉)曹操等注,袁啸波校点:《孙子》,上海古籍出版社2013年版,第1页。

笔者对英国的威胁认知进行了类型化处理，根据内容细分为军事部门——皇家海军的最高代表海军部，以及整体性威胁认知（主要是内阁和外交部的主导性意见，可以代表国家）两个层面。前者是指与海军矛盾利益直接相关的军事部门，对潜在和现实外部军事安全威胁次序及程度的认识；后者则属于国家安全战略（或谓大战略）层面，层级高于属军事安全战略层面的军事部门威胁认知。概言之，就是英国政府对外部威胁来源和程度的总体判断，对于英国对外政策的调整具有决定性的导向作用。需要指出的是，在梳理军方威胁认知变化的过程中，由于本书重在考察海军部威胁认知变迁及其扩散的宏观过程，因此内容重点聚焦于海军部在每一个阶段已经形成内部共识的、可以代表部门整体的威胁认知。尽管本书也会涉及海军部内部的"路线斗争"，但对该部分内容仅做简化处理。

（三）逻辑机制：海军部威胁认知的形成与扩散

全书在对"一战"前英德两国因海上矛盾而最终走向全面对抗的历史过程进行系统回顾和研究的基础上，从霸权国英国的威胁认知变迁视角入手，对这一历史结果的生成机理进行解释。为了充分理清其中的内在逻辑，笔者从庞杂丰富的大量具体史实中，提炼萃取出了海上矛盾—英国威胁认知变迁—英德关系变化三者之间的逻辑关系。其内容概而言之，包括两套理论机制（见图0-1、图0-2）。

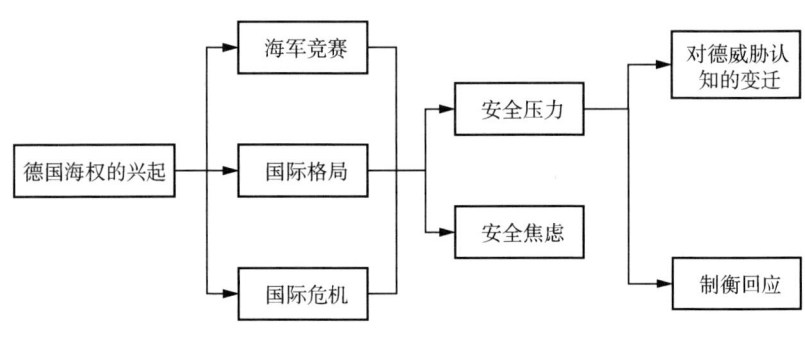

图0-1 海军部威胁认知的形成机制

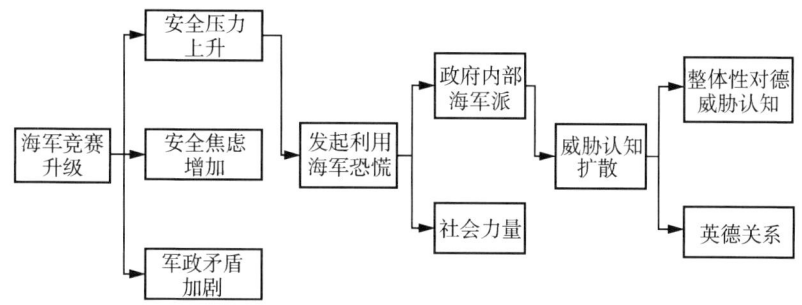

图 0-2 海军部威胁认知的扩散机制

一方面，海军部威胁认知的形成机制。尽管从 1884 年开始，以殖民利益纠纷为主要表现形式的英德海上矛盾便已出现，且在德国推行"世界政策"后不断激化。但是在 1900 年之前，以殖民利益纠纷为核心内容的海上矛盾给两国关系带来的，仅仅是若干规模和影响都相对有限的外交摩擦，对双边关系状况不具有根本性的改变作用，两国在 1900 年前后还进行了以结盟尝试为内容的战略协调。英德海上矛盾的迅速发酵和升级大致始于 1900 年德国第二个《海军法案》通过，在 1909 年之前主要性质是军事安全矛盾和竞争。这一阶段英国的对德威胁认知主要来自受德国海军发展冲击的皇家海军，以 1900 年后海军部开始评估并日益重视来自德国海军发展的威胁并采取一系列政策回应为开端，英德海上矛盾作为外部根源与英国内部军政矛盾共同作用，持续改变海军部面临的安全环境，促使海军部在英德海上军事互动中，通过不断调整"两强标准"内容，最终将对德威胁认知固化为"海上唯一敌人"。

另一方面，海军部威胁认知的扩散机制。以 1907 年"第二次海牙和平会议"为标志，海军部适时抓住并利用《克劳备忘录》出台后，英国政府内部关于对德战略调整方向的分歧，以费舍尔等人为代表的海军决策精英，利用军方—政府决策精英之间的认知互动，团结政府内部和社会的"大海军主义"势力，通过将自身对德国威胁程度和紧迫性的认知传递给政府，对政府决策精英的对德认知及相关对外政策制定施加影响。经过人为引发 1909 年的"海军恐慌"并积极利用恐慌情绪的蔓延进行国内政治博弈、影响 1909—1912 年英德海军谈判进程和英国政府在阿加迪尔危机中的战略判断，实现了对德威胁认知向政府和社会的全面扩散，将德国视作

"英国安全的最大和唯一威胁的敌人"的威胁认知为英国各界，特别是政府决策精英广泛接受，由此对英国整体性对德威胁认知产生了决定性的塑造作用，推动英国整体性对德威胁认知的固化和英德全面对抗格局的形成。海军问题也从军事安全矛盾上升为大战略层面的矛盾。英德在1912年后因海军问题彻底交恶，双方进入了高危的备战状态，政治、外交和民间关系全面崩坏。

五 研究意义

战争与和平是国际关系学科经久不衰的研究论题。作为大国竞争失控走向大战的经典案例，英德全面对抗的生成过程蕴含着丰富的启示与教益。从英德对抗中极为关键的问题——海上矛盾切入，审视和思考英国皇家海军和政府威胁认知变化与双方海上矛盾发展之间的互动关系，具有理论和现实双重意义。

（一）理论意义

第一，加强对无政府体系大国战略竞争的理解和认识。英德两国因海上矛盾交恶的历史，是大国战略竞争失控的典型案例，对其进行深刻的战略史考察一方面可以检验现有国际关系理论中对大国竞争互动分析和解释的有效性，为进一步的修正和完善提供实证基础；另一方面，可以从具体的历史案例中萃取出理论化的战略启示和历史教益。修昔底德在总结伯罗奔尼撒战争的起因、经过和结果时，发出了如下哀叹："战争是一个残酷的教师。"[1] 自伯罗奔尼撒战争以降，因大国竞争失控而走向冲突和战争的剧本反复上演，以至于有学者提出了"修昔底德陷阱"的概念，认为霸权国—崛起国之间的冲突是结构性的。[2] 因此，从霸权国威胁认知的视角重新审视英德海上竞争失控而走向全面对抗的过程，有助于打破带有一些宿

---

[1] Thucydides, *The Peloponnesian War*, translated by Martin Hammond, New York: Oxford University Press, 2009, p. 170.
[2] 格雷厄姆·艾利森（Graham Allison）团队考察了近500年崛起大国与守成霸权国之间的权势博弈。在其选取的16个案例中只有4个没有爆发战争。参见 Graham Allison, *Destined for War: Can America and China Escape Thucydides's Trap?*, New York: Houghton Mifflin Harcourt, 2017。

命论意味的权力转移范式的思维束缚，探寻大国竞争失控的深刻机理，从而为进一步思考崛起国进行有效竞争管控的可行性路径提供知识基础。

第二，增进对陆海复合型国家"海洋转型"中海陆对抗的生成—升级机制的理解。① 德国著名政治理论家卡尔·施米特（Carl Schmitt）曾以近乎夸张的言辞表述海陆斗争在世界历史进程中的重要意义，"世界史是一部海权国家对抗陆权国家，陆权国家对抗海权国家的斗争史"。② 尽管这一观点尚有商榷余地，但不可否认，海陆对抗在国际体系的塑造及发展演进的过程中扮演着颇为重要的角色。近代以来引发高烈度体系战争的几次海陆对抗，如腓力二世治下的西班牙、路易十四和拿破仑法国等，都与地处边缘地带的陆海复合型国家谋求通过发展海上力量、获取海权，以此实现"海洋转型"的努力有关。"一战"前，德国的"海洋转型"是诱发英德海上矛盾产生与不断升级，进而导致双方竞争失控的直接原因，在英德关系迅速恶化直至走向大战的过程中产生了非常重要的影响。本书着眼于英国威胁认知的变迁，通过回顾德国海军扩展引发英国对德敌意和双方矛盾的升级趋势，透视具体的历史细节，增进对陆海复合型强国"海洋转型"与海陆对抗关系的生成—升级机制的理解。

第三，加深对主导性海洋强国霸权护持机理的理解。英国在海上竞争中威胁认知的变迁，深层次的根源和依据是为了护持霸权地位与利益。本书利用过程追踪方法梳理出海上矛盾对英德关系的塑造历程，而非仅仅关注其结果和影响。这一研究有助于从理论层面回答一系列很有价值的问题：海权竞争是不是必然导致大国矛盾和冲突？后发国家的海军扩展行为到底是怎么被主导性海洋强国认定为战略威胁而导致竞争升级乃至体系大战的？有没有可能的路径能够避免这种似乎已成为历史定式的"海洋转型—大国冲突—体系制衡"模式？

---

① 陆海复合型国家主要是指：濒临开放性海洋，背靠较少自然障碍陆地的一类地区。从近代以来的历史看，这类国家多处在海陆势力的联合夹击之下，面临两个方向的战略压力和吸引，资源、力量因此配置分散，这一地缘政治的不利因素是造成欧洲陆海复合型国家在近代竞争中不敌英美等海洋强国的主要原因。参见邵永灵、时殷弘《近代欧洲陆海复合型国家的命运与当代中国的选择》，《世界经济与政治》2000 年第 10 期；吴征宇《海权与陆海复合型强国》，《世界经济与政治》2012 年第 2 期。

② [德] 卡尔·施米特：《陆地与海洋——世界史的考察》，林国基译，上海三联书店 2018 年版，第 10 页。

(二) 现实意义

现实关怀是战略史研究应有的题中之义。因此，总结获取对当前国际关系具有重要参考借鉴价值的战略启示和历史教益也是本书的重要研究任务。概括来说，本书的现实意义体现在以下两个方面。

第一，吸取陆海复合型国家"海洋转型"失败的教训。由于地缘政治因素的相对恒常性，德国在"海洋转型"中的失败蕴含着丰富的战略教训，对于同样地处大陆边缘地带，且正在高速崛起中的陆海复合型国家，具有极为重要的启发和警示价值。可以作为一面明镜，为此类国家探寻降低"海洋转型"的安全风险、作出科学审慎的战略决策、保持和平稳定的崛起环境提供极为重要的参考借鉴。

第二，在大国战略竞争不断加剧、国际形势充满"不确定性"的高危环境中，获得崛起国处理与霸权国关系的政策启示。纵观历史，从古希腊时代的雅典和斯巴达关系至今崛起国如何处理与美国霸权的关系，避免陷入"修昔底德陷阱"是事关崛起国自身前途命运，以及国际和平安全的重大现实问题。而这一问题的核心内容则在于如何在与霸权国的相处中妥善管控竞争分歧。尽管英德走向全面对抗的过程，作为历史长河中短暂的一瞬，已被时间的汹涌波涛所淹没。但是他山之石可以攻玉，我们不应该忘记这段深刻影响和改变了世界发展走向的历史。而对于崛起国来说，避免重蹈大国竞争失控的前提则是深刻理解大国冲突爆发之原因。

第一章　英国霸权的结构性危机与调控

要了解一个限定的历史时期，必须跳出它的局限，把它与其他历史时期相比较。要判断历届政府及其行动，必须以它们所处的时代以及和它们同时代的人们的良知为尺度。①

——马克思

一　20世纪英国霸权的基础

19世纪初建立并维持了近一个世纪的"不列颠治下的和平"（Pax Britainnica），是英国历史上最为辉煌的成就。从时间上看，这一国际秩序起始于1815年拿破仑战争后的国际安排，②依托于英国全球性优势建立并日趋成熟完善。在击败了强大的拿破仑帝国后，英国依靠坚船利炮牢牢地掌握了对海洋的控制权，并在"自由开放"原则下，凭借在贸易、金融等领域举世无双的国际权力，建立了全球性的霸权地位。英帝国在当时统治区域之辽阔空前绝后，幅员覆盖了北美洲大部分、加勒比海广大地区、撒哈拉非洲以南的广阔区域、整个印度次大陆、澳大利亚和中东的大部分等，对现代世界的形成产生了巨大影响。③ 1865年，英国经济学家杰文斯（W. S. Jeavans）以满含自豪的文笔，深情讴歌了英帝国傲视全球的霸权荣

---

① 马克思：《十八世纪外交史内幕》，人民出版社1979年版，第41页。
② G. John Ikenberry, *After Victory: Institutions, Strategic Restraint, and the Rebuilding of Order after Major Wars*, Princeton: Princeton University Press, 2001, p.80.
③ [英] P.J. 马歇尔主编：《剑桥插图大英帝国史》，樊新志译，世界知识出版社2018年版，第1页。

耀:"北美和俄国的平原是我们的玉米地,芝加哥和敦德萨是我们的谷仓。加拿大和波罗的海地区是我们获取木料的森林,澳大利亚有我们的绵羊牧场,阿根廷和西部大草原有我们的牛群,秘鲁送来她的白银,南非和澳大利亚的黄金涌向伦敦,印度教徒和中国人为我们种植茶叶,而我们的所有咖啡、蔗糖和香料种植园都在东印度群岛。西班牙和法国是我们的葡萄园,而地中海地区则是我们的果园。"① 丘吉尔也曾自豪地表示:"在维多利亚女王时代的鼎盛岁月里,政治家习惯于谈论不列颠帝国的荣耀。同时为上帝保佑我们度过如此之多的磨难,并把我们最终带入安全和繁荣的年代而欢欣鼓舞。他们一点儿也不知道今后还要遭遇最可怕的险情,而伟大的胜利尚待争取。"② 这段历史距今虽然已逾二百年,岁月变迁时殊世异,然而 1837—1901 年"维多利亚时代"(Victorian Era)鼎盛期的英帝国的霸权模式,依然吸引着众多学者的研究视线。③

正如《史记·范雎蔡泽列传》所言,"日中则移,月满则亏",在经历了近半个世纪的统治全球后,英国却于 19 世纪末开始出现相对衰落的迹象,霸权地位赖以维系的内外部基础逐渐面临威胁。虽然此时只是危机初现,"不列颠治下的和平"远没有被彻底倾覆之忧,但是正像一些历史学家敏锐地观察到的那样:1901 年维多利亚女王的去世不仅标志着辉煌的"维多利亚时代"的结束,也是大英帝国霸权开始走向风雨飘摇并最终谢幕的分水岭。④ 这种实力和地位的巨变,集中表现为英国霸权地位的相对衰落。因而调控衰落和霸权护持成为英国在世纪之交进行大战略调整的根本性诱因。要深度理解英国霸权地位的相对衰落及其对英国大战略的影响,一个重要的前提条件,是必须首先了解英帝国是如何缔造和维持霸权秩序的,即对"维多利亚时代"全盛时期英国霸权的深层机理进行综合探

---

① [英]本·威尔逊:《深蓝帝国:英国海军的兴衰》,沈祥麟译,社会科学文献出版社 2019 年版,第 680 页。
② [英]温斯顿·丘吉尔:《第一次世界大战回忆录 1:世界危机(1911—1914)》,吴良健译,译林出版社 2013 年版,第 1 页。
③ 例如由乔治·莫德尔斯基和威廉·汤普森构建,并得到马克·布罗利等学者发展的"自由霸权国"理论模型。参见 George Modelski and William R. Thompson, *Seapower in Global Politics, 1494-1993*, London: The Macmillan Press, 1988; Mark R. Brewley, *Liberal Leadership: Great Powers and Their Challengers in Peace and War*, Ithaca: Cornell University Press, 1993。
④ Zara S. Steiner and Keith Neilson, *Britain and the Origins of the First World War*, London: Palgrave Macmillan, 2003, p. 5.

究。本章在综合借鉴前人相关研究的基础上，[①] 对19世纪英国霸权的基础进行归纳总结，希冀从宏观上把握英国霸权秩序的结构及其运转机理。从宏观视角来看，19世纪英国霸权的基础可以概括为海权优势、经济能力、海外利益和国际秩序四个方面。其中，海权优势构成英国霸权秩序大厦的"地基"，尽管上述几个方面相互作用，共同促进，但是都是围绕海权优势这一核心要素而展开及实现的。

（一）地缘政治与英国霸权

地理位置是决定一国大战略选择的关键自然要素，对国际互动结果产生着潜移默化的结构性影响。从地缘政治属性来看，19世纪英国在国际格局中的地位是典型的主导性海洋国家。[②] 独特的地理位置一方面赋予了英国充分的国家安全保障和国际行动自由，另一方面则塑造了英国经略海洋的悠久历史传统和富有特色的战略文化。1902年2月3日，《泰晤士报》的一篇文章写道，"英格兰是大海的情人，这绝不是因为任何傲慢的或者嚣张的自命不凡，而是因为她的历史、地理位置、经济渊源和条件，以及帝国地位和扩张。这些条件，不是通过继承权，而是通过正常而且几乎完全自然的演化过程，给予了她海洋控制权。而且，只要它们存在，只要她真实地对待自己，它们将为她保留这种权力"。[③]

正是这种"海洋性"的国家特质造就了英国霸权模式的与众不同。[④]

[①] 英国霸权秩序是众多学者长期关注的研究对象，产生了大量的研究成果，其中有代表性的包括 Gerald S. Graham, *The Politics of Naval Supremacy: Studies in British Maritime Ascendancy*, New York: Cambridge University Press, 1965, pp. 96-125; Paul M. Kennedy, *The Rise and Fall of British Naval Mastery*, London: Allen Lane, 1976, pp. 149-239; G. John Ikenberry, *After Victory: Institutions, Strategic Restraint, and the Rebuilding of Order after Major Wars*, Princeton: Princeton University Press, 2001, pp. 80-117; 胡杰：《海洋战略与不列颠帝国的兴衰》，社会科学文献出版社2012年版，第125—237页。

[②] 吴征宇：《地理战略论的分析范畴与核心命题》，《太平洋学报》2017年第1期。

[③] *The Times*, 3 February 1902 in The Times Digital Archive 1785—2012, https://go.gale.com/ps/navigateToIssue? u = peking&p = TTDA&mCode = 0FFO&issueDate = 119020203&issue Number = 36681&loadFormat = page.

[④] 相关讨论参见 Roger Morriss, *Naval Power and British Culture, 1760-1850; Public Trust and Government Ideology*, London and New York: Routledge, 2016; Andrew Lambert, *Seapower States: Maritime Culture, Continental Empires and the Conflict that Made the Modern World*, New Haven and London: Yale University Press, 2018。

首先，四面环海的自然环境为英国的安全提供了得天独厚的天然屏障，使其最大限度免于被陆地邻国进攻和征服的威胁，因而无需耗费巨大战略资源维持庞大的常备陆上国防力量。一支足以排他性掌握大西洋—北海—地中海制海权的海军足以确保自身国家安全。其次，处于国际重要航道的中心位置进一步为英国提供了向海洋寻求富强和控制海上交通要道的便利条件，不仅有利于皇家海军以最快速度向欧洲大陆和其他海外地区投送兵力，而且战争期间可以从海上封锁对手。再次，海洋将英国本土与其海外殖民地分割开来，殖民地之间在地理位置上也基本上相互独立，彼此之间距离遥远。这使得在战时敌对国很难同时攻击和占领英国全部海外殖民地，即便不考虑英国全盛时期对海洋的支配，单地理因素这一项便使得对英国海外殖民地的战术封锁和海上攻击异常困难。[1] 最后，在战略上，英国在欧陆并无具体的领土利益诉求，这种超然的"平衡手"地位不仅使英国多次规避了大规模陆上战争的消耗和破坏，集中精力促进本国经济和海外利益发展，也使其可以在欧陆强国的竞合博弈中折冲樽俎，成为控制欧陆均势体系运转的关键域外力量。

（二）英国霸权的性质与能力基础

从控制方式来看，"不列颠治下的和平"与历史上通过军事征服、领土占领等方式建立的国际秩序不同。虽然建立了一个囊括西方与非西方国家的世界体系，但就地位而言，英国不是世界各国的直接统治者，而是扮演着世界秩序的领导者角色。[2] 这种霸权地位以提供国际规范、秩序、公共产品等间接方式得以维持。杰拉尔德·格雷厄姆（Gerald S. Graham）认为，殖民地、商贸和海军是构成英国霸权秩序且相互促进的三个互联要素。[3] 保罗·肯尼迪（Paul M. Kennedy）将三者归纳为构成英国霸权基础的"相互促进的三角"。[4] 路德维格·德约（Ludwig Dehio）则强调从大洋

---

[1] Gerald S. Graham, *The Politics of Naval Supremacy: Studies in British Maritime Ascendancy*, New York: Cambridge University Press, 1965, p.112.

[2] John Darwin, *The Empire Project: The Rise and Fall of the British World System*, New York: Cambridge University Press, 2009, p.1.

[3] Gerald S. Graham, *The Politics of Naval Supremacy: Studies in British Maritime Ascendancy*, New York: Cambridge University Press, 1965, pp.112-113.

[4] Paul M. Kennedy, *The Rise and Fall of British Naval Mastery*, London: Allen Lane, 1976, p.155.

体系的理论视角理解英国霸权，认为依靠贸易、金融和海军力量，英国得以维持欧陆均势与全球优势。① 本章在综合参考现有研究成果的基础上，将英国霸权的基础提炼概括为以下四种。它们同时也是英国最为重要的四种国家利益类型。

第一，海权优势。海权是一个意涵广泛的国际政治术语，尽管自阿尔弗雷德·马汉（Alfred Mahan）以来，众多学者对其进行了概念界定，② 但是始终缺乏一个被学界公认的普适性定义。③ 采用何种海权定义需要考虑具体的历史情境。笔者结合19世纪末20世纪初的"海军至上主义"时代背景，选择使用狭义的海权界定，即马汉在其著作中多次提到的"对海洋的控制"（Command of the Sea），也就是通常所说的制海权，也称经典海权（Classical Sea Power）。这种海权的核心是依靠优势海上军事力量实现对"经常使用的航线"的控制。"通过控制海洋这片广阔的公用地，占绝对优势的海上力量实质上也就是关闭了那些进出敌人海岸的商业性通道"。④ 作为一种自古希腊雅典帝国以来延续多年的古老战略传统，"对海洋的控制"在客观上形成了一种战略处境，即保护自己的商业，破坏敌人的商业，调动自己的军队，阻止敌人的类似移动。⑤ 自17世纪后期开始，以舰队数量、军工技术、海军军事素养等为主要内容的海权优势，推动着英国向着建立世界性帝国（World Emperor）的方向前进。⑥ 这种绝对优势的海权地位通过1805年的特拉法尔加海战（Battle of Trafalgar）的胜利而奠定。美

---

① Ludwig Dehio, *The Precarious Balance*, London: Chatto & Windus, 1963, p. 85.

② 参见 Alfred Mahan, *The Influence of Sea Power upon History 1660-1783*, Boston: Little Brown, 1890; Julian S. Corbett, *Some Principles of Maritime Strategy*, Annapolis: Naval Institute Press, 1988; Geoffrey Till, *Seapower: A Guide for the Twenty-First Century* (4th Edition), London and New York: Routledge, 2018;［美］伯纳德·布罗迪《海军战略指南》，王哲文、吕贤臣、尤昊译，上海交通大学出版社2017年版。

③ 中国学者胡波系统梳理和考察了关于海权的多种定义，认为海权定义争论的焦点在于海权究竟应该取狭义（专指军事领域的能力和影响），还是应该取广义（包括经济、政治等与海洋权势有关的所有内涵）。参见胡波《后马汉时代的中国海权》，海洋出版社2018年版，第2—6页。

④ Alfred Mahan, *The Influence of Sea Power upon History 1660-1783*, Boston: Little Brown, 1890, p. 28.

⑤ Robert C. Rubel, "Command of the Sea: An Old Concept Resurfaces in a New Form", *Naval War College Review*, Vol. 65, No. 4, 2012.

⑥ Arthur Marder, *The Anatomy of British Sea Power: A History of British Naval Policy in the Pre-Dreadnought 1880-1905*, New York: Octagon Books, 1976, p. 3.

国著名历史学家保罗·肯尼迪指出,在经历了一系列漫长的战争后,法国、荷兰等英国主要海上对手的海军消耗殆尽,而英国的力量则日益壮大,垄断了遍及世界的海军权力。① 1859 年法国海军"光荣号"铁甲舰完成巡航,标志着海军发展进入新纪元——"铁甲舰时代"。英国依托综合国力、工业生产能力、造船技术等领域的优势,海权地位更加稳固。② 海权优势是"不列颠治下的和平"建立和得以维持的核心支柱,具体表现为:一方面,皇家海军作为军事屏障,保护了英国本土免遭外来入侵,从而得以有效降低海洋国家被彻底击败的最大风险——遭遇来自海上的入侵;另一方面,英国控制了欧洲通往世界各地的主要海上航道。皇家海军占据了直布罗陀、好望角、马六甲、马耳他等海洋战略咽喉,其属地和加煤站也遍布各大海域。这种控制在平时保障了英国海外贸易及与其殖民地联系的畅通无阻,同时提供了海上航行安全等国际公共产品。战时可以对他国的海上军事和经济行为进行有效干预和遏阻,海军的行动自由则便于英国从海上影响战局。此外,绝对海权优势的威慑作用促使各国出于理性放弃挑战行为,③ 在一定程度上自愿接受其主导下和平的国际秩序,④ 无须单纯依靠武力实施统治强加。这极大地降低了英国维持国际秩序的战略成本。19 世纪中叶的霸权全盛期,维持海权优势的国防开支仅占国民收入的 2%—3%。⑤

第二,经济能力。维多利亚时代中期,英国经济达到强盛的顶峰,领先于列强的经济能力是霸权秩序运转和维持的动力来源。这种优势集中体现在工业生产能力和经济增长两个方面。一方面,发端于英国的第一次工业革命创造了巨大的工业生产能力,使英国借此成为举世瞩目的"世界工

---

① Paul M. Kennedy, *The Rise and Fall of British Naval Mastery*, London: Allen Lane, 1976, pp. 149-150.

② 铁甲舰的引进是世界海军发展的一次飞跃式革命,集中表现在三个方面:一是生铁、钢材取代木料成为船身和防护装甲的原材料;二是蒸汽取代风力成为舰船航行的动力来源,引入了螺旋桨装置加快航行速度;三是铁甲材质使采用威力和重量更大的平射炮成为可能。

③ Gerald S. Graham, *The Politics of Naval Supremacy: Studies in British Maritime Ascendancy*, New York: Cambridge University Press, 1965, p. 121.

④ Gerald S. Graham, *The Politics of Naval Supremacy: Studies in British Maritime Ascendancy*, New York: Cambridge University Press, 1965, p. 125.

⑤ Gerald S. Graham, *The Politics of Naval Supremacy: Studies in British Maritime Ascendancy*, New York: Cambridge University Press, 1965, p. 150.

厂"。以1860年为例，英国占世界煤产量的2/3，生铁产量的一半①，钢铁制品的5/7和商品棉布的一半。② 工业生产能力的绝对优势在满足英国国内市场和海外贸易拓展需求的同时，也助推了英国军事能力的提升。③ 充足的煤、生铁和其他基本原材料可以满足军工生产的需求。军备建造和战争技术的变革则使英国的工业生产能力可以转化为领先的军事能力。④ 另一方面，19世纪见证了英国经济的大繁荣和大增长。根据统计，1851—1881年，英国国民生产总值从5.23亿英镑上升到10.51亿英镑，1901年再上升到16.43亿英镑。如果按不变价格计算，人均产值从24英镑上升到36英镑，再上升到53英镑，上升了一倍多，而人口的总数也大大增加了。19世纪下半叶的50年中，国民生产总值按2.5%—3.3%的年率增长，人均增长率在1.3%—1.9%。⑤ 总体来看，尽管间或因经济危机和工人运动而受到一定程度的负面影响，但是英国经济始终处于繁荣增长的状态，积累了大量的国民财富和战略资源，这种物质性优势是同时代的其他列强难以望其项背的。

第三，海外利益。海外贸易和殖民地是19世纪英国最为重要的两种海外利益类型。一方面，海外贸易是国民财富的重要来源，是英国综合国力重要的物质基础。作为一个典型的贸易国家，自"光荣革命"开始，先后历经长期的对外经济扩张，海外贸易逐渐成为英国最重要的民生国计，在经济发展中的地位无法代替。⑥ 截取1877—1885年、1887—1895年和1897—1905年三个历史阶段，进出口总额占英国国民生产总值的比重分别为49%、45%和41%。⑦ 相比于同时代的其他大国，英国在海外贸易方面的优势也非常明显，促进了其在大国竞争中相对国际权势优势的形成和巩

---

① 煤和生铁是19世纪最为重要的两种工业原材料，是衡量和决定一国工业生产能力及潜力的直接指标。
② Paul M. Kennedy, *The Rise of the Anglo-German Antagonism 1860-1914*, London: George Allen & Unwin, 1982, p.5.
③ 本书所指的军事能力包含了军备生产能力和部队的军事效能，即在作战中实现军事目标的能力和程度两个方面。
④ Gerald S. Graham, *The Politics of Naval Supremacy: Studies in British Maritime Ascendancy*, New York: Cambridge University Press, 1965, p.120.
⑤ 钱乘旦、许洁明：《英国通史》，上海社会科学院出版社2017年版，第270页。
⑥ 钱乘旦、许洁明：《英国通史》，上海社会科学院出版社2017年版，第199页。
⑦ Kuznets, "Quantitative Aspects of the Economic Growth of Nations: Paper X", *Economic Development and Cultural Change*, Vol.1, 1967, pp.96-120.

固。统计数据显示，1870—1880 年，英国进出口总额占世界贸易总量的 24%，高于法国和德国的总和（分别为 10.8% 和 9.7%），是美国（8%）的 3 倍；1880—1889 年为 22.4%，[①] 同样高于上述两个欧陆大国的总和（分别为 10.2% 和 10.3%），是美国（9.8%）的两倍多。另一方面，受地理因素影响，殖民地与英帝国的命运密切相关。四面环海的岛国地理位置固然为英国海洋扩张提供了便利，但是岛国资源的相对匮乏同样是英国发展无法回避的战略难题。在这种背景下，英国从都铎王朝开始，以商人、海盗、移民等民间和社会力量为先驱，在全球范围进行殖民地扩张和攫取。1763 年"七年战争"结束及《巴黎和约》的签订，标志着"第一帝国"的建立，尽管这一帝国因 1783 年美国独立而瓦解。但英国迅速吸取历史教训，于 1784 和 1791 年先后颁布《印度法》和《加拿大法》，维持了除美国之外的殖民地现状，避免了其他属地的离心。1815 年拿破仑战争的胜利是英国殖民扩张的又一里程碑，标志着"第二帝国"的建立。随着工业和资本主义的发展，殖民地之于英国的重要性在 19 世纪中叶发生了巨大的改变。在此之前，殖民地主要建立在重商主义的基础上，英国人把殖民地看作本国市场的延伸，要求以直接统治的方式对殖民地的生产与销售进行垄断，将其作为母国产品的推销地及原料的供应地。[②] 受以亚当·斯密（Adam Smith）、大卫·李嘉图（David Ricardo）为代表的自由主义经济学家影响，19 世纪 20—30 年代在英国兴起了"自由帝国主义"的社会思潮，在殖民政策上主张英国应逐步退出对殖民地的直接统治，转而鼓励它们通过自治最终走向独立。在辉格党的推动下，1839 年为解决加拿大叛乱而出台的《达勒姆报告》奠定了此后一个世纪英国处理与殖民地关系的基础。统治方式的变革不仅使英国降低了成本负担，[③] 而且使殖民地对英国发展的贡献更加突出。遍布全球的广阔殖民地吸纳了英国大量的对外直接投资，帝国内贸易为英国带来了丰富的利润和发展工业所需的原材料。在战略

[①] Kuznets, Modern, *Modern Economics Growth*, New Haven: Yale University Press, 1966, pp. 306-308.

[②] 钱乘旦、许洁明：《英国通史》，上海社会科学院出版社 2017 年版，第 292 页。

[③] 根据一些学者的估算，英国维持殖民统治的开支达到每年 800 万英镑。参见 Gerald S. Graham, *The Politics of Naval Supremacy: Studies in British maritime ascendancy*, New York: Cambridge University Press, 1965, p. 116。

上，殖民地、商业和海权是一个环环相扣的整体。当海外商业有可能因为战争中断时，承载商业的殖民地都会因为它作为海军后勤基地的重要战略价值，而得到英国海军的保护，而殖民地反过来又在人员和战略物资上为海军提供支持。① 海军的有效性在相当程度上依靠商船队与海外贸易规模，海军的一个关键职能是为海外贸易安全提供"托护"（Nursery）。②

第四，国际秩序。英帝国并非基于强制性手段迫使各国服从，其霸权秩序的确立和巩固在很大程度上依靠的是各国的接受和合作。通过建立和维护符合英国利益的国际秩序，英国可以借此将国际权力优势转换为国际权威。其实质是降低霸权护持的成本，使符合英国利益的国际政治、经济格局固定化。皇家海军和外交是这一过程中英国依托的主要政策工具。其一是"自由开放"的国际经济秩序。1846—1854 年，《谷物法》和《航海法案》被相继废除，标志着英国正式以"自由主义"取代"重商主义"作为基本国策。这一时期，英国在全球范围内积极推广"开放海洋"和自由贸易的理念，并在此基础上建立了一种资本和生产要素在全球范围内自由流通、各国相互取消保护主义贸易政策和彼此相互依赖的国际经济秩序。许多学者将 19 世纪中后期和 20 世纪初期称为"相互依赖的黄金时期"。③ 为此英国放弃了部分既得利益，并以承担国际公共产品供给责任的方式鼓励各国积极参与，利用"成本—收益"计算影响各国的政策选择。例如早在 1805 年，英国就放弃了延续几个世纪的"海峡致敬"（Channel Salute）主张④、逐步取消国内贸易保护法案、宣布海上私掠行为非法、积极打击海盗和非洲奴隶贸易等。⑤ 此外，英国利用皇家海军的全球性作战能力执行著名的"炮舰政策"，即"以海军的力量控制海洋，强制推行'自由贸易'，迫使全世界为英国的商品打开门户。在这种政策下，领土扩

---

① Gerald S. Graham, *The Politics of Naval Supremacy*: *Studies in British Maritime Ascendancy*, New York: Cambridge University Press, 1965, pp. 112-113.

② Gerald S. Graham, *The Politics of Naval Supremacy*: *Studies in British Maritime Ascendancy*, New York: Cambridge University Press, 1965, p. 115.

③ Kenneth N. Waltz, *Theory of International Politics*, Long Grove: Waveland Press, 1979, p. 140.

④ 皇家海军要求他国船只在航行通过多佛海峡时必须向英国舰队致敬。这种传统的仪式象征着英国对该片海域的独占。

⑤ Paul M. Kennedy, *The Rise and Fall of British Naval Mastery*, London: Allen Lane, 1976, pp. 149-177.

张并不是首要目标，重要的是'贸易自由'"。① 1840—1842 年第一次鸦片战争是这种强权外交方式的典型代表。需要指出的是，英国积极推行建立"自由开放"的国际政治经济秩序并不是一些学者所说的，基于崇高国际道义，以增进国际社会普遍和平与福祉的利他主义行为，② 而是英国在国际经贸领域无可匹敌的优势之体现。"自由开放"的国际政治经济秩序表面上看各国获利机会平等，但实际情况却是对工业能力、金融业水平、资本总量等方面占优的英国明显更为有利。这种秩序满足了英国繁荣的工业大发展对市场的需求，降低了英国开拓国际市场、海外资本输出和获取廉价原材料供应地的成本，与之相伴的是英国依靠相对优势在国际经贸中获取巨额的利润。③

其二是在欧陆维持均势国际政治秩序。自伊丽莎白一世继位以来，英国逐步认识到欧陆均势对国家安全的重要性，长期执行一种"离岸制衡"（Offshore Balance，又译离岸平衡）的欧陆大战略。④ 具体表现是英国在和平时期专心于海外利益扩张，很少直接卷入欧陆事务，以外交上的"光辉孤立"保持最大限度的行动自由。只有在某一大国或者大国联盟权势急剧上升，意欲将霸权强加于欧洲大陆国家头上，⑤ 其他国家无力实施有效制衡，欧陆均势秩序出现被彻底倾覆的高度危机状态时，英国才会以结盟、提供海军保护和资金支持、派遣远征军等方式直接参与欧陆国家的反霸斗争，维持欧陆诸强之间大致的势力均衡状态，避免该区域为权势居

---

① 钱乘旦、许洁明：《英国通史》，上海社会科学院出版社 2017 年版，第 295 页。
② 持这种立场的学者大都借此为英国霸权的合法性进行辩护。例如［英］尼尔·弗格森《帝国》，雨珂译，中信出版社 2012 年版。
③ Gerald S. Graham, *The Politics of Naval Supremacy: Studies in British Maritime Ascendancy*, New York: Cambridge University Press, 1965, pp. 109—113.
④ 美国学者罗伯特·阿特（Robert Art）强调，"离岸平衡战略的目标是力图击败欧亚大陆崛起中的大国，以维持有利的权力平衡"。为了确保行动自由，"平衡者"应该无视欧亚大陆平时的国际政治竞争，置身多数地区性战争之外。中国学者吴征宇指出，这种战略实质上是一种"推卸责任战略"，即采取冷眼旁观的方式以便让相关地区国家承担制衡潜在霸权国的责任。只有当上述国家无力完成制衡目标时，"平衡者"才直接介入争端。参见［美］罗伯特·阿特《美国大战略》，郭树勇译，北京大学出版社 2005 年版，第 107—108、224—226 页；吴征宇《离岸制衡与选择性干预：对二战后美国大战略的理论思考》，《世界经济与政治》2009 年第 10 期。
⑤ 吴征宇：《离岸制衡与选择性干预：对二战后美国大战略的理论思考》，《世界经济与政治》2009 年第 10 期。

优的单一大国所控制,① 并在均势恢复后回归"孤立"。② 作为一个主导性海洋国家,"欧洲均势本身并不是最终目的,而只是英国在海洋那边的世界中占据绝对优势的前提"。③

二 英国霸权的结构性衰落

19世纪前半叶见证了大英帝国的辉煌和荣耀,帕默斯顿时代是英国权势地位的顶点,④ 但同时也是霸权衰落的起点。需要指出的两个问题是:一方面,英国霸权的衰落是一个长期性的历史过程,并非综合国力及国际地位的骤然滑坡;另一方面,这种衰落本质上只是一种相对衰落,即相对于全盛时期的退步。直至1914年"一战"爆发,体系霸权未发生交替更迭,英国的霸权国地位始终没有被其他对手所替代。19世纪60年代以电气等新兴产业的兴起为标志的第二次工业革命是贯穿英国霸权衰落过程的背景主线。如果说第一次工业革命奠定了"不列颠治下的和平"的物质基础,那么第二次工业革命则吹响了英国霸权走向谢幕的号角。这次技术革命深刻改变了英国的外部环境,撼动了霸权的基础。集中体现在两个方面:第一,造成了英国在国际经济格局中地位的变化;第二,伴随技术革命崛起的新兴工业强国对英国的国际政治地位构成了激烈挑战,战略现实和经济现实的变化迫使英国不得不开始怀疑和挑战自己的大战略设定,并做出艰难的调整。⑤

(一) 国际经济地位的下降

第二次工业革命是人类历史进程中划时代的一页,技术变革极大地解

---

① Liddell Hart, *When Britain Goes to War: Adaptability and Mobility*, London: Faber and Faber Limited, 1935, pp.17-47.
② 例如拿破仑战争后,英国在维也纳会议支持保留法国的大国地位,在1815—1848年对"神圣同盟"干预欧洲革命态势置身事外,也没有干预1860—1870年普鲁士主导下的德国统一进程。
③ Ludwig Dehio, *The Precarious Balance*, London: Chatto & Windus, 1963, p.85.
④ 指亨利·约翰坦普尔帕默斯顿(Henry John Temple Palmerston)作为英国首相的历史时期(1855—1858年、1859—1865年)。
⑤ [美] 威廉森·默里、[英] 麦格雷戈·诺克斯、[美] 阿尔文·伯恩斯坦编:《缔造战略:统治者、国家与战争》,时殷弘等译,世界知识出版社2004年版,第294页。

放了生产力，释放了巨大的发展能量。以德国、美国、日本为代表的后发国家借势实现了经济腾飞，在较短的历史时段内崛起成为工业强国，对半个世纪以来英国一家独大的国际格局产生了冲击。然而作为第一次工业革命的最大受益国和占据世界经济、贸易龙头地位已逾甲子的英国来说，情况却正好相反。与新兴工业强国表现出的蓬勃向上的发展活力不同，英国经济表现低迷，与后发工业强国之间的差距不断缩小，在国际经济格局中的支配性优势已经成为历史陈迹。① 其中包含着非常复杂的原因，如英国保守的文化传统阻碍创新能力、企业长期获利造成的创新动力不足、社会对贵族生活方式的推崇导致商人"企业家精神"的逐渐丢失等。② 由于经济问题不是本书讨论的重点，在此不做赘述。

英国经济霸权的相对衰落体现在如下几项指标上：首先，以年均经济增长率数据为例，1880—1890 年，英国、德国和美国分别为 2.2%、2.9% 和 4.1%，1890—1900 年为 3.4%、3.4% 和 3.8%，1900—1913 年为 1.5%、3.0% 和 3.9%。③ 尽管英国经济也始终处于增长状态，而且在绝对量上占据显著优势，依然是世界最为富裕的国家。但是相比于德国和美国两个崛起中的新兴工业强国，增速较为缓慢，与其鼎盛时期的经济蓬勃发展不可同日而语。其次，这种相对衰落的趋势在代表一国工业能力和潜力的钢铁产量及能源消耗两个方面更为突出，见表 1-1、表 1-2。保罗·肯尼迪以 1900 年给英国工业潜力赋值为 100 作为参照指标，研究了主要大国的工业潜力。在截取的 1890 年、1900 年和 1913 年三个年份中，英国的得分为 73.3 分、100 分和 127.2 分，美国的得分为 46.9 分、127.8 分和 298.1 分，德国的得分为 27.4 分、71.2 分和 137.7 分。④ 英国整体的工业能力和潜力在 1900 年后被美国赶超，与德国的距离也在不断接近。1866—1868 年担

---

① Gerald S. Graham, *The Politics of Naval Supremacy: Studies in British Maritime Ascendancy*, New York: Cambridge University Press, 1965, pp. 121-125.
② 几乎任何一本涉及 19 世纪中后期英国史的著作都会对这一问题展开讨论。参见 Trevor Lloyd, *Empire: The History of British Empire*, New York and London: Hambledon and London, 2001, pp. 117-145; John Darwin, *The Empire Project: The Rise and Fall of the British World-System 1830-1970*, Cambridge: Cambridge University Press, 2009, pp. 255-305。
③ 钱乘旦、许洁明：《英国通史》，上海社会科学院出版社 2017 年版，第 270 页。
④ Paul M. Kennedy, *The Rise and Fall of Great Powers: Economic Change and Military Conflict from 1500 to 2000*, London: Unwin and Hyman, 1987, p. 201.

任英国首相的德比（Derby）曾无奈地指出了问题的症结，"英国是个富裕的国家，但是我们恐怕不得不承认美国已经赶超了我们……英国并没有退步，而是其他国家取得了进步"。① 最后，英国在国际贸易领域的垄断优势也面临新兴工业强国的激烈竞争，其一家独大的统治力被大为削弱。1890年英国在国际制成品总出口额中的比重超过40%，1899年下降到32%，到1913年为29.9%，而美国和德国的份额却经历了持续性的快速上升。② 国际贸易权势衰落的根源还是英国制造业生产能力和商品竞争力的下降。国际经济地位的下降动摇了构成英国霸权的物质基础，作为主导性海洋强国"一旦作为海军基础的财富和活力之源枯竭，③ 英帝国的安全也将丧失"。④

表1-1　　　　1890—1913年各大国钢铁产量　　　　单位：百万吨

	1890年	1900年	1910年	1913年
英国	8.0	5.0	6.5	7.7
德国	4.1	6.3	13.6	17.6
美国	9.3	10.3	26.5	31.8
法国	1.9	1.5	3.4	4.6
奥匈帝国	0.97	1.1	2.1	2.6
俄国	0.95	2.2	3.5	4.9

表1-2　　　　1890—1913年各大国能源消耗量　　　　单位：百万吨煤

	1890年	1900年	1910年	1913年
英国	145	171	185	195
德国	71	112	158	187
美国	147	248	483	541
法国	36	47.9	55	62.5

---

① Paul K. MacDonald and Joseph M. Parent, *Twilight of the Titans: Great Power Decline and Retrenchment*, Ithaca and London: Cornell University Press, 2018, p.83.
② 这三个年份，德国的数据为19.3%、22.2%和26.4%，美国为2.8%、11.2%和12.6%。参见钱乘旦、许洁明《英国通史》，上海社会科学院出版社2017年版，第270页。
③ 这里指经济增长活力。
④ H. J. Mackinder, *Britain and the British Seas*, Oxford: Oxford University Press, 1925, p.358, cited from: Paul M. Kennedy, *The Rise and Fall of British Naval Mastery*, London: Allen Lane, 1976, p.185.

续表

	1890 年	1900 年	1910 年	1913 年
奥匈帝国	19.7	29	40	49.4
俄国	10.9	30	41	54

资料来源：Paul M. Kennedy, *The Rise and Fall of Great Powers*: *Economic Change and Military Conflict from 1500 to 2000*, London: Unwin and Hyman, 1987, pp. 200-201。

（二）海上竞争的加剧

在19世纪的大多数时间，除了拥有实力一枝独秀，作战半径覆盖全球的皇家海军外，其他主要大国普遍忙于内部事务，海外扩张能力和需求均相对有限，由此形成相对低烈度的海上竞争环境是英国获得"廉价"海上主导权不可忽视的外部条件之一。① 正是因为外部威胁不足以撼动对其海权的垄断，英国得以将主要精力集中于经济贸易发展和殖民事务。对于"维多利亚"时代信奉自由主义经济学说和政策的众多英国商人及政客来说，商业而不是战舰就可以给英国带来和平。过度的防务开支反而是资源的浪费，削减海军开支是可行且必要的事。② 因此，不难理解为什么在1890年之前，"海军防务问题在英国人思想中几乎是毫不相干的事"。③ 这里需特别强调一点，上述情况并不代表英国人在自由贸易思潮的影响下成为"非战主义者"，④ 他们追求的是理性经济人视角下一种"最低成本的安全"。其后的历史证明了当外部环境发生变化，海上竞争触及根本性安全利益时，维持海权优势会迅速成为英国社会的共识。

---

① 在法俄联盟建立之前，其他国家只是偶尔能够在海上引起英国警惕，而且英国都能顺利化解潜在威胁，并没有从根本上动摇海上主导权。普鲁士及威廉二世之前的德国海军微不足道，美国忙于内战，海外扩张尚未开始，日本在1868年"明治维新"后才开始从落后封闭的农业国向现代工业国转型。参见［英］A.J.P. 泰勒《争夺欧洲霸权的斗争：1848—1918年》，沈苏儒译，商务印书馆1987年版。

② 拿破仑战争后英国对海军军费开支和舰船数量进行了持续性削减。1814年英国共有230艘各类舰船，到1838年削减为54艘。1815—1840年，英国的海军军费削减了将近一半，1840年仅占防务总投入的11%。参见 Gerald S. Graham, *The Politics of Naval Supremacy*: *Studies in British Maritime Ascendancy*, New York: Cambridge University Press, 1965, p. 110。

③ Arthur Marder, *The Anatomy of British Sea Power*: *A History of British Naval Policy in the Pre-Dreadnought 1880-1905*, New York: Octagon Books, 1976, p. 44.

④ Gerald S. Graham, *The Politics of Naval Supremacy*: *Studies in British Maritime Ascendancy*, New York: Cambridge University Press, 1965, p. 110.

第一章 英国霸权的结构性危机与调控

在第二次工业革命浪潮中，新兴工业强国的崛起极大地加剧了各国间围绕海上利益的竞争，对英国的海权优势地位和海外利益保护构成严峻挑战，终结了"廉价"海上霸权时代。与此前个别国家在海军扩张方面的蠢蠢欲动带来的有限影响不同，新一轮的海上挑战无论是参与行为体数量、竞争范围还是激烈程度都是拿破仑帝国覆灭后英国不曾经历的，可以说是英国海上主导权的一次釜底抽薪式的结构性危机。这种局面的出现可以归因为物质和社会思潮两个方面的发展变迁。本节重点论述前者，即技术革新、生产方式、经济模式等物质性因素的影响。观念层面的社会思潮的作用将在下文章节详细阐述。

首先，国内经济和工业的高速发展增加了对海外联系的依赖，促使原本"向陆"发展的德国、美国等新兴工业强国开始进行海军建设和参与殖民竞争。在新的工业时代，原材料成为衡量一国综合国力，特别是军事力量的关键要素，而其中的许多种类只能在遥远的海外获得。[①] 另外，由于海上霸权为英国所垄断，尽管英国长期奉行"自由开放"的海洋秩序观，但是对于其他国家而言等于海外联系通道掌握在英国手中，随时有在战时被封锁的危险，而拥有一支独立且有一定实力的海上力量是他们摆脱这种高度脆弱性安全状态的理性选择。[②] 海外利益遍布全球的大英帝国无疑首当其冲。在19世纪中后期，英国不仅需要面对美国、法国和俄国等国海军力量的快速发展（20世纪初转变为德国），而且要在全球范围内应对日趋激烈的殖民竞争。[③] 如与法国在埃及、与美国在委内瑞拉以及与俄国在中国、阿富汗和波斯等地的争夺（很大程度上是为了保护印度侧翼免受来自陆上俄国势力的威胁）。

其次，技术变革使英国海权的有效性受到前所未有的冲击。一方面，以铁路为代表的交通技术的发展宏观上增加了陆权相对于海权的优势，[④]

---

① Gerald S. Graham, *The Politics of Naval Supremacy: Studies in British Maritime Ascendancy*, New York: Cambridge University Press, 1965, p.121.

② Rolf Hobson, *Imperialism at Sea: Naval Strategic Thought, the Ideology of Sea Power and the Tirpitz Plan 1875-1914*, Boston and London: Brill and Academic Publisher, 2002, p.38.

③ Rolf Hobson, *Imperialism at Sea: Naval Strategic Thought, the Ideology of Sea Power and the Tirpitz Plan 1875-1914*, Boston and London: Brill and Academic Publisher, 2002, pp.24-26.

④ Paul M. Kennedy, "The Influence and the Limitations of Sea Power", *The International History Review*, Vol.10, No.1, 1988.

这一技术不仅为拥有广阔领土的国家深度挖掘陆地资源提供了可能，而且降低了地形阻隔和行军距离对陆上军事行动规模和效率的限制。所产生的直接后果是"离岸制衡"战略得以成功运作的条件正在发生不可逆转的转变。1870—1871年的普法战争向世人证明了交通技术变革对陆上军事行动机动性和能力的增益，战争进展的迅捷也对海权干预大陆事态的及时性提出了挑战。另一方面，以蒸汽、电力为代表的新技术激发了拥有更大国土面积、资源总量和人口数量的洲级大国的发展潜力，广泛分散的大英帝国将发现根本无法与它们进行竞争。[1] 早在1884年，约翰·西利（J. R. Seeley）就指出了这种状况下，英国几个世纪以来以海权为基础的霸权面临的威胁，"俄国和美国将在力量上超过那些现在称为大国的国家，就像16世纪大的城邦国家超越佛罗伦萨那样"。[2] 地缘政治学家麦金德在世纪之交不无忧虑地指出，"海权本身，如果没有强大的工业作为基础，身后没有众多的人口，进攻时太过虚弱，无法在世界权势斗争中立足"，[3] "面对建立在半个大洲资源的厚实基础上的巨型大国，英国将失去'大海的情妇'地位……仅仅依靠岛国地理位置根本无法确保海洋主导权是一项不可废止的永久权力"。[4]

最后，海军技术的快速变革增加了英国在战略和财政两方面的应对负担。军工技术领域的重大突破是第二次工业革命的重要特征。与陆上不同，一国的海军作战能力更加依赖于技术方面比之于对手的优越性或将技术转换为军事优势的相关能力。19世纪中后期，海军在武器系统、动力系统、防护装甲等方面的升级更新速度异常迅猛，"帝国主义时代"权势竞斗的现实需要、与日俱增的体系安全压力和对其他国家的恐惧迫使各国纷纷投入大量资源进行海军建设，未来决定海上战争成败的关键不在战时而是在和平时期的海军建设，[5] 这种观念在1890年马汉的著作问世后更加为

---

[1] Paul M. Kennedy, *The Rise and Fall of British Naval Mastery*, London: Allen Lane, 1976, p.184.

[2] J. R. Seeley, *The Expansion of England: Two Courses of Lectures*, New York: Cosimo Classics, 2005, p.301.

[3] H. J. Mackinder, "The Geographical Pivot of History", *The Geographical Journal*, Vol. 23, No. 4, 1904.

[4] H. J. Mackinder, *Britain and the British Seas*, Oxford: Oxford University Press, 1925, p.358, cited from: Paul M. Kennedy, *The Rise and Fall of British Naval Mastery*, London: Allen Lane, 1976, p.185.

[5] Rolf Hobson, *Imperialism at Sea: Naval Strategic Thought, the Ideology of Sea Power and the Tirpitz Plan 1875-1914*, Boston and London: Brill and Academic Publisher, 2002, p.41.

各国所深信不疑。① 英国唯有在舰船数量和质量方面跟进且始终保持领先方能维持海上主导权，增加海军建设的军费开支在所难免。财政压力与海军效能之间的平衡成为"一战"前贯穿英国军政关系的一条主线，引发了多次政治危机。此外，英国的压力不仅在军备建设方面，技术变革带来的另一个问题是战略理论的与时俱进，即如何确保军事学说（tactical doctrines）能够匹配并有效利用变化中的军事技术成果。19世纪的英国人普遍陶醉于拿破仑战争后建立的海上绝对优势，直接导致了皇家海军开始墨守成规，将"霍雷肖·纳尔逊（Horatio Nelson）遗训"作为战略准则，丧失了创新的动力，进入了海军战略思想的"黑暗期"。② 日新月异的海军技术进步和烈度不断增加的海上竞争，放大了英国海军战略思想匮乏的弊病，一些有先见之明的民间战略学者开始思考和探寻破局之道。简言之，"一战"前英国海军战略的讨论是以一种"以民促官"的形式展开。从1895年英国海军协会创立以来，以约翰·诺克斯·劳顿（John Knox Laughton）、朱利安·科贝特（Julian S. Corbett）和科洛姆兄弟（John Colomb and Philip Colomb）为代表的一批"蓝水学派"民间学者开始结合英国的自身特色讨论这一问题，③ 海军部鼓励引导并受到民间讨论的影响，大致在1904年直接加入了这一研究进程。此后随着国际形势的变化，其他部门也陆续加入，直至战争前夕形成了完整的联合作战战略。

（三）国际秩序的动摇

"自由开放"的国际政治经济，以及欧陆均势安全秩序是构成19世纪英国霸权的秩序基础。第二次工业革命后，随着相对国力的下降和霸权地位的整体性危机，这两个方面在多种因素的合力冲击下也出现了裂痕，依

---

① 关于马汉及其著作的影响，下文将重点论述。
② 钮先钟：《西方战略思想史》，广西师范大学出版社2003年版，第375页。
③ "蓝水学派"强调海军在英国国防中的首要地位，关注的是以海权为依托的英帝国全球防御问题。这一时期英国民间学者的海军战略的详细讨论，参见 John Colomb, "British Defence: Its Popular and Its Real Aspects", *The New Century Review*, No. 2, 1897; D. M. Schurman, *The Education of a Navy: The Development of British Naval Strategic Thought, 1867-1914*, London: Cassell, 1965; Julian S. Corbett, *Some Principles of Maritime Strategy*, Annapolis: Naval Institute Press, 1988; Philip Colomb, *Naval Warfare: Its Ruling Principles and Practice Historically Treated*, Annapolis: Naval Institute Press, 1990; Andrew Lambert eds., *Letters and Papers of Professor Sir John Knox Laughton, 1830-1915*, New York: Ashgate Publishing, 2009.

稀可见瓦解的趋势。

其一,"自由开放"的国际经济秩序的动摇。一方面,如前文所述,英国自身在商品生产领域和贸易领域独占鳌头的优势逐渐被新兴工业强国所赶超。而这种优势正是英国一直努力维持上述国际秩序的重要动力和保障。利润的下降影响了英国承担霸权责任的物质能力。另一方面,"贸易保护主义"经济思潮的再度抬头也对国际经济秩序形成了巨大冲击。新兴工业强国为了保护处于发展期的本国工业,对本国的进出口贸易施加人为干预。1879年德国时任宰相俾斯麦对黑麦和钢铁的征收政策是其中的典型,并引来其他国家效仿。各国纷纷转向"贸易保护主义",开树立筑贸易和关税壁垒。继续维持"自由开放"的国际政治经济秩序对于英国来说日益不利。美国经济学家金德尔伯格(Kindleberger)指出:从19世纪70年代开始,"坚持越来越不符合英国短期利益的自由贸易是一个集体记忆或制度落后在起主要作用的典型例子"。① 英国面临着是否要放弃坚持了大半个世纪的自由开放原则,"从善如流"地加入贸易保护主义阵营的艰难选择。在一定程度上,约瑟夫·张伯伦(Joseph Chamberlain)所倡导并积极推动的关税改革,② 反映出的正是当时英国所面临的变化了的世界现实,即"自由开放"的国际政治经济秩序已经无法有效保护英国的经济利益安全,需要顺应形势建立保护性关税制度,尽管这意味着从根本上否定了英国长期以来的经济政策根本原则。

其二,欧陆均势存在被倾覆的危机。1864—1871年是这一趋势开始的起点,也是近代欧洲均势秩序的转折点。如下两个方面的国际事态深刻反映了这种变化。一方面,德国高速崛起。早在1864年2月普奥联军击败英国盟友丹麦,夺取石勒苏益格—荷尔斯泰因地区的过程中,英国的无力干预就显现出了其霸权地位在德国权势崛起面前的脆弱性。因为此前英国一直视丹麦为北欧重要盟友,帕默斯顿在1863年初还曾强硬表示英国会坚决

---

① [美]查尔斯·P. 金德尔伯格:《世界经济霸权:1500—1990》,高祖贵译,商务印书馆2003年版,第218页。
② 张伯伦所倡导的关税改革,其内容是通过给予英联邦成员共同的优惠关税待遇,将英帝国成员凝聚为一个有机的经济共同体,共同抵御外部经济竞争的挑战。但是由于放弃自由贸易原则触及英国长期以来的立国之本,遭遇了国内广泛反对。1903年,张伯伦公开宣布英国应该建立保护性关税制度,并从政府辞职。其后以非政治身份建立了"关税改革同盟",直至1914年去世。

支持丹麦的领土完整，并警告任何试图用武力改变丹麦领土现状的国家"将面对不止丹麦一个国家"。① 历史学家奥特认为，此次事件的标志性在于"尽管国际格局尚未最终定型，但普遍持有的英国至上的假设已经开始坍塌"。② 虽然德国对欧洲均势的剧烈冲击要在数十年后威廉二世全面推行"世界政策"时才会剧烈显现，但是一个整合了分散的中小型国际行为体的工业强国在中欧崛起，对于欧陆均势的影响是不容忽视的。"欧洲失去了一位主妇，却迎来了一位主人。"③ 无论是霸权国英国还是欧洲其他大国，都需要适应和妥善处理一个新变化："德国从一个由无足轻重的王公诸侯们统治的二流邦国的集合体，转变为一个统一的帝国。"④ 俾斯麦构建的以柏林为中心的同盟体系已经向世人证明了新生德国在欧陆事务中的影响力，而第二次工业革命产生的蓬勃动力推动其逐渐超越欧洲"外壳"，获得世界帝国的初期特性。

另一方面，英国干预欧陆事务的能力下降。对德国统一进程中的三场战争（普丹、普奥和普法）未能实施有效的干预已经为海权优势影响大陆事务的有效性敲响了警钟。此后的一系列欧陆问题使英国发现单凭自身海上力量，在缺乏欧陆大国配合的情况下，已经很难产生决定性影响。除此之外，列强利益缓冲区的极大压缩、大众政治时代舆论对外交政策的影响以及欧洲各国间愈演愈烈的军备竞赛都增加了均势崩坏的潜在风险。一是随着19世纪70年代德国与意大利的先后统一，列强间所有的自由领土、缓冲区和减震器都不复存在，⑤ 诸大国彼此相邻成为新的政治现实。欧洲失去了自1648年三十年战争以来，延续了几百年的利用两地分散的诸侯与城邦进行外交交易，以缓和彼此冲突和谋利的战略空间。俄奥两强从19世纪70年代开始围绕"近东问题"在巴尔干矛盾的日趋结构化与此不无关联，其中

---

① Paul K. MacDonald and Joseph M. Parent, *Twilight of the Titans: Great Power Decline and Retrenchment*, Ithaca and London: Cornell University Press, 2018, p.82.

② T. G. Otte, *The Foreign Office Mind: The Making of British Foreign Policy*, 1865–1914, Cambridge: Cambridge University Press, 2011, p.24.

③ 普法战争后欧洲流传的一句流行语。

④ [美] 戈登·克雷格、亚历山大·乔治：《武力与治国方略——我们时代的外交问题》，时殷弘、周桂银、石斌译，商务印书馆2004年版，第58页。

⑤ [美] 戈登·克雷格、亚历山大·乔治：《武力与治国方略——我们时代的外交问题》，时殷弘、周桂银、石斌译，商务印书馆2004年版，第53页。

很重要的一个原因是欧洲鲜有其他未被划分归属的区域可供双方扩张和战略协调。二是正如马丁·怀特（Martin Wight）将 19 世纪下半叶引发欧洲局势长期性紧张的军备竞赛归因为技术革新对军事效能的影响以及广泛的大众政治动员两个方面。① 这一时期欧洲的军备竞赛，宏观上呈现一种螺旋式的互动上升状态。② "一战"前的英国外交大臣爱德华·格雷（Edward Grey）在 1925 年生动地描绘了这种机制："大规模军备竞赛导致战争不可避免……当一国军备扩张时，其他国家面对被侵略的威胁不能不做防备……欧洲整体军备建设的大规模增长使各国被笼罩在恐惧和不安全感之下。"③ 技术的发展变化增强了武器系统的破坏力，并提高了军事动员的效率，④ 使得列强间势力均衡状态更容易被一国的军备扩张所打破。鉴于生存和安全是国家行为体的最根本利益，因此和平时期军备建设之于大国竞争走向的重要性较之于前工业时代显著增加。上述事态导致的直接后果是安全困境成为"一战"前欧洲国家间关系的结构性特征。各国的军备扩张行为反而造就了一种更加不安全的国际环境。随着列强间对立同盟体系的相继建立和固化，爆发冲突与战争的风险陡然增加。除此之外，军备竞赛还造成了列强国内政治的"军国主义化"，助长了"预防性战争"军事学说的盛行。军备领域长期性的竞争压力严重干扰了理性的外交决策，"战争不可避免"在各国决策精英和普通民众间拥有广阔的市场，敌对国家之间的外交谈判失去了互信基础。除必要的军备扩张之外，"一战"前的欧洲大国也在"预防性战争"的假定下积极备战，即在敌对国家发展壮大使自身处于劣势之前发动大规模的"总体战"将其彻底击败，避免在未来战争中处于更加不利的力量对比处境。⑤ 简言之，当时的欧洲国家普遍坚持：既然最终结局是战争，就应早打、大打。

---

① Martin Wight, *Power Politics*, London: Continuum, 1995, p. 243.

② Thomas Mahnken and others eds., *Arm Races in International Politics: From Nineteenth Century to the Twenty-First Century*, Oxford: Oxford University Press, 2016, pp. 41-61.

③ Edward Grey, *Twenty-Five Years: 1892-1916*, New York: Frederic A. Stokes Company, 1925, pp. 279-286.

④ 军事动员方面，除了前文提到的以铁路为代表的交通运输技术革新，军事技术发展还推动了作战理念和军事制度的重塑。普法战争后，列强普遍效法普鲁士，建立系统化的现代参谋制度。

⑤ Rolf Hobson, *Imperialism at Sea: Naval Strategic Thought, the Ideology of Sea Power and the Tirpitz Plan 1875-1914*, Boston and London: Brill and Academic Publisher, 2002, pp. 51-53.

三 社会思潮的冲击

作为世界历史发展长河中一个深刻的大变革时期，19世纪末也是一个多元社会思潮"百花齐放，百家争鸣"的历史阶段。社会思潮在本质上属于意识形态范畴，并不能直接作用于国际关系。但是作为一种干预性变量，在大众政治时代，社会思潮可以通过国内政治，改变塑造政治精英群体在战略决策过程中的利益权衡尺度及理性成本—收益计算，最终影响战略选择和对外政策行为。审视世纪之交的欧洲历史，三种社会思潮对国际政治进程产生了不容忽视的深远影响。第一种是民族主义，第二种是"海军至上主义"，第三种是帝国主义。带有强烈的非理性感情色彩、狂热的社会思潮与工业革命释放出的巨大军事能力相结合，使得欧洲安全秩序动荡不安，充满不确定性，加剧了霸权国所面临的挑战。

（一）民族主义

现代民族主义是一种产生于近代欧洲，以法国大革命为形成标志，经过拿破仑战争和1848年欧洲革命等事件扩散到欧洲各地的社会思潮。安东尼·史密斯指出，"18世纪是民族主义意识形态的开端，其中尤以波兰被瓜分、美国和法国革命为主要标志"。[①] 民族主义一词早在1774年就出现于德国哲学家赫德尔的著作中，在19世纪中叶便被普遍使用，但是迄今为止没有一个得到公认的学理性定义。[②] 在本书中，民族主义仅作为一种群体性思想状态构成研究的社会背景之一，不涉及具体的政治行动和学理论辩，其内涵和外延不宜过宽。因此本书采用美国学者汉斯·科恩的经典定义："民族主义首先而且最重要的应该是一种思想状态……在这一状态中体现了个人对民族

---

① Anthony D. Smith, "The Resurgence of Nationalism? Myth and Memory in the Renewal of Nations", *The British Journal of Sociology*, Vol. 47, No. 4, 1996.

② 中国学者王联梳理了中外学者对民族主义的界定，根据立场和视角差异归纳为以下四类：一种群体思想状态、一种学说或者原则、一种运动、混合型定义（认为民族主义包含多个方面，实际上就是对前三类定义的综合）。他认为造成民族主义内涵众说纷纭的原因是界定者不同的政治立场和所处的社会环境。参见王联主编《世界民族主义论》，北京大学出版社2002年版，第14—19页。

国家的高度忠诚。"① 一方面，民族主义作为一种高度认同民族国家的意识，或者追求民族自由独立、建立民族国家、实现国家富强的进取性愿望，本身具有合理性与积极的政治意义；另一方面，从拿破仑帝国的对外征伐开始，民族主义经常表现为一种狭隘自利的非理性思想状态，一种特别过分、夸张和排外地强调本民族优越性，贬低其他民族的倾向。②"民族主义开始从一种宽容的信条向一种富于竞争性的意识形态转变，其沙文主义色彩越来越重。"③

民族主义对于英国霸权的冲击主要体现在以下两方面。

第一，大众政治与民族主义相结合，冲击现存国际秩序。工业革命将世界带入"大众政治时代"，欧洲事务不再由传统的贵族"小圈子"通过秘密会议决定，媒体、军事工业综合体、经济利益集团等社会力量开始发挥作用。各国政客在进行外交决策时都不可避免地受到他们的影响和束缚。在这种背景下，政治精英为了获取和巩固权力，保持社会凝聚力，不得不考虑甚至迎合各类社会团体和利益集团基于民族主义的扩张诉求，导致审慎的战略决策难以达成。德国在布尔战争期间挑起敌视英国的"克鲁格电报事件"与"争夺阳光下的地盘"言论都离不开民族主义因素的影响。作为霸权国的英国不仅需要应对在狂热民族主义情绪下新老对手扩张的挑战，还要回应和满足本国社会类似的诉求。一种被众多历史学家接受的观点是：20世纪初的欧洲正是由于不能妥善解决其自身各种问题，尤其是民族主义问题，从而迎来了一个新时代，④开启了走向自我毁灭的进程。

第二，民族主义情绪激化了列强间的新旧矛盾，严重影响欧陆均势秩序的维持。一方面，限制了列强处理对外事务的想象力，压缩了外交方式解决政治利益矛盾的作用空间。从普法战争以来，欧洲极端民族主义情绪如法国复仇主义、泛斯拉夫主义、泛日耳曼主义等在列强间制造了剑拔弩张的意识

---

① Hans Kohn, *The Idea of Nationalism: A Study of Its Origins and Background*, New York: The Macmillan Company, 1946, pp. 10-11.

② Louis Snyder eds., *The Dynamics of Nationalism: Readings in Its Meaning and Development*, New York: D van Nostrand Company, 1964, p. 25.

③ 徐弃郁：《脆弱的崛起：大战略与德意志帝国的命运》（修订版），新华出版社2014年版，第76页。

④ [英]杰弗里·巴勒克拉夫：《当代史导论》，张广勇、张宇宏译，上海社会科学院出版社2011年版，第16页。

形态对立，并与现实利益纠葛相互作用。① 列强间尖锐的对抗进一步为原本如火如荼的军备竞赛添加了"精神燃料"。安全环境的日渐恶化使各国的政治精英群体与民众开始从民族对抗而非国家现实利益的视角分析看待国际关系，使得大国竞争失控和冲突爆发的潜在风险大增。以法德关系为例，普法战争后，法国社会始终弥漫着仇视德国和发动复仇性战争收回阿尔萨斯、洛林的亢奋情绪，而俾斯麦等德国政治精英也是从民族对抗而非和解的角度思考两国关系。由此造成了双方在"一战"前几十年中互信极度匮乏、容易引发摩擦和冲突的局面。1875年的"战争在望"危机是双方民族主义情绪的一次激烈对撞，一度将两国拖入高度危险的战争边缘。② 民族主义情绪犹如一根套住两国脖颈的绞索，在日后的一系列国际危机与外交摩擦中越拉越紧，最终使得大规模血腥战争成为解决双方不可调和矛盾的唯一选项。另一方面，随着民族主义在西欧以外地区的扩散，一些原本处于旧帝国统治之下、不属于欧洲核心的附庸区域也开始萌发了寻求独立自治的思潮和运动。例如，塞尔维亚等原属奥斯曼帝国的巴尔干地区国家在获得独立后掀起了泛斯拉夫主义浪潮，在俄国的支持下谋求建立大斯拉夫国家。由此与拥有众多斯拉夫人口并以近东为主要扩张方向的奥匈帝国矛盾尖锐，1914年的斐迪南大公被刺事件最终成为"一战"爆发的导火索。此外，英属殖民地和自治领的分离问题也是世纪之交长期困扰英国的难题，民族主义在其中的作用同样不容忽视。

综上，民族主义社会思潮增加了英国霸权护持的战略压力，是加速其相对衰落进程的重要社会因素。狭隘利己的民族主义为国际关系增添了更多的不确定因素，英国不仅需要应对欧陆列强矛盾随时可能引发体系大战的高危潜在安全风险，而且需要分散资源和精力处理殖民地和自治领的离

---

① ［美］戈登·克雷格、亚历山大·乔治：《武力与治国方略——我们时代的外交问题》，时殷弘、周桂银、石斌译，商务印书馆2004年版，第53页。
② 1875年4月5日，德国《科隆报》发布题为"新联盟"的文章，指出法国意在联合罗马教廷、奥匈帝国和意大利组成反德的天主教联盟，法国的军力恢复是为了发动复仇战争。德国《邮报》紧随其后发表题为《战争在望?》的文章，更加明确地指出法国正在准备发动复仇战争。德国的总参谋长毛奇等高官也相继利用国际场合发出德国将采取"预防性战争"的警告。这次危机一度造成欧洲处于临战状态。而引发危机的直接原因是德国对法国军力扩张目的的恐惧与不信任，其中也有俾斯麦试图利用德国民族主义情绪，以营造紧张的国际氛围和塑造外部"敌对国"的方式，弥合统一初期德国的社会分裂局面的考虑。

心倾向，避免大英帝国分崩离析，同时还需要及时回应国内同样狂热的民族主义诉求。

(二)"海军至上主义"

1890—1918 年也被称作"海军至上主义时代"。① 作为一种社会思潮，"海军至上主义"将海军扩张作为实现国防需求不可或缺的工具，主张大力扩建海上力量。这种思潮假定国家发展只有成长和衰落两种状态，如果一个国家不能凭借强大的海军实力拓展和保护用以容纳其工业经济活动（activity of industrial economy）及增长的人口的充足空间，必将被敌对国轻易击败。② 1890 年时任美国海军上校马汉出版其代表作《海权对历史的影响 1660—1783》（*The Influence of Sea Power upon History 1660-1783*），拉开了"海军至上主义时代"的序幕。此后，马汉在 1890—1905 年又先后出版了为后世所熟知的"海权四部曲"的其他著作，③ 建立了一整套以"控制海洋"（command of sea）为核心的海权和海军战略理论体系。在书中，马汉将海权及与此联系紧密的海外贸易和殖民利益置于关系到国家富强的大战略地位，把海权界定为广义和狭义两种，④ 充分讨论了影响海权发展

---

① Lisle A. Rose, *Power at Sea: The Age of Navalism 1890-1918*, Missouri: University of Missouri Press, 2007, pp. xi-xv.

② Rolf Hobson, *Imperialism at Sea: Naval Strategic Thought, the Ideology of Sea Power and the Tirpitz Plan 1875-1914*, Boston and London: Brill and Academic Publisher, 2002, pp. 163-164.

③ Alfred Mahan, *The Influence of Sea Power upon French Revolution and Empire 1783-1812*, Boston: Little Brown, 1892; Alfred Mahan, *The Life of Nelson: The Embodiment of the Sea Power of the Great Britain*, Boston: Little Brown, 1897; Alfred Mahan, *Sea Power in Its Relations to the War of 1812*, Boston: Little Brown, 1905.

④ 马汉并没有对海权概念的内涵和外延做出充分的界定。英国当代海权理论学者杰弗里·蒂尔认为，马汉在著作中所频繁使用的海权，根本上包括两种类型。其一是狭义的海权，即利用海军对海洋的控制，也就是通常所说的"制海权"；其二是广义的海权，包括以武力实现海洋控制的海上军事力量和那些与维持国家经济繁荣密切相关的其他海洋要素。广义海权概念侧重分析的是拥有海权的国家相对于其他类型国家的长期性潜在经济优势；狭义海权关注的只集中在军事层面，分析的是海上军事力量对陆上事务的影响力及其带来的潜在优势。参见 Geoffrey Till, *Maritime Strategy and the Nuclear Age*, London: Macmillan, 1982, p. 14; Rolf Hobson, *Imperialism at Sea: Naval Strategic Thought, the Ideology of Sea Power and the Tirpitz Plan 1875-1914*, Boston and London: Brill and Academic Publisher, 2002, pp. 170-171。

的六种要素及其相互关联。① 海军战略方面，马汉以一种"约米尼式"的方式，寻求将陆上作战与海战进行对比，归纳形成一种简约和公式化的海战指导原则。他借鉴了瑞士军事家安托万-亨利·约米尼（Antoine-Henri Jomini）在《战争艺术》（*Art of War*）一书中强调的陆上作战原则，将舰队集中、内线中心位置的战略价值和主力舰决战作为海上战略和战争的基本原则。② 总而言之，根据马汉的理论，控制海洋是通往国家富强的唯一"钥匙"，国家的发展必须以海权为中心，重视海外贸易、殖民地等海上扩张。而一支高度集中且足以在战略决战中击垮对手的主力舰队是获得和维持排他性海权的保障。马汉将以海上力量发展为核心内容的海权的价值，从单纯的军事战略层面上升到了历史哲学的高度，③ 成为与国家兴衰紧密联系的大战略要素，某种程度上也可以说是大战略本身。马汉的理论集合了社会达尔文主义、种族主义、④ 重商主义等思想要素，顺应了帝国主义时代国际权势竞争和海外利益争夺的现实需要。⑤ 其著作一经面世便被大加追捧，对世纪之交世界各大强国产生了非同寻常的影响。

一方面，与民族主义的作用类似，"海军至上主义"加大了英国面临的国际竞争压力。由于这种思潮直接针对的是英国霸权的根基——海权，其造成的危机更为深刻。马汉基于片面历史解读的、高度简化的理论学说带动了世界范围内的"海权狂热"。英国的新老对手们纷纷以一种教条主

---

① "海权六要素"包括：地理位置（是否有利于集中防御和舰队集中）、自然结构（地理上是否与重要航线联系、海岸线轮廓和港口位置是否便利海上通航）、领土范围（一个国家的海岸线长度和港口特点，是否拥有分布集中且防御负担有限的港口和海岸线）、人口数量（主要是从事海上职业的人在总人口中的比重）、民族特点（一个民族有意识利用海洋禀赋发展贸易、殖民等事业的总体倾向）和政府因素（一国政府在和平时期培育海军和商业潜力以及战时娴熟运用海权的能力）。参见 Alfred Mahan, *The Influence of Sea Power upon History 1660-1783*, Boston: Little Brown, 1890, pp. 29-89。

② Wayne P. Hughes, "Mahan, Tactics and Principles of Strategy", cited from: Rolf Hobson, *Imperialism at Sea: Naval Strategic Thought, the Ideology of Sea Power and the Tirpitz Plan 1875-1914*, Boston and London: Brill and Academic Publisher, 2002, p. 172。

③ 徐弃郁：《脆弱的崛起：大战略与德意志帝国的命运》（修订版），新华出版社2014年版，第217页。

④ 马汉在一些文章中强调了"黄祸"（Yellow Peril），主张白人列强（White Power）应当在亚洲国家进入国际社会之前先改造他们的性格。相关内容参见 Alfred Thayer Mahan, *The Interest of America in Sea Power Present and Future*, New York: Pinnacle Press, pp. 3-30。

⑤ Rolf Hobson, *Imperialism at Sea: Naval Strategic Thought, the Ideology of Sea Power and the Tirpitz Plan 1875-1914*, Boston and London: Brill and Academic Publisher, 2002, p. 164.

义的方式将马汉在著作中提到的理论原则应用于战略实践,无视其中存在的瑕疵、片面性和限定条件。① 一时之间,德国、美国、俄国、日本等国家纷纷将"马汉主义"(Mahanism)奉为富国强兵的战略至理,掀起了一股大规模海军扩建和海外扩张的浪潮。② 甚至连奥匈帝国这一典型的内陆国家和意大利、墨西哥等中等实力国家也加入其中。德国的例子最为典型,德皇威廉二世在1894年给友人的信中写道,"我不是在读,而是在吞咽马汉上校的书。我努力要把它背下来"。③ 提尔皮茨命令将《海权对历史的影响1660—1783》翻译为德文并且出版了8000册,将其作为宣传"大海军"建设思想的理论工具。④ 在晚年的回忆录中,提尔皮茨略显骄傲地指出了他的海军计划和马汉海权理论的亲缘性,声称当马汉从历史中理论性地发展它们(海权)的同时,他已经在基尔港狭小的演习区里经验性地发展出了符合这些理论规律的海军计划。⑤ 值得一提的是,与此同时以时任海军部长奥贝为代表的"法国青年学派"另辟蹊径,认为"英国对海外经济和交通线的依赖……海上商业和殖民地的中断将会对英国造成致命打击。这是法国人应该充分利用的战略机遇"。⑥ 基于这一战略假设,法国采取了一种以鱼雷艇、早期潜艇等中小型舰艇为主要舰种,着眼于先进武器技术在海军领域的运用,以打商业袭击战为目标的"小舰队战略"(Flotilla),利

---

① 学界对马汉理论的批评主要集中在理论的局限性和作为军事战略的科学性两个方面。第一,马汉的理论基于对18世纪风帆时代的英国海权的归纳,历史局限性明显。第二,马汉的历史解读是片面的,错误地将海权当作国家繁荣的必要条件;实则只是充分条件。第三,将约米尼基于拿破仑战争的陆上作战理论类比借鉴到海上作战,刻意强调决定海战的进攻性战略思想不符合工业时代海上战争的特点,忽视了决定海上战争结果的其他要素。相关讨论参见 D. M. Schurman, *The Education of a Navy: The Development of British Naval Strategic Thought, 1867-1914*, London: Cassell, 1965, pp. 60-83;[美]彼得·帕雷特主编《现代战略的缔造者:从马基雅维利到核时代》,时殷弘等译,世界知识出版社2006年版,第429—465页;[德]赫伯特·罗辛斯基《海军思想的演进》,吕贤臣、尤昊、王哲文译,上海交通大学出版社2016年版,第1—45页;吴征宇《海权的影响及其限度——阿尔弗雷德·塞耶·马汉的海权思想》,《国际政治研究》2008年第2期。

② Lisle A. Rose, *Power at Sea: The Age of Navalism 1890-1918*, Missouri: University of Missouri Press, 2007, p. xi.

③ Ivo Nikolai Lambi, *The Navy and German Power Politics 1862-1914*, Boston: Allen & Unwin, 1984, p. 34.

④ Holger H. Herwig, "The Failure of German Sea Power, 1914-1945: Mahan, Tirpitz, and Raeder Reconsidered", *The International History Review*, Vol. 10, No. 1, 1988, pp. 68-105.

⑤ Alfred von Tirpitz, *My Memories*, New York: Dodd Mead and Company, 1919, p. 72.

⑥ Nicholas A. Lamber, *Sir John Fisher's Naval Revolution*, University of South Carolina Press, 1999, pp. 38-39.

用新技术形成的"非对称性优势"威胁英国海外利益。

另一方面,"海军至上主义"作为1914年之前一种广泛弥漫的社会情绪,推动了英国社会对海权价值的"再认识"。英国在1890年后进行的一系列战略调整,离不开媒体记者、社会团体、海军史和海军战略研究者等群体中的"海军至上主义"者的推动。① 马汉的著作以18世纪的英国海权为例,更加坚定了英国"海军至上主义"者们对维护自身海权优势的决心。马汉的著作被他们奉为"圣经",受到高度推崇。英国海军史学科的创立者约翰·拉夫顿认为"马汉上校书中关于战略和政策的章节写得十分精彩",② 并长期与马汉保持联系。1893—1894年,马汉率领"芝加哥号"巡洋舰访问英国,受到了维多利亚女王和众多英国高官名流的高规格接待。中国台湾战略学家钮先钟指出,"马汉的著作使英国政府获得一种现成的理论工具来替其政策辩护,并说服人民接受重整军备的成本"。③ 此后,英国海军部及其支持者以"马汉主义"为理论武器,强化了增加海军军费的宣传和社会动员,唤醒了英国各界对于海权地位的忧患意识,从而为布尔战争后国家安全战略的全面调整和重整海军提供了必要的政治与社会氛围。1897年一位英国政要认为"英国之所以拥有一支坚强的海军,无须感谢保守党或自由党,而应感谢马汉上校"。④

(三) 帝国主义

19世纪末20世纪初,伴随着工业生产能力的大幅度提高,生产资料和物质财富大量积聚,引发了资本主义生产关系的变革,以生产资料集中和规模化量产为特征的垄断资本主义应运而生,并逐步成为主流的生产方式。出于对高额商贸利润的竞逐,英国、美国、法国、德国等国相继走上了海外扩张的道路,陷入日益激烈的海外争夺中,世界由此进入了所谓的

---

① Arthur Marder, *The Anatomy of British Sea Power: A History of British Naval Policy in the Pre-Dreadnought 1880-1905*, New York: Octagon Books, 1976, p. 44.
② Andrew Lambert eds., *Letters and Papers of Professor Sir John Knox Laughton, 1830-1915*, New York: Ashgate Publishing, 2009, pp. 67-68.
③ 钮先钟:《西方战略思想史》,广西师范大学出版社2003年版,第400页。
④ 钮先钟:《西方战略思想史》,广西师范大学出版社2003年版,第400页。

"帝国主义时代"。① 帝国主义作为一种在上述特定历史时期产生的意识形态和社会思潮，本质上是一种服务于各国海外扩张和权力竞争的社会意识，是时代特征在社会思想层面的反映和呈现。总体来看，这种社会思潮混合了当时风靡欧洲的社会达尔文主义、民族主义、种族主义等多种思潮，内容相对零散。笔者在综合参考相关文献的基础上，对帝国主义在经济、政治和外交三个方面的扩张诉求进行如下整理总结。

经济层面，一方面，帝国主义者强调国家应当不遗余力地争夺海外市场、殖民地、矿产资源，为本国经济发展开拓更大的空间，提供更加丰富的生产资料和产品销路保障；另一方面，帝国主义者将通过经济控制改变与其他国家的权力关系，寻求在国际竞争中左右拥有主权的外国政府决策。② 例如"一战"前英国凭借对伊朗南部大部分贸易的垄断，以及对西起亚丁东至巴鲁切斯坦的亚洲海岸的实际控制，成功阻击了俄国试图吞并整个伊朗的图谋。

政治层面，帝国主义者将海外扩张鼓吹为国家强盛的必由之路，是在社会达尔文主义视角下，国家间"适者生存"博弈规律的体现。此外，帝国主义者将海外扩张视作国家在国际体系中权力地位的标志，当作民族自豪感的重要来源和传播民族文化、彰显民族精神的唯一途径。

外交层面，帝国主义者普遍信奉"强权即公理"和"弱国无外交"的强权政治逻辑，把外交活动视作权力霸凌而非沟通艺术，主张外交政策应当依托于强大的军事实力，通过强硬手段恐吓、威慑对手进行外交妥协。

帝国主义思潮具有极强的煽动性，"鼓舞"了各国争抢海外利益的斗志，激发了以德国为代表的新兴资本主义强国推翻现有国际秩序，在国际舞台上谋求更大权力份额和更高国家荣誉的强烈意愿，同时也造成了作为守成国的英国对于维护现有帝国权益并使之进一步扩大的焦虑。从历史结果来看，帝国主义这种狂热的非理性社会思潮，与民族主义掀起的排外情绪和"海军至上主义"带来的军事压力共同作用，导致了英国的外交政策因不断增大的霸权护持压力而迅速转变，直至最终放弃了"光辉孤立"的

---

① 相关历史论述，参见高岱《帝国主义概念考析》，《历史教学》（高校版）2007 年第 2 期；俞可平《帝国新论》，浙江人民出版社 2023 年版。
② [美] 汉斯·摩根索：《国家间政治：权力斗争与和平》（第七版），徐昕、郝望、李保平译，北京大学出版社 2006 年版，第 97 页。

外交传统。

四　英国的初步战略调整

1890年前后，外部竞争的加剧、相对实力的下降和社会思潮的冲击三种因素合力作用，给英国造成了深刻的大战略危机。日积月累的霸权危机最终迫使英国不得不进行战略调整。值得一提的是，大致从1868年威廉·尤尔特·格莱斯顿（William Ewart Gladstone）内阁执政开始，英国需要战略调整就已经成为政府的共识。首相格莱斯顿认为，"英国不能放弃自身在日常事务中的利益以及欧洲的整体利益……但是不能挥霍英国的信誉和实力，而是要将这些用在刀刃上"。① 这一时期担任陆军大臣的爱德华·卡德威尔（Edward Cardwell）关于英国调整殖民地军事义务原因的表述更加简洁明了："收缩策略的本质是集中军队，而分散军队会给英国造成麻烦。这么做不是在逃避对殖民地的义务，也不是随意地将这些义务推卸给他们。而是我们想以最低的代价获得履行全部职责的实力。"② 基于上述战略认知，英国在1868—1889年施行了一些细微的、零散的战略收缩举措。整体观之，虽然英国在这一阶段的调整内容甚广，涉及军队向本土集中、③尽量游离于欧陆纠葛，以此避免与潜在对手发生直接冲突等。但是正如保罗·麦克唐纳和约瑟夫·塔伦特的评价，此时英国的战略收缩特征是"慵懒地随波逐流"（Float Lazily Downstream），④ 扩张步伐依然没有停止。例如从数据来看，1871—1900年，英国为她的帝国又添加了425万平方英里

---

① Paul K. MacDonald and Joseph M. Parent, *Twilight of the Titans: Great Power Decline and Retrenchment*, Ithaca and London: Cornell University Press, 2018, p.83.

② Paul K. MacDonald and Joseph M. Parent, *Twilight of the Titans: Great Power Decline and Retrenchment*, Ithaca and London: Cornell University Press, 2018, p.83.

③ 例如英国在1870年撤回了在新西兰驻扎的最后一个团；1871年撤回了全部加拿大常驻军，仅在个别战略据点保留了少量海军；1865—1875年，在非欧洲地区服役的皇家海军舰艇数量减少了40%。参见 Peter Burroughs, "Defence and Imperial Disunity", in Andrew Porter eds., *Oxford History of the British Empire: The Nineteenth Century*, New York: Oxford University Press, 1999, pp.332-333.

④ Paul K. MacDonald and Joseph M. Parent, *Twilight of the Titans: Great Power Decline and Retrenchment*, Ithaca and London: Cornell University Press, 2018, p.90.

的土地和660万人口。① 造成的后果是英国霸权相对衰落的颓势不仅没有减速，反而进一步加深了帝国的危机。以1889年出台的《海军法案》为开端，英国才坚定地明确以收缩为战略调整方向，真正开始了艰难且缓慢的大战略调整，以应对国际环境的新变化。英国的全面战略调整从1889年《海军防务法案》（Naval Defense Act）的出台开始，在1895年委内瑞拉危机和翌年的布尔战争后得以确立。整体的趋势是英国开始将战略重心向欧洲回迁，逐步放弃一些次要地区的战略利益。同时开始调整"光辉孤立"政策，寻求其他大国在国际事务中的支持。因而是一种非常典型的战略收缩（Strategic Retrenchment）。这种趋势标志着英国自我战略定位"再认知"和欧洲"再平衡"的开始。丘吉尔在回忆录中概括了世纪之交英国战略调整的三件大事：评估现实威胁、探索应对威胁的最佳良策、如何高效地运用当代的战略物资。② 这种调整直接导致了"一战"前欧洲国际关系剧烈的震荡，掀起了新一轮的"外交革命"③。这构成本书论题最为关键的历史大背景。

（一）全面战略调整的外部诱因

1889年《海军防务法案》的通过是一件具有里程碑式意义的英国史事件。其背景是英国对自身海军实力发展不足的修正，主要是针对法、俄海军实力增强和海外扩张带来的威胁，反映了英国已经开始意识到后发国家挑战其海权优势地位造成的潜在威胁，并开始做出积极回应。④

第一，法国是19世纪少数有能力让英国产生海权危机意识的国家。自拿破仑战争后，法国海军的扩张一共引起了英国两次高度警惕：第一次是1858年远洋铁甲巡洋舰"光荣号"投入使用，掀起了新一轮造舰技术革

---

① Paul M. Kennedy, *The Rise and Fall of British Naval Mastery*, London: Allen Lane, 1976, p. 181.
② Churchill, Winston, *The World Crisis 1911-1918*, London: Penguin Classics, 2007, pp. 123-124.
③ "外交革命"源自1748年奥地利王位继承战争后欧洲列强之间的盟友"互换"和同盟调整，原本敌对的国家相互结盟，而原先的盟友成为新的敌人，用以形容国家间外交关系的颠覆性变化。
④ 胡杰：《海洋战略与不列颠帝国的兴衰》，社会科学文献出版社2012年版，第169页。

命；第二次是拿破仑三世主导下的大规模海军扩建。① 尽管法国海军的扩张在普法战争后有所衰弱，但在工业发展、经济利益和民族主义等多种因素的综合驱动下，法国很快又重新开始了海军建设和殖民扩张。一方面，1869年苏伊士运河贯通后，英、法在埃及的矛盾逐步升级并日趋尖锐。1875年英国购买埃及政府所持有的44%运河股份，形成在埃及的英、法"共治"局面后，两国的矛盾更加尖锐。1881年埃及民族主义爆发及1882年英国完全占领埃及等事态，使得英法两国殖民矛盾达到白热化。② 另一方面，法国造舰计划规模庞大且以英国为目标。1870年以后，法国在海军建设方面投入了大量资源（见表1-3）。1884年，英国《波迈公报》编辑斯特德向公众披露了皇家海军的虚弱，指出法国大型造船计划导致英法两国一级战列舰数量几乎相等，由此引发了大规模的焦虑、激愤与不安的社会情绪。如潮的抗议迫使格莱斯顿政府仅在当年就追加310万英镑建造战舰，240万英镑加强海军军械及煤站建设。③ 在法国"青年学派"主导下的海军战略也是以英国为假想敌，严重威胁了英国的海上商业活动安全。④

表1-3　　　1870—1914世界主要大国海军开支　　　单位：百万英镑

年份	1870	1880	1890	1900
英国	9.8	10.2	13.8	29.2
法国	7	8.6	8.8	14.6
俄国	2.4	3.8	4.4	8.4

资料来源：Paul M. Kennedy, *The Rise of the Anglo-German Antagonism 1860-1914*, London: George Allen & Unwin, 1982; David Stevenson, *Armaments and the Coming of War: Europe 1904-1914*, Oxford: Oxford University Press, 1996。

第二，俄国在1815年后一度成为欧陆第一强国。作为"神圣同盟"

---

① Paul M. Kennedy, *The Rise and Fall of British Naval Mastery*, London: Allen Lane, 1976, pp. 177-178.
② 徐弃郁：《脆弱的崛起：大战略与德意志帝国的命运》（修订版），新华出版社2014年版，第57—58页。
③ Paul M. Kennedy, *The Rise and Fall of British Naval Mastery*, London: Allen Lane, 1976, p. 178.
④ 师小芹：《试析19世纪后期法国"青年学派"的海权理论》，《军事历史》2010年第1期。

的核心，在镇压欧洲革命中发挥了至关重要的领导作用。为了遏阻俄国在近东地区权势的急剧扩张，英国曾于1853—1856年联合法国，在克里米亚战争中将其击败，使俄国的扩张范围被"锁在"黑海以内。但是随着1870年以后奥斯曼帝国的持续衰落和日益羸弱，"东方问题"再次成为欧洲国际关系热点。1875年黑塞哥维那爆发反抗土耳其统治的农民起义，拉开了持续三年的近东危机序幕。① 英、法、俄、奥四大列强由于不同且彼此矛盾的利益纷纷卷入其中。近东危机前后，突破黑海封锁的现实利益促使俄国再次开始了大规模海军扩建进程。其在中亚的扩张也严重威胁英国在该地区的利益和印度殖民地安全，1885年英俄双方在阿富汗几乎走向直接冲突。

基于上述不利的战略处境，英国于1889年正式公布了《海军防务法案》，开启了重整海军军备的第一步。根据法案内容，索尔兹伯里政府将斥资2150万英镑，在5年内总计建造70艘各类战舰，② 包括10艘战列舰、42艘巡洋舰和18艘鱼雷炮艇。③ 此外，法案还明确将"两强标准"（two power standard）作为英国海上优势的基本权衡标准，即皇家海军的舰船总数要大于其后两个海军大国舰船总数之和。法案的出台，其政治意义相比于军事意义处于更加重要的位置。一方面，这是英国在拿破仑战争结束以后，规模最大的一次海军扩张。实质上是对"维多利亚时代"大多数时期"低标准防务投入"政策理念的反思及否定的开始。尽管离英国修正"光辉孤立"政策还有若干年的时间，但是其表明英国已经开始将视线从全球向欧洲转变。另一方面，"两强标准"的确定实现了抽象地维持海上优势目标具体化，为海军相关政府部门进行外部威胁评估、舆论引导和社会动员提供了一种可量化的指标尺度。此后，"两强标准"日渐从一个政治术语成为大众熟知的通俗口号，对于唤起民众对海军发展的普遍关注起到了重要的作用。"两强标准"被打破的危险也在"一战"前多次引发英国民众普遍的

---

① ［英］A. J. P. 泰勒：《争夺欧洲霸权的斗争：1848—1918》，沈苏儒译，商务印书馆1987年版，第263页。

② 索尔兹伯里是英国政治家罗伯特·盖斯科因-塞西尔（Robert Gascosne-Cecil）的代称，因其承袭第三任索尔兹伯里侯爵而得名。

③ Jon Tetsuro Sumida, *In Defence of Naval Supremacy: Finance, Technology, and British Naval Policy 1889-1914*, Annapolis: Naval Institute Press, 2014, p. 15.

"爱国主义焦虑"情绪,皇家海军的前景逐渐成为19世纪90年代以后英国政治生活的中心话题。①

(二) 对外战略调整方向的初步确定

《海军防务法案》的出台开启了英国的战略调整进程,但是1890—1895年,这一进程较为缓慢。尽管1893年相继发生的俄国舰队进入地中海对法国土伦军港进行访问以及俄国海军将在地中海扎根的一些谣言在英国引发了不小的安全恐慌,② 以至于英国驻法大使向国内发出警告:"在法国,对英国的敌意非常强烈且普遍……如果战争不可避免,与英国开战和对德作战一样受欢迎,而且比较而言风险更小。"③ 但是这一事件持续时间非常短暂,新执政的罗斯伯里政府以增加海军军费作为回应,并没有对英国战略调整方向产生太大的影响。英国真正意识到战略调整刻不容缓且将战略收缩明确为调整方向缘于1895—1896年的两大国际事件:委内瑞拉危机和布尔战争。

1. 委内瑞拉危机

1895—1896年英美两国围绕委内瑞拉边界问题爆发了一次激烈的国际危机,这是美国自内战以后,与其他国家之间最为尖锐的一次直接对抗。危机导致两国几乎兵戎相见,历史上霸权国与崛起国直接冲突的结构性悲剧几近重演。④ 尽管两国民众在危机期间都群情激愤,但是两个盎格鲁-撒克逊国家最终成功实现了战略妥协。

借助第二次工业革命之势,美国工业在1890年超越了英国。工业和经济大发展迸发出的强劲活力和潜力推动崛起中的美国不断向外扩张,成为

---

① Arthur Herman, *To Rule the Waves: How the British Navy Shaped the Modern World*, New York: Harper, 2004, p.474.
② 这些谣言包括:法国政府将给予俄国使用其在突尼斯沿岸重要军港——比塞大的特权、俄国计划在东地中海租借一个岛屿作军事用途、俄国黑海舰队将穿越海峡封锁驶入地中海等。关于1893年英国"海军恐慌"的细节,参见Arthur Marder, *The Anatomy of British Sea Power: A History of British Naval Policy in the PreDreadnought 1880-1905*, New York: Octagon Books, 1976, pp.174-208; 徐弃郁《脆弱的崛起:大战略与德意志帝国的命运》(修订版),新华出版社2014年版,第123—125页。
③ "Dufferin to Rosebery", in Gooch & Harold Temperley eds., *British Documents on the Origins of the War 1898-1914*, Vol.2, Published in London, 1928, p.288.
④ 徐弃郁:《帝国定型:美国的1890—1900》,广西师范大学出版社2014年版,第66页。

影响英国加拿大自治领安全和拉美、东亚等帝国"边缘地区"利益的重要因素,委内瑞拉危机就是双方矛盾的一次集中爆发。危机的爆发有两方面的历史背景:其一是1895年索尔兹伯里领导下的保守党政府执政,殖民大臣约瑟夫·张伯伦等人掀起了一股"重振帝国"的潮流,① 主张加强英国本土与殖民地和自治领的政治经济联系,同时采取更加强势的殖民竞争政策,及时刹住英帝国衰落的势头;其二是英国国内对拉美事务关注的增加。1895年,几家英国报纸向政府发出警告,指出"一种隐性的门罗主义像酵母一样在美洲发生作用",② 英国必须采取有效措施遏制经济利益的损失趋势。1895年,美国在委内瑞拉政府的邀请下直接介入英、委两国围绕"肖恩伯克线"合法性的边界争端,③ 由此拉开了危机的序幕。被称为"24寸大炮"的美国国务卿奥尔尼(Richard Olney)向英国发出一份著名的外交照会,重申了"门罗主义"、美国在美洲应有的主导地位和对委内瑞拉的支持。④ 然而换回的是索尔兹伯里一份充满嘲讽意味的回复,其内容大致可以概括为英国对"门罗主义"的不屑,认为其是美国的杜撰和"自娱自乐"。⑤ 此后,克利夫兰在国情咨文中再次重申了"门罗主义",并提出由美国建立调查委员会解决争端的要求,并在文末满含深意地指出,"在作出这些建议时,我充分认识到将因此而来的责任和可能造成的后果"。⑥ 这份政策文件将危机推向了顶点,一时之间两国媒体陷入了激烈的口水战,鼓吹战争的言论甚嚣尘上。但是英国政府在事件的发展中保持了足够的冷静和审慎,避免了对外政策被舆论左右。经过长达两年的外交运作,英美两国于1897年签订仲裁条约,以英国政府承认美国在西半球享有的权

---

① 徐弃郁:《帝国定型:美国的1890—1900》,广西师范大学出版社2014年版,第72页。

② Walter LaFeber, *The New Empire: An Interpretation of American Expansion 1860-1898*, Ithaca: Cornell University Press, 1963, p.195.

③ "肖恩伯克线"是英国政府单方面划定的英属圭亚那与委内瑞拉的边界线。该线于1841年由地理学家罗伯特·赫尔曼·肖恩伯克(Robert Hermann Schomburgk)划定。1875—1886年,英国与委内瑞拉围绕划界问题进行了长期谈判。谈判破裂后,英国单方面宣布该线为英属圭亚那与委内瑞拉的边界线。

④ Nelson. M. Blake, "Background of Cleveland's Venezuelan Policy: A Reinterpretation", *The American Historical Review*, Vol.66, No.4, 1961.

⑤ 徐弃郁:《帝国定型:美国的1890—1900》,广西师范大学出版社2014年版,第86页。

⑥ Ernest R. May, *Imperial Democracy: The Emergence of America as a Great Power*, New York: Imprint Pubns, 1991, p.42.

力和平解决了委内瑞拉危机。

委内瑞拉危机是 19 世纪末英国外交的重大转折点，标志着英国开始以全球性战略收缩作为战略调整方向，即放弃次要区域的殖民利益，将战略资源和军事力量向欧洲集中。尽管危机的和平解决也有英美两国共同种族和文化带来的政治情感的作用，但是从战略上看，归根结底还是 19 世纪末，英国的能力已经很难在应对欧洲列强挑战的同时在美洲海域与美国进行一场战争。① 因此，通过一种体面的妥协与撤退赢得一个崛起中的大国的善意，对于英国来说是最好的选择。英国海军部在危机期间表达了对这种战略困境的无奈，"几个世纪里与欧洲对手们冲突的胜利给英国留下了世界范围的帝国和对英国的嫉妒这份双重遗产，对于英国来说。倾巢而出地派出负责守卫本土安全的海军力量去应付遍布全球的挑战，是一件极其危险的事"。②

2. 布尔战争

如果说委内瑞拉危机的和平解决是英国"摆脱孤立状态迈出的第一步"，在外交事务中"她不再完全依赖自身力量"，③ 1896—1899 年的布尔战争期间的窘境则犹如一支强力催化剂。1895 年 12 月 18 日爆发的"詹姆森袭击事件"引爆了英国与南非两个布尔人建立的共和国之一——德兰士瓦的矛盾。④ 事件发生后，英国与德兰士瓦共和国进行了多次外交谈判，均未取得成果，双方都在积极准备战争。1899 年英国威胁要采取行动，德兰士瓦共和国联合奥兰治自由邦先发制人，攻入英国管辖地区，布尔战争（第二次英布战争）爆发。战争以英国的获胜而告终。英国于 1900 年 3 月和 5 月先后占领奥兰治首都布伦方丹和德兰士瓦首都比勒陀利亚，宣布正式兼并两个布尔共和国。

虽然获得了最终胜利，但是战争充分暴露了英国霸权的衰落和空前孤立的外交困境：一方面，英军在战争期间付出了巨大代价，整体战斗力不

---

① 1895 年美国只有 3 艘一级战列舰，海军实力远逊于英国。

② Kenneth Bourne, *Britain and Balance of Power in North America, 1815-1908*, London: Prentice Hall Press, 1968, p. 382.

③ George W. Monger, *The End of Isolation: British Foreign Policy, 1900-1907*, London: Thomas Nelson and Sons Ltd., 1963, pp. 11-12.

④ 1895 年 12 月 18 日，在罗德斯的授意下，英国南非公司经理詹姆斯博士率一支武装部队侵入德兰士瓦共和国境内，并与德兰士瓦政府军发生武装冲突。

足、指挥才能欠缺等问题暴露无遗。英国在战争中先后派出了25万人的正规军，比布尔人的人口总数还要多。在实力对比如此悬殊的情况下，英军依然遭受了沉重的损失，仅1895年12月6日至15日就阵亡2500多人。①军事效率的低下迫使英国政府、军方和社会开始新一轮军事改革，应对实力的羸弱。另一方面，战争期间欧洲列强都不支持英国在南非的行动，英国深切地感受到了打破外交孤立状态迫在眉睫。在战争期间，一共出现了两次"大陆联盟"倡议。第一次由德国发起，为证明其对于英国的重要性，以压力迫使英国承诺与其秘密结盟。1896年，德国积极拉拢法、俄、奥等欧陆大国共同组织捍卫国际条约合法性的"大陆联盟"，意在使英国孤立地面对一个大陆国家组成的联盟。②尽管这一设想因列强利益的差异未能成为现实，但是法、俄等国在战争期间也由于各自与英国之间的矛盾，采取不与英国合作政策。③第二次由俄国发起。1900年，面对南非布尔人败局几乎确定、欧洲大国即将失去在南非的这些反英堡垒的局势，俄国外交大臣穆拉维耶夫向德国发出邀请，提议由俄、德、法三国联合居中调停，为"避免更多的流血"向英国施以"善意的压力"。但是这一提议由于毕洛夫强硬表示：德国加入"大陆联盟"的前提条件是必须与法、俄签订一个保证欧洲领土现状的协议，而这一协议意味着法国承认阿尔萨斯—洛林地区的现状，这是法国无论如何也不可能接受的，谈判因此而夭折。威廉二世在事后愤怒地表示："真不要脸，我们拭目以待！等我渡过了约翰牛（John Bull，指英国人）的难关，我会狠狠地鞭笞约翰尼蛤蟆（Johnny Crapaud）！"④

布尔战争是英国历史上的一道分水岭，是英帝国进行的最后一次对外扩张。战争揭示的问题震撼了英国各界，战略处境的严峻迫使英国政府艰难地做出了修正"光辉孤立"传统政策的决定，此后，英国开始着手寻找国际政治伙伴，尝试与其他大国通过签署协约的形式建立约束有限的结盟

---

① 钱乘旦、许洁明：《英国通史》，上海社会科学院出版社2017年版，第310页。
② George Earle Buckle ed., *The Letters of Queen Victoria*, Vol. 3, London: John Murray, 1932, p. 22.
③ ［英］A. J. P. 泰勒：《争夺欧洲霸权的斗争：1848—1918》，沈苏儒译，商务印书馆1987年版，第410页。
④ ［美］诺曼·里奇：《大国外交：从拿破仑战争到第一次世界大战》，吴征宇、范菊华译，中国人民大学出版社2015年版，第313页。

关系。这种转变从长远来看,是英国自身国际地位和自我定位的一次双重"退化"——由一个全球性帝国和超然体系之外的"平衡者"向一个参与均势运转的欧洲大国身份转变,而且英国政府和社会已经默认和接受了这种变化。

小结

19 世纪初,"不列颠治下的和平"的国际秩序的形成与巩固,使得英帝国的权势达到了历史顶峰。作为典型的主导性海洋强国,英国式的霸权主要依托其岛国地理位置所带来的战略优势,带有鲜明的"海洋性"国家特质。海权优势、经济能力、海外利益和国际秩序构成了英国霸权的四种基础,同时也是其最为重要的四种国家利益类型,海权优势是其中最为核心的部分。在有效运转了大半个世纪后,英国霸权在 19 世纪末出现了相对衰落的问题,危机重重。其中既有第二次工业革命之于大国实力消长和国际形势的巨大影响,如新兴工业强国崛起、工业化时代海上竞争加剧等;又有英国自身工业、贸易实力和国际经济地位下降的影响。突出表现为英国主导下的国际秩序面临潜在威胁,包括"自由开放"的国际政治经济秩序动摇,欧陆均势在德国统一后开始出现明显裂痕,存在倾覆的危险。而 19 世纪兴起的三种社会思潮——民族主义、"海军至上主义"和帝国主义,在大众政治时代的背景下,也给英国霸权的维持带来了巨大的压力。

在日益艰难的战略困境中,英国政治精英群体和社会逐渐意识到了霸权危机,并被迫开始从内外两方面进行相应战略调整。内部方面,英国于 1889 年出台《海军防务法案》,一定程度上放弃了"维多利亚时代"流行的"小海军"理念,启动了重整和扩建海上力量的进程;外部方面,英国在布尔战争后,开始将战略重心从海外缓慢向欧洲转移,陆续从拉美地区等帝国"边缘地带"回撤。

19 世纪末英帝国的霸权衰落及相应的战略调整构成了本书的研究背景。这种特殊的历史背景构成了理解"一战"前英国对外战略行为,以及与其他大国的竞合关系变迁的宏观结构。

第二章 海上矛盾缘起与战略协调尝试（1884—1902年）

> 任何国家的首要职责是确保本国的生存，甚至最强盛的国家和最闭关自守的国家也难免有灭亡的危险。①
>
> ——A. W. 德波特（A. W. Deporte）

一 新挑战：德国海权的兴起

1897年6月26日，皇家海军在斯皮特黑德举行庆祝维多利亚女王在位60周年的钻石庆典（Diamond Jubilee），向世界展示了那个时代海洋霸主的卓绝实力。据统计，共有165艘英国战舰参加了检阅，包括21艘一级战列舰、54艘巡洋舰。绵延30英里（约48.3千米）的船队被分为6个纵队，每个纵队的长度都超过了5英里。②《泰晤士报》当日的一篇报道中，不无得意地宣称即使其他国家（海军）联合起来，也无法与这支世界上最强有力和影响深远的武装力量为敌。③翌年的法绍达事件再次证明了皇家海军的威慑力在国际事务中的作用。面对英国不惜一战的威胁，法国政府忌惮于英国的海上力量优势，最终选择了妥协，放弃了对苏丹所谓"有效

---

① ［美］A. W. 德波特：《欧洲与超级大国》，唐雪葆等译，中国社会科学出版社1986年版，第11页。
② Paul M. Kennedy, *Strategy and Diplomacy 1870-1945*, Boston：George Allen & Unwin, 1983, p. 129.
③ The Times 29 June 1897 in The Times Digital Archive 1785-2019, https：//www. gale. com/intl/c/the-times-digital-archive.

占领"的主张,同意以尼罗河和刚果河为界划分两国在苏丹的势力范围。德皇威廉二世在事后充满讽刺地指出,"可怜的法国人……他们没能理解马汉"。① 皇家海军又在随后的布尔战争中成功控制了海上交通线,遏阻了其他国家干涉的风险。令世人惊羡的海上荣光似乎在向世界宣告,在经历了第二次工业革命的冲击后,一度风雨飘摇的英国霸权地位再次实现了巩固,重新回到了19世纪大多数时期人们熟悉的状态。然而,事后的历史残酷地揭示出这种"复兴"是一种虚假的表象,只是纵横海洋几个世纪的大英帝国无上权势的"回光返照",掩盖不了的是"不列颠治下的和平"无可挽回的历史谢幕。

在加速英国"退场"进程的一系列事态中,尤为剧烈且影响深远的是1897年之后德意志帝国海权的兴起。与以往的挑战不同,英国需要面对的是一个拥有强大工业能力和人口规模、经济蓬勃发展、已经具备欧洲最强大陆军力量、致力于突破欧洲国家外壳、成为世界强国的野心勃勃的强大对手。二者竞争的焦点直击英国霸权的根基——海权。

(一)殖民扩张:德国"走向海洋"的开端(1880—1897年)

19世纪末20世纪初,德国的海权崛起以殖民地攫取为开端。在历史上,地处中欧的普鲁士王国是一个典型的大陆国家,缺乏悠久的、持续的经略海洋传统,② 陆军在国家发展中发挥着举足轻重的作用。尽管威廉二世主政后,德国为了发展海权,开始鼓吹德国"悠久的海军和殖民传统"。③ 但是这种牵强的宣传话语缺乏历史事实的有力证明。除了13—15世纪"汉萨同盟"(Hanse)一些久远的遗产外,普鲁士王国与其他德意志诸侯国进行海外商业、政治、殖民扩张的事例屈指可数。④ 作为普鲁士的

---

① Paul M. Kennedy, *The Rise and Fall of British Naval Mastery*, London: Allen Lane, 1976, p. 206.

② Holger H. Herwig, "*Luxury Fleet*": *The Imperial German Navy 1888-1918*, Boston and Sydney: George Allen & Unwin, 1980, p. 9.

③ Holger H. Herwig, "*Luxury Fleet*": *The Imperial German Navy 1888-1918*, Boston and Sydney: George Allen & Unwin, 1980, p. 95.

④ 较为晚近的事例是:1650年后,巴登/普鲁士大选帝侯(The Great Elector of Brandenburg/Prussia)在印度购入了特兰克巴尔(Tranquebar),并在非洲黄金海岸修建了大弗雷德里克堡(Fort Great Frederickburg)。上述殖民遗产被弗雷德里克·威廉一世以低廉的价格出售给了荷兰。

直接继承者，新生的德意志帝国基本上延续了"重陆轻海"的历史传统。德国统一后，由于地处欧陆中心区域，在地缘政治条件上存在劣势。被东、西强邻两线包围的安全梦魇始终支配着俾斯麦等德国政治精英的威胁认知。因此，俾斯麦主政时期奉行的是一条以欧陆为中心的战略路线，保障德国的安全是有限的海外利益拓展的基本前提，并且始终在这一议题上保持主动，避免被国内利益集团和社会舆论限制行动自由。① 俾斯麦曾在私人信件中表示，"相比于二十块泥泞潮湿的非洲殖民地，来自索尔兹伯里的友谊更有价值"。② 这种服务于总体战略布局的海外政策体现在俾斯麦答复探险家尤根·沃尔夫（Eugen Wolf）的名言中："你的非洲地图的确很好，但我的非洲地图却是放在欧洲的。这儿是俄国，这儿是法国，我们在中间。这就是我的非洲地图。"③ 1881年俾斯麦重申，"只要我身在帝国宰相的位置，就不会采取任何殖民政策"。④ 在1897年德国全面推出"世界政策"之前，德国的殖民扩张经历了两个阶段。整体而言，1897年之前德国的殖民扩张在规模和侵略性两方面相对有限（与其后的政策对比）。尽管与英国的矛盾和争吵已经开始出现，并且因"克鲁格电报"事件引发彼此大规模敌意。但是两国战略关系的总体状态比较稳定，海外利益矛盾没有触及双边关系的根本。

1. 阶段一：俾斯麦时代后期的殖民地扩张

第一个阶段是：1884—1885年，德国先后获得了西南非洲、东非、多哥和喀麦隆等多块殖民地。一位历史学家曾发出惊叹："德国几乎是一夜之间建起了庞大的殖民帝国。"⑤ 其中的根源概而言之是德国综合国力快速增长带来的战略决策环境的深刻变化。在新的时势面前，即使是始终对此

---

① 关于俾斯麦对德国安全问题的观点，参见［德］冯·俾斯麦《思考与回忆：俾斯麦回忆录》，山西大学外语系译，东方出版社2007年版，第409—447页。

② C. J. Lowe, *The Reluctant Imperialists: British Foreign Policy, 1878-1902*, London: The Macmillan Press, 1969, p. 63.

③ Norman Rich, *Friedrich von Holstein: Policies and Diplomacy in the Era of Bismarck and Wilhelm II, Vol. 1*, Cambridge: Cambridge University Press, 1965, p. 147.

④ Holger H. Herwig, "*Luxury Fleet*": *The Imperial German Navy 1888-1918*, Boston and Sydney: George Allen & Unwin, 1980, p. 96.

⑤ Holger H. Herwig, "*Luxury Fleet*": *The Imperial German Navy 1888-1918*, Boston and Sydney: George Allen & Unwin, 1980, p. 97.

第二章 海上矛盾缘起与战略协调尝试（1884—1902年）

持谨慎甚至反对意见的俾斯麦，① 在主政后期也不得不"从善如流"。1880年后，第二次工业革命迸发出的巨大能量推动了德国权势的快速增长。综合国力增强深刻改变了德国战略决策的内部环境，"走向海洋"从俾斯麦主政后期开始成为无法回避的潮流。此外，其中也饱含着俾斯麦本人的政治利益算计。

第一，德国外部安全环境的整体向好有利于进行海外扩张。尽管1878年的柏林会议在德、俄之间引发了嫌隙，两国关系因俄国认为被德国"出卖"而短暂降到了一个冰点。② 但是俾斯麦精心构筑的大陆同盟体系有效保护了德国的陆上安全。当时的国际形势表现为：德国拥有欧陆最强大的陆军，自身陆上安全基本无虞；在近东和巴尔干矛盾重重的俄、奥两国被限制在三皇同盟框架内，这一框架以柏林为中心，通过若干复杂的秘密条约体系建构，德国在其中占据主动。③ 法国在欧陆陷于孤立的境地，虽然怀有复仇主义心理，但无能力与德国展开陆上对抗。另外，由于法国的扩张重心主要集中在埃及等海外区域，与英国矛盾巨大，也无暇顾及欧陆事务。④ 英国尚处于战略调整的前期，主要在海外应对来自法、俄、美等国的殖民地扩张挑战，暂时还未将向欧陆的战略收缩确定为调整方向。而且此时的英德关系也较为良好，两国之间并无重大利益分歧和矛盾，英国也需要德国帮助其缓解日益增大的海外压力。至1884年加入"非洲大狩猎"（Great African Hunt）浪潮时，德国在欧洲的战略处境非常有利，无须担心适度的海外扩张会对自身安全产生负面影响。

第二，国内政策压力的增加。一方面，随着经济、技术实力的跃升和

---

① 俾斯麦曾经认为海外殖民地不仅不能给德国带来期望的经济利益回报，反而会因此增加与其他大国的矛盾，恶化德国在欧陆的战略处境。因此，他将海外殖民地形容为"波兰贵族光滑的丝质毛皮"，虽然华贵美丽，但是毫无实用处。1871—1884年，俾斯麦多次放弃殖民机会。例如，1871年拒绝了法国在印度支那的殖民邀请（Cochin China）；1876年拒绝了国内殖民利益集团提出在西南非洲建立殖民地的建议；1880年拒绝了在新几内亚建立定居点的提议。

② 关于柏林会议的相关论述，参见 William Norton Medlicott, *Congress of Berlin and After*, London and New York: Routledge, 1963; Bruce Waller, *Bismarck at the Crossroads: The Reorientation of German Foreign Policy after the Congress of Berlin, 1878-1880*, London: The Athlone Press, 1974。

③ ［美］戈登·克雷格、亚历山大·乔治：《武力与治国方略——我们时代的外交问题》，时殷弘、周桂银、石斌译，商务印书馆2004年版，第55页。

④ Holger H. Herwig, "*Luxury Fleet*": *The Imperial German Navy 1888-1918*, Boston and Sydney: George Allen & Unwin, 1980, p.97.

海外贸易、殖民事业的发展，① 德国社会对海外市场、原料、移民接收地等海外利益提出了更高的要求。这种利益诉求具有一定的客观合理性，符合德国长远发展的利益需要，并在一定程度上经由德意志殖民联合会、德意志殖民协会等社会团体形成决策压力。这种国内政策压力的增长使得俾斯麦也难以完全忽视其影响。另一方面，与国家权势的上升相伴而行的是一种渴望更高国际地位、国家荣誉的社会心理变化。② 这种心理的影响范围覆盖了军事、政治精英和民众两大群体，体现出的是一个勃然兴起的新兴大国渴望在全球范围内增进利益，渴望"世界大国"身份得到国际社会承认的愿望。在这种背景下，拥有广阔海外利益和世界最强大海军的英国自然而然被德国羡慕，拓展海洋利益则成为一种满足崛起雄心的标志化行为。

第三，俾斯麦将鼓励海外利益扩展当作调控国内矛盾、稳定国内政治的"缓冲器"。例如，许多学者认为俾斯麦后期态度变化缘于其希望借此获取因1879年保护性关税而利益受损的北部商业资本家的支持，为1884年帝国议会（Reichstag）选举做准备，③ 以及限制国内亲英的自由主义政治势力发展等考虑。④

总体而言，俾斯麦主政的最后十年，内外部环境的变化促使德国开始走上了海外利益扩张的道路。这是帝国主义时代和德国自身大发展的历史大势，纵使对此多有疑虑的俾斯麦也只能选择顺应。需要重点强调的是，虽然俾斯麦对待海外扩张的态度有所调整，但是始终将扩张行动限制在确保不破坏德国安全环境与保持大国关系稳定的大前提下，适度、审慎和低风险是这一时期德国海外政策的基本特征，并未引起德国安全环境的恶化和英国的警惕。德国海权扩张的初期主要集中在殖民地攫取方面，规模可观的殖民帝国在短期内初现端倪。深谙大国权势竞争的俾斯麦努力在殖民扩张的大潮中保持决策自主性，冷静审慎地将德国的此类行为限制在确保

---

① 梅然：《德意志帝国的大战略》，北京大学出版社2016年版，第310页。
② 梁雪村：《承认的政治：民族主义为什么没有衰落？》，《国际政治科学》2018年第4期。
③ 徐弃郁：《脆弱的崛起：大战略与德意志帝国的命运》（修订版），新华出版社2014年版，第87—88页。
④ ［英］A. J. P. 泰勒：《争夺欧洲霸权的斗争：1848—1918》，沈苏儒译，商务印书馆1987年版，第333页；梅然：《德意志帝国的大战略》，北京大学出版社2016年版，第311页。

整体安全环境稳定的战略框架下。

2. 阶段二:"新路线"与殖民扩张的强化

第二个阶段是威廉二世执政初期的外交"新路线"执行时期。1888年威廉二世继位是德国海权发展的重要转折点。由于与新任德皇政见不合,俾斯麦于1890年被迫去职。俾斯麦的免职是"一战"前德国外交政策的重大转折点和分水岭。事后尽管威廉二世宣称"德国的路线仍然保持原样",① 而且在"一战"后其出版的个人回忆录中再次表示"对俾斯麦被解职感到轻松",因为"俾斯麦成功做了十二年调解员,他的继任者掌权后又成功将他的政策推行了二十四年"。② 但是俾斯麦苦心经营多年的同盟体系以及与之密切关联的节制原则随即被继任者们抛弃,德国的大战略也迅速瓦解,陷入了战略失序和过度扩张的恶性状态。在雄心勃勃且好大喜功的威廉二世的支持下,身居要职的利奥·冯·卡普里维(Leo von Capriv)和弗雷德里克·冯·荷尔施泰因(Friedrich von Holstein)推出"新路线"外交政策,对俾斯麦主导下的对外战略进行了大幅度的修正,对德国的国际环境造成了极为严重的破坏。时任德军总参谋长阿尔弗雷德·格拉夫·冯·瓦德西(Alfred Graf Von Waldersee)在1900年无奈地表示,"如果俾斯麦还在世,情况会完全不同,当今世界缺少一个俾斯麦"。③

其一,在外交上简化复杂的俾斯麦同盟体系,亲英疏俄。在推进英德关系方面,德国取得了一定的进展。1890年两国经谈判达成协议,签署了《赫尔戈兰—桑给巴尔互换条约》,英国以北海的赫尔戈兰岛换取了对桑给巴尔、奔巴、乌干达和肯尼亚的保护权,解决了俾斯麦和索尔兹伯里未能达成一致的两国东非殖民地划界谈判僵局。但是英国始终拒绝德国发出的加入三国同盟的邀请,甚至不愿保持过于紧密的关系。1892年英国自由党的格兰斯顿政府执政后,意识形态对立使得两国互动"由热转冷";④ 疏远俄国则从根本上改变了自身安全环境和欧洲外交格局。德国拒绝续订《再

---

① [美]诺曼·里奇:《大国外交:从拿破仑战争到第一次世界大战》,吴征宇、范菊华译,中国人民大学出版社2015年版,第209页。
② [德]威廉二世:《德皇威廉二世回忆录》,赵娟丽译,华文出版社2019年版,第34页。
③ Holger H. Herwig, *Luxury Fleet*: The Imperial German Navy 1888-1918, Boston and Sydney: George Allen & Unwin, 1980, p. 47.
④ Paul M. Kennedy, *The Rise of the Anglo-German Antagonism 1860-1914*, London: George Allen & Unwin, 1982, pp. 205-223.

《保险条约》使俄国深陷被孤立的危机，被迫接近同样处于孤立状态的法国，直接导致了1891年法俄协约的达成，1894年，法俄签署了正式的军事协定。俾斯麦始终努力避免的法俄接近成为现实，德国同时失去了利用俄国控制奥匈帝国在巴尔干的扩张野心和威慑法国重要的战略杠杆。[①] 法俄同盟与三国同盟之间的对立也是"一战"爆发时欧洲大国关系格局的雏形，亨利·基辛格（Henry Kissinger）将其视作"一战"前欧洲均势运作走向终点的开始和欧洲迈向战争的分水岭。[②]

其二，加速海外利益扩张。在1897年正式推出"世界政策"前，德国已经逐渐将政策重心由欧洲向海外移动。在萨摩亚群岛、葡萄牙殖民地、摩洛哥、刚果等问题上都与英国发生了一定程度的外交摩擦。"克鲁格电报事件"是这一时期英德矛盾日积月累的一次集中喷发，标志着双方的友好战略关系开始发生转折。事件爆发的责任完全在德国方面，是德国自"新路线"执行以来积累起来的对英国的不满和怨恨的一次报复性宣泄，也是"一战"前两国矛盾第一次直接、公开和剧烈的展示。1896年1月3日，德皇威廉二世向德兰士瓦总统克鲁格发送电报贺信，祝贺布尔人挫败了英国的入侵，电报内容为："您依靠您的人民的支持，在没有求助于友邦的情况下就以积极的行动，成功地挫败了武装匪徒的入侵，从而维护了和平，并保证了国家的独立不受外来的攻击。对此我向您表示衷心的祝贺。"[③] 除了德皇的挑衅性官方宣示，德国媒体也对英国进行了几近疯狂的攻击。"雇佣兵""走狗"等侮辱性词语一时间大量充斥在德国媒体对英国陆军的报道中；680名路德教徒联名发起公开抗议，据称是有传言说英国将布尔妇女和儿童当作射击目标；维多利亚女王及威尔士亲王等皇室成员的肖像被制作成讽刺漫画。[④] 更令英国人感到愤怒的是，他们了解德国政府对媒体的决定性影响力。德国媒体和公众攻击丑化英国的行为不仅没有得到阻止，反而愈演愈烈。因此，他们认为是得到了德国高层，尤其是

---

① Henry Kissinger, *Diplomacy*, New York: Simon & Schuster, 1995, p. 181.
② Henry Kissinger, *Diplomacy*, New York: Simon & Schuster, 1995, p. 182.
③ David J. Gregory, *The Lion and the Eagle: Anglo-German Naval Confrontation in the Imperial Era: 1815—1919*, Oxford: David Gregory in conjunction with Writersworld, 2012, p. 71.
④ E. L. Woodward, *Great Britain and the German Navy* (*Reprinted*), New York and London: Routledge, 2018, p. 56.

维多利亚女王的外孙——德皇威廉二世的默许甚至可能是支持。① 事件在英国社会掀起了巨大的波澜。在民族主义情绪驱使下，几乎所有的英国媒体都对德国的挑衅行为进行了愤怒谴责和攻击。英国公众对德国的憎恨表现得更为极端，在伦敦出现了袭击德国商铺的现象，甚至连德国驻英国大使哈兹菲尔德（Hatzfeldt）本人的安全也受到了威胁。② 德国因为一次毫无必要且不涉自身利益的敌对行为，换来了一次英德关系的大幅度降温。虽然两国政府在事件爆发后努力保持了冷静，没有造成事态的进一步扩大。从事后两国民众的反应来看，敌对情绪已经在两国社会深深扎根，超过了政府控制的能力。由于英国人在南非拥有数量庞大的海外投资，加之好望角在地理位置上的价值，这一地区的战略意义非常重要，而这一事件又刚好发生在19世纪末英国霸权地位相对下降、国内存在普遍焦虑心理的特殊时期。德国显然误判了英国人对上述利益的敏感性。另外，"克鲁格电报事件"本身并不足以引发英国反德情绪的全面爆发，只是作为导火索，点燃了双方在多年的海外利益摩擦中的积怨。威廉二世登基后，德国强硬的海外政策和明显的反英态度犹如自己将一根楔子打入了英德关系中，破坏了两国关系良好发展的社会土壤。

在发展海权的另一项重要内容——海军建设方面，俾斯麦后期至"新路线"时期，德国海外利益扩张与海军建设是一种反常的不平衡的状态。一方面，德国海军在国内地位相对边缘。例如1872—1888年德国前后两位海军最高长官阿尔布雷希特·冯·斯托施（Albrecht von Stosch）和后来担任宰相的卡普里维都出自陆军军官团。③ 另一方面，德国海军内部长期处于分裂状态，海军发展缺乏稳定、持久的明确方向，资源投入极为分散。尽管新任德皇在海军建设方面野心勃勃，但是在1897年提尔皮茨出任海军国务秘书之前，德国海军内部精英群体在海军定位、发展方向和军事学说方面存在巨大争议。1893—1897年德国海军内部激烈争斗的两派包括以海

---

① E. L. Woodward, *Great Britain and the German Navy* (Reprinted), New York and London: Routledge, 2018, p. 57.
② 徐弃郁：《脆弱的崛起：大战略与德意志帝国的命运》（修订版），新华出版社2014年版，第139页。
③ David H. Olivier, *German Naval Strategy: 1856-1888*, London and New York: Frank Cass, pp. 186-192.

军上将古斯塔夫·冯·森登·毕布兰（Gustav von Senden Bibran）和提尔皮茨为代表的"战列舰派"（主张严格按照"马汉主义"战略教条建设一支庞大的战列舰队）与时任海军国务秘书的弗雷德里克·霍尔曼（Friedrich Hollmann）领导下的"巡洋舰派"（主张借鉴法国"青年学派"的军事学说，建设一支用以保护帝国海外利益的巡洋舰队）。① 提尔皮茨将1888—1897年称为德国海军"失去的十年"，② 由于始终缺乏一个清晰明确的发展方案，③ 德国海军投入了大量资源，但海军实力并未获得明显提升，在1885—1895年，综合实力排名从第三下降到了第五，甚至位于意大利之后。④

海外利益扩张与海军建设在逻辑关系上是相互促进、相辅相成的，德国海军的先驱阿达尔伯特亲王（Prince Adalbert）就曾一针见血地指出，"人口的增长需要扩张保持经济繁荣，扩张需要海外政策方能实现，而海外政策的依托是海军"。⑤ 当国家进一步发展，海外利益规模的快速扩大和咄咄逼人的进取性海外政策面临外部阻力时，建设一支足以匹配现实利益和国家荣耀需求的一流海军自然会成为德国的下一步战略选择。当以俾斯麦、老毛奇、赫尔穆特·冯·毛奇（Helmuth von Moltke）等为代表的经历普鲁士统一战争和新生德国的巩固，始终在欧陆均势范围内如履薄冰地避免"被包围"的梦魇的一代老战略家逐渐退出历史舞台，海外利益扩张和大海军建设对在德国快速崛起中成长起来的新生代政治精英将具有更加强大的诱惑力。

（二）"世界政策"与大海军建设的启动（1897—1900年）

"世界政策"（Weltpolitik）的推出是德国大战略的重大调整，标志着对俾斯麦保守主义对外战略的彻底修正和摒弃。这一政策包含了威廉二世

---

① Jonathan Steinberg, *Yesterday's Deterrent*: *Tirpitz and the Birth of the German Battle Fleet*, New York: The Macmillan Company, 1965, pp. 97-125.

② Holger H. Herwig, "*Luxury Fleet*": *The Imperial German Navy 1888-1918*, Boston and Sydney: George Allen & Unwin, 1980, p. 31.

③ 1888—1897年，德国海军完成建造8艘战列舰、8艘装甲岸防舰、10艘重型和22艘轻型巡洋舰、13艘炮艇和110艘鱼雷艇。

④ 梅然：《德意志帝国的大战略》，北京大学出版社2016年版，第311页。

⑤ Holger H. Herwig, "*Luxury Fleet*": *The Imperial German Navy 1888-1918*, Boston and Sydney: George Allen & Unwin, 1980, pp. 95-96.

和德国政治精英群体四个方面的利益考量：第一，通过强有力的对外政策，凝聚国内共识，建构国家认同，以此保护君主政体。德国统一的方式决定了其政治结构的高度脆弱性。尽管俾斯麦时期通过扩大社会福利、议会改革等方式缓解了国内利益集团林立、社会高度分裂的局面，但是这一问题远未得到解决。"世界政策"出台前后的德国政治状况表现为：皇帝、容克大地主和工业巨头结成的同盟受到日益发展壮大的社会民主党的有力制约、德皇因其轻率的言论和政策举措不断遭到社会批评、中产阶级全面兴起并要求更多政治权力等。[①] 保罗·肯尼迪一针见血地指出，"鼓吹自己主人受欢迎的程度，将整个民族铸造在一起，以从事极具冒险性的海军扩张和对外政策来抑制国内反对意见，便成为那些受德皇保护的随从们不可动摇的决心"。[②] 第二，工业大发展需要保护和扩张海外利益。第三，满足自上而下对国家荣誉和威望的追求。德国著名历史学家德尔布吕克在1899年11月26日的一次演讲内容，反映出了弥漫在德国社会的这种地位焦虑——"我们想要成为一个世界强国，想要以崇高的方式推行殖民政策，这是确定无疑的。我们在这个问题上绝不可能后退。我们这个民族在所有伟大民族中的全部未来都将取决于此。无论是否与英国一起，我们都能够推行这种政策。与英国一起意味着和平，与英国对立则意味着战争"。[③] 第四，打破"新路线"带来的被动外交处境，尤其是增加战略上拉拢英国的筹码。1897年，德国国务秘书毕洛夫宣称德国要追求"阳光下的地盘"和强占中国胶州湾通常被视作"世界政策"[④] 的开端。

尽管德国对"世界政策"进行了广泛的宣传动员，但很难完全总结概括其中的具体利益诉求。这一政策更多地表现为一种宣传标语和口号，所

[①] Murray, Michelle, "Identity, Insecurity, and Great Power Politics: The Tragedy of German Naval Ambition before the First World War", *Security Studies*, Vol 4, No. 19, 2010; Jonathan Steinberg, *Yesterday's Deterrent: Tirpitz and the Birth of the German Battle Fleet*, New York: The Macmillan Company, 1965.

[②] Paul M. Kennedy, "German World Policy and Alliance Negotiation with England", *The Journal of Modern History*, Vol. 45, No. 4, 1973.

[③] Jonathan Steinberg, "The Copenhagen Complex", *Journal of Contemporary History*, Vol. 1, No. 3, 1966.

[④] 根据中国学者梅然的考证，"世界政策"一词在19世纪80年代便已出现在德国，当时的内容指代的是德国的海外殖民和贸易事业。1896年1月18日，威廉二世在庆祝德国统一25周年纪念活动的演讲中再次使用了该词。"世界政策"自此成为一个广为流行的概念。

希冀追求的是抽象的全球影响力和国家荣誉，而不是一种经过政治精英精心设计、旨在谋求增进特定国家利益的审慎大战略规划。① "世界政策"的一个特点是德国在海外扩张的任何成就，即便是极为微小的利益所得，也会被渲染为外交和帝国事业的巨大成功。② 政治精英和民众长期都处在一种焦躁狂热的社会心理状态中。瓦德西曾无奈地指出，"我们常被认为在执行一种所谓的世界政策，但是它究竟有什么内容，却无人知晓"。③ 从之后的历史来看，"世界政策"的内容至少包含了德国对三类具体利益的追求：更为广阔的海外殖民地、一流的"大海军"和与英国至少平分秋色的"世界均势"地位。④ 其中最为重要的、被德国政治精英持续坚持多年（甚至在某种程度上代替了德国"一战"前的大战略本身）、对英德关系产生了决定性影响的，是1897年后德国掀起的大规模造舰狂潮。毕洛夫在回忆录中表示，"从某种程度上说，我们当时的对外政策⑤，是受到军备问题制约的，不得不在一种非正常条件下推行"。⑥ "世界政策"所起到的主要作用是吸引公众和制约英国反对德国扩张的手段。⑦

1. 德国的海军扩张的理论逻辑

1897年出任海军国务秘书的提尔皮茨是德意志帝国海军战略的灵魂人物。与德国大多数陆军高层出身于容克地主阶层不同，提尔皮茨于1849年出生于一个律师家庭，属于平民中产阶层出身。他的海军生涯见证了德国海军与海外事业的从无到有。早在1869年，提尔皮茨就进入了海军，并从1873年正式开始服役。霍尔曼辞职后，在威廉二世与森登的支持下，提尔皮茨成为德国海军名副其实的"掌舵人"。他把德皇威廉二世对于海军的

---

① Thomas Mahnken and others eds., *Arms Races in International Politics: From the Nineteenth to the Twenty-First Century*, Oxford: Oxford University Press, 2016, p. 22.
② 梅然：《德意志帝国的大战略》，北京大学出版社2016年版，第330页。
③ Holger H. Herwig, "*Luxury Fleet*": *The Imperial German Navy 1888-1918*, Boston and Sydney: George Allen & Unwin, 1980, p. 20.
④ 时殷弘：《英德敌对的缘由：结构性动能与大战略激荡》，时殷弘《巨变与审慎：论对外战略问题》，南京大学出版社2019年版，第176页。
⑤ 指1897—1912年毕洛夫作为帝国宰相的15年。——译者注
⑥ Bernhard Bulow, *Imperial Germany*, translated by M. Lewenz, London and New York: Cassell and Company, 1914, p. 93.
⑦ Paul M. Kennedy, "German World Policy and Alliance Negotiation with England", *The Journal of Modern History*, Vol. 45, No. 4, 1973.

激情转变为自成体系的、精心设计的具体规划，获得了德国最高统治者、政治精英和社会力量的广泛支持。威廉二世在回忆录中由衷地称赞道，"恪尽职守的海军元帅提尔皮茨的日常工作是不停地进行政策咨询、参加会议、及时向我汇报相关情况，以及亲自去各个造船厂调研等。他为此付出的所有努力换来了丰硕的成果，德意志人民终于觉醒了"。①

一方面，提尔皮茨为了筹集更多的战略资源用以实现"大海军"的建设目标，减少帝国议会的阻力，从政治运作和社会动员两方面入手获取支持。其一，提尔皮茨通过积极的政治活动，在各种政治势力之间争取支持。② 所采取的措施包括利用威廉二世对海军事务的抱负争取支持、通过建立和维持私人关系获取有影响力的政客支持、与议会中的天主教中央党结盟、在德皇支持下采取严格的审查制度、③ 打压国内反对声音等。④ 其二，在德国社会进行了广泛的战略动员，包括把海军主管的出版物从技术性刊物转变为大众读物、在海军办公室增设新闻署、支持成立民间组织"海军协会"（1898年），以及拉拢德尔布吕克、马克斯·韦伯等知名学者组成"舰队教授"群体，增加宣传影响力等。正如1898年2月提尔皮茨在向德皇的一次汇报中提到，他的工作主要是"消除帝国议会对陛下海军发展意图的令人不安的影响"。⑤ 德国海军在其任内从一个在政治上边缘的军种，实现了社会地位的跨越式提升，影响力和关注度一度超过了作为立国之本的陆军。⑥

---

① ［德］威廉二世：《德皇威廉二世回忆录》，赵娟丽译，华文出版社2019年版，第313页。

② 历史学家斯坦博格将提尔皮茨称为"在俾斯麦时代与斯特莱斯曼之间最成功的德国政治家"。在动荡与躁动不安的威廉时代，他的人事管理能力、公共舆论操纵能力、行政管理能力以及政治沟通与协调能力超越同时代的德国所有政客。参见 Jonathan Steinberg, *Yesterday's Deterrent*: *Tirpitz and the Birth of the German Battle Fleet*, New York: The Macmillan Company, 1965, pp. 204, 206。

③ Ivo Nikolai Lambi, *The Navy and German Power Politics 1862-1914*, London: Allen & Unwin, 1984, p. 166.

④ 提尔皮茨的政治和社会动员策略参见 Jonathan Steinberg, *Yesterday's Deterrent*: *Tirpitz and the Birth of the German Battle Fleet*, New York: The Macmillan Company, 1965, pp. 201-224; Gary E. Weir, *Building the Kaiser's Navy*: *The Imperial Navy Office and German Industry in the Tirpitz Era, 1890-1919*, Annapolis: Naval Institute Press, 1992, pp. 9-35; Peter Padfield, *The Great Naval Race*: *Anglo-German Naval Rivalry 1900-1914*, London: Thistle Publishing, 2013, pp. 17-28。

⑤ Holger H. Herwig, *"Luxury Fleet"*: *The Imperial German Navy 1888-1918*, Boston and Sydney: George Allen & Unwin, 1980, p. 35.

⑥ Holger H. Herwig, *"Luxury Fleet"*: *The Imperial German Navy 1888-1918*, Boston and Sydney: George Allen & Unwin, 1980, p. 34.

另一方面，提尔皮茨的能力还体现在赢得最高统治者支持上。威廉二世对海军与航海具有极为高涨的热情，喜好干预海军事务、却能力不足、缺乏恒心且反复无常。提尔皮茨任内基本上排除了德皇对海军发展方向的干扰，成功地塑造了威廉二世的造舰偏好，将其观点从支持基于法国"青年学派"思想建造巡洋舰、鱼雷艇等中小型舰艇，转变为支持提尔皮茨基于"马汉主义"将战列舰置于舰船建造核心位置的方案。①

在呈递给威廉二世的一份备忘录中（史称"提尔皮茨计划"），提尔皮茨系统阐释了海军战略的设想，上述内容构成其最重要的战略前提和理论基础。从宏观上来看，提尔皮茨海军战略设计秉持的是一种兼具威慑和强制外交色彩的战略理念，具体内容包括如下：

第一，预设英国是首要战略假想敌，假定德国海军发展一定会招致来自英国的阻力。1897年提尔皮茨在一份提交给德皇威廉二世的著名备忘录中宣称，"当前德国最危险的海上敌人就是英国，为了对付这个敌人，我们急需一定规模的海军力量来作为一种政治权力因素"。② 提尔皮茨将英德视为两个利益零和的战略竞争对手，双方的矛盾和冲突不可避免，"毫无疑问，在下个世纪我们必然会与英国在地球的某处发生冲突，不管它是由经济纠纷还是殖民利益争夺引起的"。③ 德国政治精英的本意并非要与英国发生冲突，"他们不仅希望以殖民和海军扩张的手段将国家团结在一起……企图将帝国内部的紧张局势输出到国际上，并且以'受操纵的帝国主义'手段获得大众支持……而且借此满足威廉二世对帝国荣誉和威望的渴求。然而，这些决策使得他们采取一种反英政策变得不可避免"。④

第二，"风险理论"指导下的海军发展目标并非在海上力量方面彻底赶超英国，而是追求一支相对强大的、集中化程度高的主力舰队，以此迫使英国被较高的决战风险慑止，最终实现从欧洲强国转型为"世界强国"

---

① [英]克里斯托弗·克拉克：《沉重的皇冠：威廉二世权谋的一生》，盖之珉译，中信出版社2017年版，第154页。

② Ivo Nikolai Lambi, *The Navy and German Power Politics 1862-1914*, London: Allen & Unwin, 1984, p. 142.

③ Holger H. Herwig, "*Luxury Fleet*": *The Imperial German Navy 1888-1918*, Boston and Sydney: George Allen & Unwin, 1980, p. 38.

④ Paul M. Kennedy, "German World Policy and Alliance Negotiation with England", *The Journal of Modern History*, Vol. 45, No. 4, 1973.

的目标。① 尽管两国海军实力存在天壤之别，但是提尔皮茨认为只要德国抓住皇家海军利益遍布全球的弱点，充分发挥德国海军在北海的集群优势，②使其成为一个敌对国家心生畏惧的"危险因素"，③给最强大的敌方海军造成最大的损失，动摇其优势地位，从而阻止英国动用武力进攻德国。④ 此外，提尔皮茨认为这一战略还将使德国海军实现两个目标：其一是提升德国的"同盟价值"。因为单是其舰队规模就将对"背信弃义的英国佬起到威慑作用，因此将很自然地吸引其他弱小的海军强国聚集到德国旗帜下"。⑤ 其二是迫使英国在殖民地利益等国际事务上对德国让步。正如赫维希的概括，"德国在北海的战列舰队将成为一个有力的军事杠杆，它将使英国主动在海军基地、殖民地和市场等问题上对德国做出让步，而不是在东海岸附近的海面上甘冒海上惨败的风险"。⑥ 保罗·肯尼迪将德国海军称为"一把指向最大潜在敌人咽喉的、寒光闪闪的锋利匕首"。⑦ 战列舰是唯一能够抵消英国海军优势的有力武器，因为当时的英国总是在妨碍德国进行殖民扩张的企图。⑧

第三，德国海军崛起之前的"危险时期"问题。如前文所述，在扩展

---

① 正如英国外交官艾尔·克劳（Eyre Crowe）在《克劳备忘录》中的分析，"德国已经赢得了自己作为欧洲大陆上主要（即使还算不上是真正首要的）强国地位，但欧洲列强之外似乎还屹立着若干'世界强国'，这点立即变得明确，即德国必须成为一个'世界强国'"。参见[英]艾尔·克劳《关于英国与法德两国关系现状的备忘录》，转引自吴征宇编译《〈克劳备忘录〉与英德对抗》，广西师范大学出版社2014年版，第47页。

② 提尔皮茨宣称："世界政策的杠杆在北海，我们用不着在其他任何地方直接投入力量，它就能影响全球。" Paul M. Kennedy, *Strategy and Diplomacy 1870-1945*, London: Fontana Paperbacks, 1983, p. 133.

③ 提尔皮茨预估：只要英德两国在北海的战列舰数量对比达到2:3，即可实现对英国的有效威慑。Rolf Hobson, *Imperialism at Sea: Naval Strategic Thought, the Ideology of Sea Power and the Tirpitz Plan 1875-1914*, Boston and London: Brill and Academic Publisher, 2002, pp. 254-255.

④ [德]赫伯特·罗辛斯基：《海军思想的演进》，吕贤臣、尤昊、王哲文译，上海交通大学出版社2016年版，第60—61页。

⑤ Holger H. Herwig, "*Luxury Fleet*": *The Imperial German Navy 1888-1918*, Boston and Sydney: George Allen & Unwin, 1980, p. 36.

⑥ Holger H. Herwig, "The Failure of German Sea Power, 1914-1945: Mahan, Tirpitz, and Raeder Reconsidered", *The International History Review*, Vol. 10, No. 1, 1988, pp. 68-105.

⑦ Paul M. Kennedy, *The Rise of the Anglo-German Antagonism 1860-1914*, London: George Allen & Unwin, 1982, p. 242.

⑧ Paul M. Kennedy, "German World Policy and Alliance Negotiation with England", *The Journal of Modern History*, Vol. 45, No. 4, 1973, pp. 605-625.

海军的同时，德国国内普遍担心海军实力的迅速攀升会刺激到英国，在羽翼未丰之时遭到英国先发制人式打击。对此，提尔皮茨提出了"危险时期"概念，① 认为德国在1914—1915年之前将始终处于一个易遭英国打击的高危时期，② 因此他告诫德国上下尤其是外交部门，在这一时期尚未通过之前应该在对外宣传中保持低调、审慎的态度，外交必须小心地保持与英国良好的关系，直到德国海军安全渡过"危险地带"。③ 毕洛夫精辟地概括了这一概念的精髓："考虑到我们海军处于弱势，我们的行动必须十分小心，就像在蜕变成蝴蝶之前的毛虫一样。"④

需要指出的是，许多学者基于权力转移范式将德国海军战略视作其挑战英国霸权，实现"世界强国"野心的重要举措，认为提尔皮茨等人在决策伊始就选择了一种与英国竞逐海上主导权的"对称性"海军战略，⑤ 由此拉开了海军竞赛与英德交恶的序幕（见导论研究现状部分）。但是本书并不完全赞同这种解释。笔者认为，"风险理论"本质上是一种防御性的、追求有限海权目标的"非对称性"战略，⑥ 初始目标设计也并非与英国争夺海洋霸权。德国在崛起进程中之所以选择"海洋转型"，一定程度上也是出于国家崛起阶段的发展利益需要，并非全然出于国际权势欲望和非理性战略决策。随着海外利益的不断增加，尤其是海外贸易的蓬勃发展，海洋安全的现实需要是德国海军发展合法性的重要来源。⑦ 不可否认，"风险理论"的确存在一些瑕疵和误判，为其最终失败间接埋下了伏笔。例如，

---

① 崔文龙、赵光强：《论德意志帝国海军战略的转变》，《军事历史研究》2012年第1期。

② Holger H. Herwig, "*Luxury Fleet*": *The Imperial German Navy 1888-1918*, Boston and Sydney: George Allen & Unwin, 1980, p. 37.

③ 徐弃郁：《脆弱的崛起：大战略与德意志帝国的命运》（修订版），新华出版社2014年版，第226页。

④ Paul M. Kennedy, *Strategy and Diplomacy 1870-1945*, London: Fontana Paperbacks, 1983, p. 132.

⑤ 强调海军战略的进攻性，内容是以主导性海洋强国为参照，发展出一支以主力舰（航母时代前是战列舰）为主要舰种，突出进攻和远洋作战能力，可以与主导性海洋强国在远洋区域争夺海洋控制权的蓝水海军（Blue Water Navy）。参见 Wu Zhengyu, "Towards Naval Normalcy: Open Seas Protection and Sino-US Maritime Relations", *The Pacific Review*, January 2019, pp. 1-28。

⑥ 偏重海上力量的拒止能力与威慑能力，即不寻求发展一支规模上能够与主导性海洋强国进行全面海洋竞争和争夺霸权的庞大舰队，而是在近海发展出一支能够有效保护自身利益，同时能够在某些领域，如尖端武器等方面对其构成威慑的绿水海军（Green Water Navy）。

⑦ 1890—1910年，德国的进出口贸易总额达到160亿马克，在世界贸易格局中位居第二，仅次于英国。

一厢情愿地认为海军建设可以做到长期不被英国察觉、没有预见到英国会以牺牲海外利益为代价力保本土安全、低估了英国对海上霸权护持的决心等。但是,"风险理论"在大方向上是符合德国战略处境的理性选择,它正视了德国自身的海权传统缺乏、海洋禀赋不足和英德海军之间"天堑式"的实力鸿沟,充分考虑了主导性海洋强国可能对后发国家海军建设的干预风险。将德国海军定位为立足低起点,在有限的海域范围内发展海权,慑止其他大国的侵犯意图和行为,维护海洋安全和利益,在这种战略设计下,海军建设只是实现政治目标的手段和工具,而非目标本身,最终的着眼点还是德国在更大范围内的国际政治利益。

提尔皮茨的战略构想问题出在实现目标的手段而不是目标本身。在该战略体系中,作为理论内核的"风险理论"的上层建筑设计是理性的,但是设想背后的武装力量选择出现了错误。[①] 由于深受马汉思想的影响,提尔皮茨选择以大规模建造战列舰的方式实现"风险理论"既定的目标,并未充分考虑到此举背后的战略意涵。从理论上来说,主力舰的军事价值主要体现在通过海洋决战争夺制海权,代表了一国的海上进攻能力。由于两国在地理位置上仅隔北海,德国大规模的主力舰建造必然会引起英国的疑惧和警惕。即使德国的举动并没有进攻英国的恶意,但是作为一个资源有限、生存维系于对外联系的岛国来说,选择信任德国善意的风险过高,这是英国无论如何也不敢冒险尝试的。[②] 另外,正如前文所述,德国海军大规模发展正处于英国霸权整体性衰落的特殊时期,19、20世纪之交实力地位的下降及大陆均势的失衡,使得英国对于外部威胁比平时更加敏感。[③] 为了有效调控衰落和护持霸权,甚至不惜以放弃部分海外利益的代价寻求与主要对手的妥协。德国战列舰数量在短期内的大规模扩张,以及在英国"家门口"的迅速集聚,很容易引发英国对霸权地位和本土安全的深度焦虑,促使英国采取强硬措施予以制衡,而这种行动又将增加德国的安全危机,迫使其加速海军建设。双方在相互疑惧中越陷越深,海军竞赛的烈度

---

① Jonathan Steinberg, *Yesterday's Deterrent: Tirpitz and the Birth of the German Battle Fleet*, New York: The Macmillan Company, 1965, p. 202.

② Wu Zhengyu, "The Crowe Memorandum, the Rebalance to Asia, and Sino-US Relations", *Journal of Strategic Studies*, Vol. 39, No. 3, 2016.

③ 吴征宇编译:《〈克劳备忘录〉与英德对抗》,广西师范大学出版社2014年版,第8页。

一再扩大，直至完全走向敌对。综上，德国海军的悲剧的根本原因是在特殊的时期、在错误的地点选择了一种与战略目标不相匹配的战略工具，而不是"风险理论"逻辑的错误。

2. 德国海军的早期扩张

如果说 1897 年提尔皮茨带着一份深思熟虑的综合性海军建设计划入主海军部，表明德国已经为系统化、持续性的海军扩张做好了理论准备，那么 1898 年第一个《海军法案》的通过则是德国海军建设迈出的第一大步，为日后的海军大发展吹响了冲锋号。1900 年，第二个《海军法案》的通过，则标志着德国海军扩建的全面展开。

1898 年，帝国议会审议通过了提尔皮茨提交的海军法案，这是德国历史上通过的第一个海军法案（以下简称"法案"）。法案对德国海军建设的预计完成时间、目标数量、服役期限和总费用做出了详细规定。总体上体现了提尔皮茨以主力舰为主体舰种的造舰思路。具体包括：第一，1904 年 4 月 1 日前，建成 19 艘战列舰、8 艘装甲巡洋舰、12 艘重型巡洋舰和 30 艘轻型巡洋舰；第二，总费用不超过 4.089 亿帝国马克；第三，轻、重型舰只的服役周期分别为 15 年和 25 年。① 法案包含了德国此前已经完成建造的若干军舰，因此 1898—1904 年，德国需要建造的数目为 7 艘战列舰、2 艘重型巡洋舰和 7 艘轻型巡洋舰。法案为德国海军的后续发展确立了立法先例，同时避免了因第一步迈得太大而遭遇国内和国际反弹，也考虑到了当时德国造船生产能力、军港容量、军工技术等方面的局限。此外，如果顺利完成法案目标，虽然尚不足以对英国构成威胁，但是在军事上足以抵御来自法俄联盟的海上威胁。②

第一个《海军法案》通过后，德国社会对海军建设事业发展的热情空前高涨。在这种有利的国内环境下，提尔皮茨开始筹划在 1905 年法案到期之前，加快海军建设速度的问题。③ 1899 年 9 月，提尔皮茨向威廉二世提

---

① Holger H. Herwig, "*Luxury Fleet*": *The Imperial German Navy 1888-1918*, Boston and Sydney: George Allen & Unwin, 1980, p. 42.

② Holger H. Herwig, "*Luxury Fleet*": *The Imperial German Navy 1888-1918*, Boston and Sydney: George Allen & Unwin, 1980, p. 42.

③ 徐弃郁：《脆弱的崛起：大战略与德意志帝国的命运》（修订版），新华出版社 2014 年版，第 231 页。

第二章　海上矛盾缘起与战略协调尝试（1884—1902年）

交了一份详细的海军建设计划草案。① 而1898—1900年发生的三个国际事件也推动了第二个《海军法案》的出台。一是1898年爆发的美西战争。西班牙在战争中惨败的事实，印证了马汉提出的海权之于国家繁荣命题的正确性，增加了德国发展海权的紧迫感。德国上下普遍认为应该从中吸取的教训是加快建设一支足够强大的海军。就连此前一直对海军建设持怀疑态度的德国宰相霍亨洛厄（Hohenlohe）等高级官员也被残酷的现实"说服"，开始转而支持提尔皮茨的计划。霍亨洛厄在事后表示，"我们绝不能让自己在未来可能的英德冲突中重蹈西班牙在美西战争中的覆辙……显而易见，英国人绝对正在等待一个降临到我们头上的不幸机会"。② 二是德国在葡萄牙殖民地与萨摩亚问题上遭遇的外交挫折，该部分是第一次英德战略协调谈判的重点，将在下文进行系统论述。威廉二世将外交受挫归结于德国海军实力的羸弱，在事后发表了愤怒的评论："世人又一次看到，这位高贵的英国勋爵（索尔兹伯里）是怎样戏弄我们和变来变去的。这是因为他不用害怕我们，因为我们没有舰队！"③ 三是"班德罗斯号"邮轮事件。1899年12月，英国在非洲海域蛮横地扣押了德国邮轮"班德罗斯号"，理由是怀疑该邮轮经葡属莫桑比克的洛伦索—马奎斯港给布尔人运输违禁物资。尽管1900年1月，英国在查证无果后释放了这艘邮轮，但是英国依仗皇家海军优势，在海上的霸道行为在德国国内再次掀起了巨大的反英浪潮。④ 通常情况下，伴随着实力的快速提升，期许更高的国际地位是高速崛起的大国普遍存在的社会心理状态，对外部挫折和压力更加敏感。连续的外交挫折深深地刺痛了德皇、政治精英和民众的民族自尊心，唤起了他们强烈的国家荣誉感。一时之间，德国各界纷纷要求政府加快海军建设，未来能够在海上扬眉吐气，不再受英国欺侮。在如此有利的内外

---

① 该预案计划于1901年或1902年提交帝国议会审议。内容是到1920年之前，完成45艘战列舰、24艘轻型巡洋舰、11—12艘重型巡洋舰建造。参见Ivo Nikolai Lambi, *The Navy and German Power Politics 1862-1914*, London: Allen & Unwin, 1984, pp. 145-146。

② [美]诺曼·里奇:《大国外交：从拿破仑战争到第一次世界大战》，吴征宇、范菊华译，中国人民大学出版社2015年版，第305页。

③ "Kaiser's Minute on Richthofen to Eulenburg", July 20, 1898, cited from: Paul M. Kennedy, "German World Policy and Alliance Negotiation with England", *The Journal of Modern History*, Vol. 45, No. 4, 1973.

④ Ivo Nikolai Lambi, *The Navy and German Power Politics 1862-1914*, London: Allen & Unwin, 1984, p. 156.

环境下,提尔皮茨的海军扩建计划也提前了。1900 年 6 月 14 日,帝国议会审议通过了第二个《海军法案》。与第一个《海军法案》相比,其无疑是德国海军扩建的一次"大跃进":一方面,造舰规模几乎扩大了一倍。尽管最终公布的计划数量,相比于 1899 年提尔皮茨的设想有所削减,但是规模依然庞大。包括了 38 艘战列舰、20 艘装甲巡洋舰和 28 艘轻型巡洋舰。[①] 另一方面,该法案没有设置造舰费用限制,相关费用由国家票据预支垫付,未来再做清算。[②]

两个法案的通过是德国历史上划时代的一页,其意义已经超越了单纯作为一项军事授权法案的具体政策价值,更是开启了一个新的时代。[③] 正是从 1898 年开始,德国的军事力量建设重心发生了剧变,从陆地向着海洋快速挺进。海军事务成为威廉二世时期德国国内政治的主导议题。一个雄踞中欧、高速崛起、已拥有欧洲最强大陆军的传统陆上强国,开始像此前的腓力二世西班牙、路易十四和拿破仑法国等欧陆大国一样,踏上了"海洋转型"的征途,向着兼具陆海双缘优势的方向挺进。影响概而言之,一是奠定了德国海军后续发展的基础。两个法案以法律文件的形式将基于"风险理论"的大规模海军建设,固定为德国未来长期性的战略重点,结束了此前德国海军发展战略混乱无序的局面。提尔皮茨的战略设计得到了帝国议会的认可,从个人战略思想上升到了合法性国家战略的高度。提尔皮茨在给海军内阁长官桑顿的一封信中指出,"如果该预算案得以顺利通过,到 1905 年就具备了要求进一步扩建海军的极好基础"。[④] 二是为德国海军未来的快速发展铺平了道路。法案使提尔皮茨获得了大规模造舰的权力,至少保证了在法案规定周期内免于政治阻碍的行动自由。1900—1905 年,德国完成了不少于 12 艘的战列舰建造,而在 1897 年"世界政策"刚

---

① Paul M. Kennedy, "Tirpitz, England and the Second Navy Law of 1900: A Strategical Critique", *Militaergeschichtliche Zeitschrift*, Vol. 8, No. 2, 1970.

② Holger H. Herwig, *"Luxury Fleet": The Imperial German Navy 1888-1918*, Boston and Sydney: George Allen & Unwin, 1980, p. 42.

③ Jonathan Steinberg, *Yesterday's Deterrent: Tirpitz and the Birth of the German Battle Fleet*, New York: The Macmillan Company, 1965, p. 201.

④ Ivo Nikolai Lambi, *The Navy and German Power Politics 1862-1914*, London: Allen & Unwin, 1984, p. 144.

刚登上历史舞台的时候，德国一共仅拥有12艘战列舰。① 此外，两个法案是未来三个补充法案（1906年、1908年和1912年）的基础，此后德国海军得以在这一较高起点上不断扩充。

（三）德国海权战略的决策动因

在"一战"前德国的海权战略选择中，决策精英群体表现出一种高度神化海权的战略迷思——笔者称之为"海权迷思"。需要强调的是，本案例所指的决策精英，是一个狭义的概念，主要是指在海权战略决策过程中占据主导地位，发挥了决定性影响的德皇本人和海军部高层，而非德国全部军政决策精英。"海权迷思"的基本逻辑可以简单概括为："德国的安全和崇高的国际地位必须获得与英国接近的海权。"这种战略理念的突出特征是将控制海洋等同于国家发展，以军事战略思考替代了大战略考量，认为夺取制海权即可实现国家强盛。原本包含政治、经济、文化等诸多内容的海权被等同于军事意义上的制海权，海权战略从大战略的层次下降到了军事战略层次。

1. 大国战略竞争带来的体系压力加剧

所谓体系压力，是指因大国竞争引发国际结构变化而带来的体系层面的外部安全压力。这种安全压力的来源可细分为两个方面。其一，伴随崛起进程而来的实力增加，引发霸权国的制衡性竞争行为，由此加大崛起国的外部安全压力；其二，在与霸权国的竞争互动中遭遇外交挫折。作为决策精英，需要对体系压力做出及时感知、评估和回应。当现有政策工具无法满足安全需求时，体系压力的增加促使崛起国的决策精英通过增强实力进行必要的应对，包括弥补与霸权国之间的物质实力鸿沟，尤其是军事实力，以及强化面向社会的战略动员，如通过舆论宣传和引导向社会传递国家处于生死攸关状态的威胁认知、利用民族主义情绪培育民众的国家荣誉感。而实力的增加必然加剧竞争烈度，遭遇霸权国更为激烈的制衡。外部环境变化引起的体系压力持续增加容易导致决策精英群体的"安全感缺失"，他们的上述心理状态会通过战略动员传递给社会，并受到社会的反

---

① Paul M. Kennedy, *The Rise and Fall of British Naval Mastery*, London: Allen Lane, 1976, p. 209.

向作用，由此形成一个循环过程。

19世纪末20世纪初，德国面临的三大体系压力决定其海权战略决策始终缺乏一个持续稳定的外部环境。一是在"海军至上主义"的特殊时代背景下，大国竞争内容的转变带来的压力；二是回应英国制衡不断升级的压力；三是在多次外交受挫后，如何维护国家荣誉的压力。三者既独立作用，也相互促进，其中的逻辑关系简要概括为："海军至上主义"的时代背景，既增加了德国发展海权的现实需要，又刺激了其发展海权的欲望；德国海权的不断增强导致了英国制衡力度的持续升级，增加了德国的外交挫折频次；结果进一步刺激了决策精英群体获得更高海权地位的意愿，特别是建设"大海军"的决心。

第一，"海军至上主义"时代激烈的大国竞争。德国的"海洋转型"发生于"海军至上主义"的大环境之下，受马汉海权思想、帝国主义扩张思潮和日趋激烈的海外利益争夺的共同影响，英国、法国、美国等世界主要强国纷纷热衷于海军扩建，国际事务的走向和基调常常由他们的战舰数量决定。这种大范围的"海军狂热"深刻改变了德国战略决策的外部环境，增加了德国决策精英对自身安全的担忧。在这种背景下，竞逐海权成为威廉二世时代德国最为重要甚至唯一的目标。1897年，霍亨洛厄在一次演讲中强调，"我们要奉行一种和平的政策，必须要使舰队足够强大……在涉及海洋的问题上，能够说一种温和的、但纯粹德国的语言"。[①]

第二，来自英国的制衡压力。大致从1902年开始，英国皇家海军针对德国海军的快速发展，逐步启动了系统的威胁评估工作，德国海军在实力尚未壮大的时候就引起了英国的重视。第一次摩洛哥危机后，英国逐渐将德国而非法俄同盟作为制衡的首要对手，通过《英法协约》《英俄协约》等战略部署调整、大规模增加海军建设投入等方式对德国进行强力制衡。战略环境的恶化增加了德国决策精英的恐惧与愤怒，促使其做出更加激进的战略决策，使得两国之间的安全困境日益结构化（详见本书第三章、第四章）。

第三，1896年"克鲁格电报事件"以后的多次外交受挫，使德皇与提

---

① Jonathan Steinberg, *Yesterday's Deterrent: Tirpitz and the Birth of the German Battle Fleet*, New York: The Macmillan Company, 1965, p.164.

尔皮茨等德国决策精英坚信：必须迅速发展一支足够强大并能够对英国构成有效威慑的舰队，才能避免继续在外交中遭受侮辱。"大舰队"被视作大国地位和国家荣誉的一种标志。1899年12月，英国在非洲海域扣押了德国邮轮"班德罗斯号"，理由是怀疑该邮轮经葡属莫桑比克的洛伦索—马奎斯港给布尔人运输违禁物资。依仗海军优势，英国在海上的霸道行为在德国国内掀起了巨大的反英浪潮。[①] 提尔皮茨认为这一事件唤醒了德国上下对海军羸弱现实的清醒认识，是德国海军大规模扩建的"东风"。[②] 此后的1901年，威廉二世将萨摩亚纠纷中德国未能实现预期利益目标，也归结于德国海军实力的羸弱。[③]

2. 社会心理焦虑影响国内政治博弈

社会心理焦虑包括社会对国家安全的担忧、对更高的国际地位的追求，以及与此相关的荣誉感和自豪感等多个方面。其来源主要包括社会对外部环境变化的感知，以及决策精英出于应对外部竞争的需求进行的战略动员。这种来自国内社会的压力对战略决策的影响体现在两个方面：其一，改变社会环境，限制决策精英的战略选择。当某种权力类型被标志化为国家地位，强大的社会压力会对战略决策形成巨大干扰。而对社会心理焦虑回应不足，容易引起决策精英集团的分裂，降低精英凝聚力，增加政权脆弱性，而这种状况也阻碍了战略决策中科学、理性和审慎评估的展开。出于对社会稳定和自身政治利益的理性考量，决策精英通常倾向于迎合大众诉求，很难依时据势调适国际行为。狂热的社会情绪将推动其选择激烈和强硬的国际竞争，最终陷入与霸权国不可调和的矛盾中。其二，社会心理焦虑反向作用于决策精英的战略认知。在大众政治时代，发达的传播体系与网络、多元的意见表达渠道和高度组织化的政治团体等保障了决策精英与社会之间畅通的联系。社会心理焦虑通过彼此之间的联系机制，借助国内政治博弈反向回输给决策精英，对其战略认知产生塑造作用。

---

① Ivo Nikolai Lambi, *The Navy and German Power Politics 1862–1914*, London: Allen & Unwin, 1984, p. 156.

② [美]诺曼·里奇：《大国外交：从拿破仑战争到第一次世界大战》，吴征宇、范菊华译，中国人民大学出版社2015年版，第313页。

③ Paul M. Kennedy, "German World Policy and Alliance Negotiation with England", *The Journal of Modern History*, Vol. 45, No. 4, 1973.

部分与海军发展利益相关的决策精英进行的社会动员活动，推动民众形成一种新的世界观和身份认同，即将海权作为实现国家安全与追求更高国家荣誉的唯一要旨，并反向作用于德国决策精英的战略认知。强大的舆论压力压缩了决策精英的战略选择空间，使其更加倾向于选择一种"对标"霸权国能力，带有强权政治逻辑的国家崛起方式，客观上促进了海权迷思的形成。例如，1898—1901年，英德两国曾经进行过三次战略协调谈判尝试，但均以失败告终。其中的一个重要原因是德皇和毕洛夫认为，"英德结盟"一旦形成，会使德国丧失建造"大舰队"的理由，同时招致国内"大海军主义"、殖民主义等社会势力的反对，因而在谈判中采取了消极的态度。

第一，国际权力上升引发社会焦虑。1871年的统一是德国作为大国崛起于欧洲的重要标志，此后直至1914年"一战"爆发，高速崛起是德国发展最为显著的特征，达到了"自1815年以来欧洲任何一个国家都未曾达到过的发展速度"。一方面，综合国力的日新月异，对于德国人的世界观和身份认同产生了极为重要的塑造作用。这突出表现为一种"国际地位焦虑"，即实力的迅速增加，强化了德国社会对更高国际地位的追求，希冀"世界大国"地位得到其他国家的认可和尊重。德国想要的是影响力，而不是某种需要通过外交谈判讨价还价的具体物质利益，"是别人的肯定，是权利的平等，是一套加载了复杂情感和心理宣泄的目标……德国人想要的是他们认为英国人已经拥有的东西"。[①] 另一方面，大国竞争增加了体系压力，使得社会不安全感增加。"克鲁格电报事件"后的每一次英德外交摩擦，即便是很小的问题，都会引发德国社会对于自身安全的深度担忧。例如1907年，费舍尔（时任英国第一海务大臣）要对德国发动先发制人的海上打击的传闻在德国基尔港引发了大规模社会恐慌，很多家长持续两天不敢让孩子去学校；1911年，在英德关系高度恶化的背景下，德军将领弗雷德里克·冯·伯恩哈迪（Friedrich von Bernhardi）出版了《德国与下一场战争》，[②] 鼓吹德国如果无法通过征服新领土成为"世界强国"，则只

---

① Jonathan Steinberg, " The Copenhagen Complex", *Journal of Contemporary History*, Vol. 1, No. 3, 1966.

② Friedrich von Bernhardi, *Germany and the Next War*, CreateSpace Independent Publishing Platform, 2015.

能被毁灭。

第二，决策精英的战略动员助长了民众的社会心理焦虑。提尔皮茨为了筹集更多的战略资源用以实现"大海军"的建设目标，减少帝国议会的阻力，广泛动员社会力量以获取支持。采用的方式包括把海军主管的出版物从技术性刊物转变为大众读物，在海军办公室增设新闻署，支持成立民间组织"海军协会"，以及拉拢汉斯·德尔布吕克（Hans Delbruck）、马克斯·韦伯（Max Weber）等知名学者组成"舰队教授"群体等，以此增加宣传效果。其结果是进一步激发了德国民众的"爱国主义热情"，强大的海军舰队和广阔的海外殖民地被德国社会视作英国全球性影响力的象征，海权成为一种民族主义虚荣心的满足，一种国际政治地位宣示信号，一种在大众政治时代通过精英说服和动员民众力量、增进民族忠诚的政治宣传艺术。保罗·肯尼迪指出，"鼓吹自己君主受欢迎的程度，将整个民族凝聚在一起，以从事极具冒险性的海军扩张和对外政策来抑制国内反对意见，便成为那些受德皇保护的随从们不可动摇的决心"。[①]

第三，国内政治博弈的影响。在一国政治体系中，鉴于资源的相对稀缺性，不同官僚组织借助政治博弈竞争资源在所难免，这一问题对于新生的德国海军来说更为重要。在一个容克地主阶层占据统治地位，陆权被长期作为立国之本的大陆国家，海军这样一个以新兴中产阶级平民出身的官兵为主的军种，面临着汲取战略资源的巨大困难。因此，利用国内政治机制获取广泛的社会支持，以社会力量压制帝国议会的反对势力，实现部门利益的最大化，是海军决策精英的一种理性选择。除了上文提到的社会动员，提尔皮茨通过积极的政治活动，在各种政治势力之间争取支持。其所采取的措施包括利用威廉二世对海军事务的抱负争取支持，通过建立和维持私人关系获取有影响力的政客支持，与议会中的天主教中央党结盟，以及在德皇支持下采取严格的审查制度，打压国内反对声音等。

3. "陆权式海权思维"——战略文化导致的路径依赖

战略文化在战略决策中的作用类似于一种结构，反映的是基于历史传统所形成的文化因素，如历史记忆、社会规范、军事学说等对战略缔造的

---

① Paul M. Kennedy, "German World Policy and Alliance Negotiation with England", *The Journal of Modern History*, Vol. 45, No. 4, 1973.

影响。通常体现为某种建立在特殊战略理念基础上的认知和行为路径依赖，① 其作用客体涵盖政府、政治决策精英群体和军事统帅等。② 战略文化具有鲜明的保守性特征，据此形成的路径依赖限制了威廉二世等德国军政决策者改善崛起困境的创新性战略路线的选择，导致他们的认知和行为难以根据形势的快速变化进行调适。

德国决策精英的"陆权式海权思维"是普鲁士战略文化的鲜明体现，来源于德国深厚的陆权战略传统和在历史上成功的领土扩张记忆，本质上是一种试图汲取和复制历史成功经验的路径依赖。通过海上决战击毁敌国舰队并占领海洋，变成了德国海军所有理论和思想的最终结果与目的。"控制"一直被认为是一种纯军事优势下的情形，类似于陆军在陆战中夺得的控制权，而不是海战中确保海上交通线安全这个最终目标的必要前提和手段。"陆权式海权思维"透视出的是，以德国陆地作战为特征的战略文化对于海军发展的影响。尽管提尔皮茨等海军决策精英与陆军军官团在阶级出身方面差异明显，海陆两大军种在组织文化和军事学说方面也存在巨大差别，但是新生的德国海军很难不受传统战略文化的影响：其一，战略文化本质上是一种凌驾于组织、制度和个体行为之上的抽象社会结构，虽然精确测量存在难度，却可以凭借过程追踪，在社会事件的具体现实中发现战略文化的作用。作为结构中的组织与个体，海军及其决策精英很难突破基于自身所处社会历史经验、文化传统形成的战略文化束缚。这也可以解释在付出了"一战"的沉重代价后，纳粹德国的海军发展为何依然没有领会马汉海权理论的精髓所在，其中的一个重要原因正是因为马汉的理论是基于海洋国家实践进行的总结。其二，德国海军决策精英群体大都成长于海军独立性与地位相对较弱的历史时期，在早年的军事素质养成中，

---

① 根据唐世平的界定，所谓路径依赖，"是国家战略选择存在的普遍问题，当因面临新问题和状况需要做出新的战略选择时，决策精英往往倾向于从历史记忆中'学习'成功经验，并试图将其进行复制"。参见唐世平《国家的学习能力和中国的赶超战略》，《战略与管理》2003年第5期。

② 关于战略文化的相关研究，参见 Alastair Iain Johnston, "Thinking about Strategic Culture", *International Security*, Vol. 19, No. 4, 1995; Alastair Iain Johnston, *Cultural Realism: Strategic Culture and Grand Strategy in Chinese History*, Princeton University Press, 1998; Jeffrey S. Lantis, "Strategic Culture and National Policy", *International Studies Review*, Vol. 4, No. 3, 2002; 曾瑞龙《经略幽燕：宋辽战争军事灾难的战略分析》，北京大学出版社2013年版。

都曾接受过陆军背景的将领领导，难免受到影响。例如，1872—1888 年，德国前后两位海军最高长官阿尔布雷希特·冯·斯托施（Albrecht von Stosch）和后来担任宰相的卡普里维都出自陆军军官团。德国海军直到提尔皮茨主事后，才拥有了与陆军平等的地位和独立性，而现代化海军教育体系的建立健全则是更晚的事。

这种罔顾不同类型地缘权力的做法，最致命的错误是没有充分认识到每种类型的地缘权力背后都存在基于地理位置、技术条件和战略传统的截然不同的逻辑，混淆了发展海权与陆权的巨大差异，而是简单地以发展陆权的思维和经验指导海权发展，将获得海权等同于通过武力控制海洋，将海洋理解为如陆地一样，可以通过大规模决战的方式进行排他性地占有和控制。但是"与陆地不同，海洋不能被占领和拥有，军队也不能像依赖陆地那样依赖海洋而存在。几个世纪以来，海洋唯一的积极作用是充当交通路径"。① 对海洋的控制并不是指占领某片海域，这里的控制指的是不受任何阻碍和约束地穿越海洋的能力，同时还要阻止敌方以同样的方式利用海洋。此外，延续性是海洋的重要自然属性之一，即全球性的海洋表面是延续的。海权的发展与武力和影响力的投射密切相连，一支主要由主力战舰构成的远洋舰队必然与控制海洋和争夺海上主导权高度相关，这是存在于海洋霸权国与后发海军强国之间不可调和的结构性矛盾，无论该国宣称的海权目标多么有限。

4. 德国海权战略发展的总体评价

"海权迷思"对德国海权战略选择的最大影响在于：它使德国海权发展处于一种"战略无序"的混乱状态。海权不再是一种战略工具，而成为战略目标本身，德国的海权战略内容只剩下发展用于海上决战、争夺制海权的主力舰，全然不顾盲目追求进攻性海上力量的潜在恶果。颇具讽刺意味的是，尽管德国海权战略依据的是"马汉主义"海权学说，但是并没有遵照马汉的深刻告诫，"海军的每项规划，如不考虑大国关系，又不考虑本国资源所提供的物资限度，就会立足于一个虚弱不稳定的基础之上。外

---

① ［德］赫伯特·罗辛斯基：《海军思想的演进》，吕贤臣、尤昊、王哲文译，上海交通大学出版社 2016 年版，第 17 页。

交政策和战略是被一条不可割裂的链条紧紧地联结在一起"。①

第一,海权战略规划缺乏对自身海权禀赋的审慎考量。德国地处北海深处,虽有赫尔果兰岛这一战略屏障和部分良港,但德国出海口方向非常单一,英吉利海峡是德国在获得海权的道路上必须能够自由穿越的两条主要通道之一,英国一旦封锁了这条通往大西洋的入口,将会把德国舰队的主要战区(北海)变成"死海"。② 英国的地缘位置和占据绝对优势的海军力量使其可以有效实现这一目标。"一战"期间德国海军的碌碌无为正是因为其始终难以突破英国海军从斯卡珀湾实施的远距离封锁。此外,德国的地缘政治属性是陆海复合型国家,其战略资源投入相较于海洋国家英国更为分散,资源压力更大。

第二,非理性的海权战略折射出决策层大战略思考的缺失,推动了德国大战略的进一步瓦解。德国决策精英强调要拥有一支"大海军",但是对于发展海军的原因、对这支海上力量的战略定位,以及要据此实现的具体政策目标都缺乏大战略层面的考量和指导,没有从大战略视角认真思考和审视"为什么一定要"这个问题,进而将其具体化为可操作的政策目标。通过海上决战夺取制海权不再是一种实现某种政治目标的军事途径,海权也不再是一种特定的战略工具,而成为大战略目标本身。

第三,安全焦虑成为海军发展的最根本动力,取代了科学系统的战略谋划。德国海军在扩展伊始便深深地陷入对英国"哥本哈根化",即重蹈丹麦海军历史覆辙的恐惧之中。这种情结也是德国"海权迷思"影响的一个缩影,其中包含三个假定:一是,英国是一个"非道德"的国家,为了维护政治权力,英国"对采取武力没有任何顾忌"。1807年的突袭哥本哈根事件暴露出英国"强权的真正本质和隐藏在人道主义背后的绝对无情"。二是,德国正在快速崛起为一个欧洲超级强国,因此,英国人冷酷的"商业利己主义"肯定会促使英国试图摧毁德国,对深谙社会达尔文主义法则的那代德国人来说,这是一个不言而喻的事实。三是,实现安全的唯一途径就是加快海军建设,抛弃英国可以容忍德国海权的战略幻想。快速、大

---

① [美]阿尔弗雷德·马汉:《海军战略》,蔡鸿幹、田常吉译,商务印书馆1994年版,第20页。
② 吴征宇:《地理战略论的分析范畴与核心命题》,《太平洋学报》2017年第1期。

规模建造战列舰确实很危险，但只有一支强大的舰队才能有效威慑英国，确保德国的国家安全。被"哥本哈根化"的恐惧成为德国对外部世界印象的死结。来自英国的威胁和英德海上冲突不可避免的观念被先入为主地植入德国外交决策层的思想中，主观想象变成了事实本身。这种情况对德国外交处境产生了极为恶劣的影响，尤为促使德国在1904年日俄战争爆发后的一系列国际危机中，始终以应对英国的预防性打击为外交要务，造成了战略灵活性和回旋空间的日渐丧失。

二 英德战略协调及其失败

历史的发展进程往往不是沿着线性轨迹。虽然1897—1900年，德国声势浩大、雄心勃勃的海军计划引起了英国的注意。① 但是此时的索尔兹伯里内阁的战略重心聚焦在南部非洲、中国等海外利益安全上，尤其是深陷于与布尔人旷日持久的消耗战争中。加之德国海军建设尚处在起步阶段，还未形成威胁英国海上主导权的规模。因此，在提尔皮茨主管海军事务的前三年，英国并没有对德国海军建设给予太多关注。

大致同一时期，在海外四面树敌的英国也艰难地开启了外交战略的调整（见第一章）。布尔战争和法绍达事件引起了英国政府内部和社会对"光辉孤立"能否继续维护国家安全与繁荣的忧虑。虽然拥有显赫外交履历的索尔兹伯里本人在国际事务上始终坚持"两个自信"，即皇家海军能够胜任保卫英国本土和海外利益的任务；"光辉孤立"理念下的英国外交能够有效阻止一个正在形成中的敌对大国联盟。② 但是在国内外双重压力的综合作用下，索尔兹伯里也不得不做出部分政治妥协，开始寻求以有限政治协议的方式与其他大国进行战略协调。一方面是政府内部关于外交政策调整的压力。以外交部副部长、第一财政大臣和下院领袖亚瑟·詹姆斯·贝尔福（Arthur James Balfour）和殖民大臣张伯伦两人为代表的高层官员，都不赞同索尔兹伯里的上述判断，而主张英国应及时放弃孤立政策，

---

① 海军部对第二个《海军法案》的具体态度，参见 Holger H. Herwig, "*Luxury Fleet*": *The Imperial German Navy 1888-1918*, Boston and Sydney: George Allen & Unwin, 1980, p.43。

② [美]诺曼·里奇：《大国外交：从拿破仑战争到第一次世界大战》，吴征宇、范菊华译，中国人民大学出版社2015年版，第306页。

与其他大国结成联盟,扭转单枪匹马与多个对手博弈的不利局面。① 这种观点在英国政治高层中占据了上风。海军大臣塞尔伯恩(Selborne)的表述代表了这种流行性的政策倾向,②他认为除了大规模增加海军预算,"我只看到一种可能的替代方案,那就是与德国正式结盟。虽然有一定的实现难度,抑或我们需要为此付出巨大代价。在我看来这是缓解海军军费负担的唯一选择"。③ 另一方面是1897年以后英国当时的外交处境极为严峻。张伯伦将英国当时的战略处境比喻为"背负着沉重的命运之轮,蹒跚前行的巨人"。④ 现实困境是,英国需要在东亚(主要是中国问题)、非洲(摩洛哥和南非)两条战线上与法俄同盟苦苦缠斗。同时,美国在西半球的扩张和德国来势凶猛的"世界政策"也给英国增加了维持庞大海外利益的难度。而且由于陷入布尔战争泥潭难以自拔,英国发现单凭有限的战略资源,已经很难以一己之力应对来自四面八方的挑战。更使英国担忧的是,法俄同盟的军事化程度日趋提高,联盟结构日益稳固。布尔战争期间,曾先后两次出现与德国主导下的三国同盟合作,以"大陆联盟"的方式制衡英国的可能性(见第一章),这种敌对性的大国联盟一旦建立,将是英帝国自身安全与海外事业的梦魇。即使是对外部环境总体乐观的索尔兹伯里,也不可能对这种危险境遇视而不见。在英国外交转型的关键时期,首先向德国抛出了橄榄枝。之所以选择德国作为对象,主要基于以下两个方面的原因。

第一,英国此时仍然没有下定决心,以牺牲海外利益实现向欧陆的战略收缩。当时的诸大国中,法俄两国与英国的殖民利益矛盾势同水火。法绍达危机后英法关系仍然处在高度敌对的冰点。⑤ 1897年11月德国占领胶

---

① Paul M. Kennedy, *The Rise of the Anglo-German Antagonism 1860-1914*, London: George Allen & Unwin, 1982, pp. 230-231.
② 皇家海军由于始终要关注海权优势的存续,通常在这类问题上态度谨慎。
③ George W. Monger, *The End of Isolation: British Foreign Policy, 1900-1907*, London: Thomas Nelson and Sons Ltd., 1963, p. 12.
④ Paul M. Kennedy, *The Rise of the Anglo-German Antagonism 1860-1914*, London: George Allen & Unwin, 1982, p. 229.
⑤ Paul M. Kennedy, *The Rise and Fall of British Naval Mastery*, London: Allen Lane, 1976, p. 206.

州半岛后,英国向俄国提出直接就中国问题签署双边协议的主张也未能达成;① 美国此时正忙于美西战争,而且秉持着立国以来的"孤立主义"传统,避免卷入欧洲列强之间的纠纷,对于西半球之外的国际事务态度冷淡。② 在中国问题上与英国具有共同利益——抵制俄国势力扩张的日本,对自身与俄国的实力对比缺乏自信,正在尝试与俄国达成协议。而布尔战争更加恶化了英国在国际上被孤立的局面。布尔战争带给英国的是国家信用的下降、税收的急速上升和国际声誉的滑坡。③ 一位驻印度的高级官员汉密尔顿指出,"我们的部队被牵制在南非,严重妨碍了我们的行动能力。几个月来我们不得不放低姿态,除非能与某一大国结成可靠的同盟"。④ 在给印度总督寇松的一份报告中,汉密尔顿强调了与德国结盟对于遏制俄国扩张趋势,保卫印度安全的重要性,这一主张也得到了白厅(Whitehall)一些军官的支持。⑤ 综上,选择德国是英国在当时处境下的无奈之举。

第二,正如一些历史学家的概括评价,英德在理论上是"天然盟友",⑥ 这种认知广泛存在于英国国内,并在20世纪初影响甚大。简言之,此时在英国国内,亲德倾向具有一定的民意基础。这种认知的来源,除日耳曼和盎格鲁-撒克逊两大民族之间在血缘、历史和文化方面的深厚渊源,以及两国王室之间的密切关系外,还包含了历史传统和现实关系两个层面:历史传统层面,英德两国在历史上有着深厚且悠久的合作传统,在维持欧陆均势运转方面发挥了重要的作用。其源头可以追溯到1754年欧洲的"外交革命"和1756—1763年的"七年战争"。此后,普鲁士作为英国在欧洲大陆的可靠盟友,在"拿破仑战争"中承担了大量的陆上作战任务,

---

① [美]诺曼·里奇:《大国外交:从拿破仑战争到第一次世界大战》,吴征宇、范菊华译,中国人民大学出版社2015年版,第309页。
② 徐弃郁:《帝国定型:美国的1890—1900》,广西师范大学出版社2014年版,第172—178页。
③ Paul M. Kennedy, *The Rise of the Anglo-German Antagonism 1860-1914*, London: George Allen & Unwin, 1982, p. 242.
④ George W. Monger, *The End of Isolation: British Foreign Policy, 1900-1907*, London: Thomas Nelson and Sons Ltd., 1963, p. 15.
⑤ Paul M. Kennedy, *The Rise of the Anglo-German Antagonism 1860-1914*, London: George Allen & Unwin, 1982, p. 231.
⑥ "天然盟友"的提法,最早来自张伯伦在1899年的一次演讲中提出"天然的盟友关系存在于我们和德意志帝国之间"。参见 William L. Langer, *The Diplomacy of Imperialism, 1890-1902*, London and New York: Alfred A. Knopf, 1951, p. 659.

是"英国式战争方式"得以奏效的重要一环。俾斯麦时代，英德也基本上维持了合作关系，双方在 1877 年近东危机的调停中再次实现了合作。1887—1889 年英国始终在尝试与以德国为核心的三国同盟建立某种工作机制，两个地中海协定正是这一努力的直接产物。俾斯麦在 1889 年也曾提议英德结为防御性同盟共同应对法国威胁（该建议被索尔兹伯里否决）。[1] 上述历史传统为两国的再次合作提供了基础。现实关系层面，世纪之交的英德没有不可调和的重大利益分歧。尽管威廉二世的一系列海外扩张行为多次在两国之间制造摩擦，点燃了两国社会对对方国家的厌恶情绪，但是英德关系并未在结构上发生巨变，即使如"克鲁格电报"事件引发的彼此间大规模敌意浪潮，也随着事件的过去逐渐归于平静。在 19 世纪 90 年代，德国海军还不是左右英德关系的关键因素，两国大致处于一种竞合并存的状态。围绕葡萄牙殖民地、萨摩亚群岛的争端，最终都以和平的方式妥善解决。英德之间经济联系也非常紧密，[2] 许多英国人也倾向认为：虽然德国是一个正在崛起的可怕商业对手，但也是英国商品的最好的买主，[3] 很多德国人则认为与英国之间不存在零和商业竞争，英国是"德国理想的商业伙伴和顾客"。[4]

（一）英德战略协调的过程

1898—1901 年，英国与德国进行了三次战略协调。其内容以英德结盟谈判为主线，两国结盟谈判在形式上都是以政治精英会晤的半官方方式展开。支线则是结盟谈判期间两国围绕殖民利益的商谈。二者在逻辑关系上并非彼此独立的两个部分，而是一个相互联系、相互影响的有机整体。英德战略协调谈判中，双方讨价还价的焦点是：如果德国协助英国在远东

---

[1] Stephen J. Lee, Sean Lang and Jocelyn Hunt eds., *British Foreign and Imperial Policy*, 1865-1919, London and New York: Routledge, 2000, pp. 56-69.

[2] 1900 年，英国与德国之间的进口、出口贸易额分别达到 3110 万英镑和 2779 万英镑，分别占英国进口、出口总额的 6.8%和 9.2%。参见 Paul M. Kennedy, *The Rise of the Anglo-German Antagonism 1860-1914*, London: George Allen & Unwin, 1982, pp. 291-295。

[3] [美]诺曼·里奇：《大国外交：从拿破仑战争到第一次世界大战》，吴征宇、范菊华译，中国人民大学出版社 2015 年版，第 309 页。

[4] Paul M. Kennedy, *The Rise of the Anglo-German Antagonism 1860-1914*, London: George Allen & Unwin, 1982, p. 319.

(主要是中国),分担俄国势力扩张带来的压力,同时在布尔战争中保持善意中立,英国应该给予何种补偿?

1. 第一次战略协调

1888年3月25日,贝尔福在与德国驻英大使哈兹菲尔德(Hatzfeldt)的会面中,暗示两国存在结盟的潜在可能性,由此拉开了第一次英德战略协调的序幕。但是此次谈判真正的开始,是3月29日(索尔兹伯里启程出访法国),张伯伦向哈兹菲尔德直接提出了英德结盟的设想,并询问德方的意见。在提出结盟建议的同时,张伯伦也建议英国政府采取"一劳永逸解决争端"的举措,[①] 即在非洲殖民利益上对德进行让步,以换取德国在萨摩亚问题上的类似让步。张伯伦的建议是一次对德国的试探,其目的是希望从双方当时的最大矛盾——殖民利益纠纷中解脱出来,为后续合作奠定基础。4月1日,张伯伦再次向哈兹菲尔德提议,对英、德、俄三国在中国的势力范围进行划分。德国的"势力范围"居于英、俄两国"势力范围"之间,起到两强利益冲突的缓冲区作用。[②]

针对张伯伦的上述建议,德国基于两方面的考虑选择了消极对待:第一,以毕洛夫为核心的德国外交部,对英德结盟协议能否通过英国议会的审核授权信心不足。而一旦德国选择接受英国的建议,但是协议被英国议会否决。德国不仅无法实现预期利益目标,还会直接面对来自法俄同盟的敌意,[③] 对本土安全产生负面影响。[④] 第二,以提尔皮茨为核心的海军高层认为,英德结盟一旦实现,德国将失去扩建海军的充足理由。此时正值加速推进第二个《海军法案》宣传动员的关键时期,适当的英德矛盾有利于渲染来自英国的威胁,增加海军扩建理由的说服力。提尔皮茨利用所拥有

[①] George W. Monger, *The End of Isolation: British Foreign Policy, 1900-1907*, London: Thomas Nelson and Sons Ltd., 1963, p. 234.

[②] William L. Langer, *The Diplomacy of Imperialism, 1890-1902*, London and New York: Alfred A. Knopf, 1951, p. 499.

[③] Paul M. Kennedy, "German World Policy and Alliance Negotiation with England", *The Journal of Modern History*, Vol. 45, No. 4, 1973.

[④] 索尔兹伯里对德国上述战略认知的把握非常准确,"德国的致命恐惧是德俄之间漫长的、不设防的边界线。因此,相比于同我们(英国)联手反俄,(德国)更倾向于选择出卖我们而交换俄国的善意"。参见 George W. Monger, *The End of Isolation: British Foreign Policy, 1900-1907*, London: Thomas Nelson and Sons Ltd., 1963, p. 17。

的广泛政治资源和渠道，对德国高层的政策取向施加了不容忽视的影响。①哈兹菲尔德在给荷尔施泰因的一封信中不满地指出，"如果我们的对外政策取决于提尔皮茨的看法，那我们在世界上绝不会有太大发展"。②

这一阶段英德殖民利益谈判围绕两国在非洲与太平洋的殖民利益而展开。两个核心问题是葡萄牙殖民地与萨摩亚问题。前者的出现是由于1898年夏初，德国突然插手英国和葡萄牙之间的殖民地谈判，要求英国以葡萄牙在非洲的关税收入为抵押，对德国允许英国向葡萄牙提供一笔贷款进行补偿。英国首相兼外交大臣索尔兹伯里在谈判中对德国的诉求进行了坚决抵制。萨摩亚问题的起因则是1899年，位于太平洋的萨摩亚群岛发生内乱。③德国对英、美两国利用海军优势，操控各自中意的傀儡候选人牟取利益的行为大为不满，要求英国予以补偿，威廉二世与毕洛夫的态度很强硬：如果萨摩亚问题得不到令德国满意的解决，就直接暂停与英国的外交关系。④其目的显而易见，就是利用谈判对英国实施外交讹诈，在上述殖民地利益纠纷中，获得更多的利益让步。谈判期间，威廉二世在给哈兹菲尔德的指示中直言不讳地指出：德国不能轻易同意英国的让步，必须得到"萨摩亚群岛、加罗林群岛，如有可能还要加上菲律宾群岛中的一个岛屿"。⑤此外，德国也将与英国的谈判视作施压俄国的筹码。1898年5月10日，威廉二世在信中以英国已经同意加入三国同盟，并且正在推动将同盟范围扩大到美、日两国，向沙皇发出威胁，询问沙皇，"如果我选择拒绝（英国的建议），你能够为我提供什么或做什么"。⑥而索尔兹伯里则从一开始就对英德谈判持消极态度。作为与俾斯麦一样精于利益算计、深谙国际政治权力斗争机理的老练外交谈判专家，索尔兹伯里认为与德国的协

---

① H. W. Koch, "The Anglo-German Alliance Negotiations: Missed Opportunity or Myth?", History, Vol. 54, No. 182, 1969, pp. 378-392.
② Norman Rich, *Friedrich von Holstein: Policies and Diplomacy in the Era of Bismarck and Wilhelm II*, Vol. 2, Cambridge: Cambridge University Press, 1965, p. 598.
③ 19世纪80年代以来，萨摩亚始终处于英国、德国和美国三种势力角逐的状态下。
④ Ivo Nikolai Lambi, *The Navy and German Power Politics 1862-1914*, London: Allen & Unwin, 1984, p. 176.
⑤ [美] 诺曼·里奇：《大国外交：从拿破仑战争到第一次世界大战》，吴征宇、范菊华译，中国人民大学出版社2015年版，第311页。
⑥ [美] 诺曼·里奇：《大国外交：从拿破仑战争到第一次世界大战》，吴征宇、范菊华译，中国人民大学出版社2015年版，第311页。

调价值有限,因此丝毫不愿在谈判中妥协于德国的讹诈。经过艰难的讨价还价,双方分别于 1898 年 8 月 30 日、1899 年 11 月 14 日关于两个问题达成了协议。①

第一次英德战略协调显然是英国占据了上风,索尔兹伯里政府以非常微小的代价,换取了德国在布尔战争中的公开中立,一定程度上缓和了"孤立"状态给英国带来的压力。德国那边,虚张声势的恐吓与频繁使用的讹诈,最终收获的只是一些用以满足海外扩张虚荣心、战略与经济价值有限的殖民地。不仅没有达到预期目标,咄咄逼人的海外利益野心也引起了英国的严重不满和猜疑。

2. 第二次战略协调

第二次战略协调的内容包括张伯伦的结盟建议与英德《扬子江协定》。1899 年 11 月,张伯伦在莱切斯特进行的一次著名演说中,再次对英德结盟的价值进行了鼓吹,② 呼吁在日耳曼民族和盎格鲁-撒克逊两大民族的三个国家之间(英、德、美),建立一个"新的三国同盟"。可以说第二次英德结盟谈判只是一次来自张伯伦的私人倡议,向德国传达的信息并未得到索尔兹伯里的同意。毕洛夫对张伯伦的此次建议依然采取了消极态度,在 12 月 11 日对帝国议会的陈述中,毕洛夫强调:尽管德国渴望与英国和平相处,但是两国关系的未来发展是不确定的,因此防御来自海上和陆上的突然袭击,尤其是建立一支强大的舰队是德国政策的重中之重。③ 毕洛夫以官方声明的方式拒绝了张伯伦的提议,究其原因,其一是出于国内政治因素的考虑,即迎合国内的反英情绪和支持"大海军"建设的势力。其二

---

① 根据第一个协议,德国人放弃对迪拉果阿湾的利益诉求,同时放弃对布尔人的支持。英国则同意与德国共同承担对葡萄牙的贷款义务,以及共同保护葡萄帝国其他部分完整。第二个协议的内容是:英国将乌波卢和萨瓦伊的权利转让给德国,作为回报,英国获得了汤加、萨维奇群岛、所罗门群岛部分岛屿,以及非洲的多哥地区。关于这两个问题的详细描述,参见 Robert K. Massie, *Dreadnought: Britain, Germany, and the Coming of the Great War*, London: Vintage Books, 2007, pp. 257-287;[英] A. J. P. 泰勒《争夺欧洲霸权的斗争:1848—1918》,沈苏儒译,商务印书馆 1987 年版,第 418—449 页。

② 一种公认的解释是将张伯伦此次演讲的原因,归结于毕洛夫在 1899 年 11 月陪同德皇访问英国期间,曾建议张伯伦就英、德、美三国的共同利益发表一份公开声明。参见 [英] A. J. P. 泰勒《争夺欧洲霸权的斗争:1848—1918》,沈苏儒译,商务印书馆 1987 年版,第 436 页。

③ [美] 诺曼·里奇:《大国外交:从拿破仑战争到第一次世界大战》,吴征宇、范菊华译,中国人民大学出版社 2015 年版,第 313 页。

海军竞赛与英德全面对抗的生成（1900—1912年）

是德国政治领导人死守要求得到正式保证的立场，尤其关注英国是否同意在一场欧陆大战中保持中立。[①] 此举产生了极其深远的不良影响，不仅使得张伯伦在英国内部颜面扫地，形象大打折扣，彻底得罪了这位英国政府内部对推动两国战略协调最为积极的高级官员，而且严重挫伤了英国政府内部其他亲德派官员的积极性，损害了英德进一步合作的基础。

结盟谈判失败后，英德又围绕在华势力范围划分进行了谈判，并最终达成了《扬子江协定》，该文件是两国第二次战略协调仅存的成果。谈判的背景是1900年义和团运动爆发后，列强掀起了新一轮瓜分中国的狂潮，英国的在华利益面临俄国、日本等国的强力威胁。[②] 张伯伦在1900年的一份备忘录中表达了英国的战略需求，即英、德在中国或其他地区进行合作，将德国挡在俄国前进的道路上，同时规避德国投向法俄联盟的危险。[③] 此时德国也有与英国合作的意愿，1900年8月22日，威廉二世在与英国威尔士亲王的会晤中提出，德国可以支持英国"门户开放"的政策。10月16日，英德两国在谈判后签署《扬子江协定》。主要内容是：规定两国在维护中华帝国领土完整和保证中国"门户开放"方面相互支持。英国的关切是"门户开放"原则在中国全境，特别是东北三省的适用。但是毕洛夫担心这不仅会引起俄国的敌意，而且会在未来束缚德国的行动自由，导致德国在中国"为他人卖命"，[④] 拒绝同意条约内容涉及与俄国扩张关系密切的直隶及东北三省。《扬子江协定》的签订并未对俄国的扩张产生明显的限制作用，俄军总司令仍然于11月8日胁迫驻沈阳的中国盛京将军增祺与其秘密签订《奉天交地暂且章程》（又名《阿历克谢耶夫—盛京将军协定》）。根据规定：盛京的清军一律缴械和遣散；俄军控制盛京后，清政府设置的

[①] Henry Kissinger, *Diplomacy*, New York: Simon & Schuster, 1995, p. 186.
[②] 沙皇俄国在1898年3月与5月先后强迫清政府签订《中俄旅大租地条约》及续约。义和团运动爆发后，俄国参与八国联军侵华军事行动，又出兵占领东北三省，意图实现领土侵吞。日本在八国联军侵华中，共派出战舰20艘，海军陆战队540人，陆军20300人，同时出兵福建厦门。相关内容参见胡绳《中国共产党的七十年》，中共党史出版社1991年版。
[③] George W. Monger, *The End of Isolation: British Foreign Policy, 1900-1907*, London: Thomas Nelson and Sons Ltd., 1963, p. 15.
[④] ［美］诺曼·里奇：《大国外交：从拿破仑战争到第一次世界大战》，吴征宇、范菊华译，中国人民大学出版社2015年版，第314页。

盛京将军仅有权设立马步巡捕，且人数、武器等还需要征得俄国同意。① 实质是完全确立了俄国对盛京的排他性占领。因而这一条约对英国的价值便变得微不足道，索尔兹伯里讽刺该条约"无用，但也无害"。②

3. 第三次战略协调

大量研究成果已经证实了第三次战略协调，完全是德国驻英大使馆一秘埃卡德斯坦因（Eckardstein）人为制造的一次外交误会。1901年3月18日，在埃卡德斯坦因的误导下（他向国内汇报英国希望与德国结成全面防御性同盟），德国政府开启了与英国的最后一次结盟谈判。英国在谈判中的立场是通过与德国在摩洛哥等具体问题上达成协议，共同抵制法国1901年以来在摩洛哥的快速渗透。但是毕洛夫认为德国没必要与英国在具体问题上进行合作，除非英国承诺与德国全面结盟，因为他始终坚信英法矛盾根深蒂固，不可能相互妥协。③ 更为重要的是，德国要求英国付出的代价是同时承担保卫德、奥、意三国的义务。④ 尽管英国新任外交大臣兰斯多恩也有与德国建立友好关系的意愿，⑤ 但是并不认为英国的战略处境已经恶化到需要完全放弃行动自由的地步，因而先后两次拒绝了德国的建议。⑥ 在英国做出政策选择的过程中，首相索尔兹伯里始终作为坚定的反对者，发挥了关键作用。1901年5月29日，索尔兹伯里在一份备忘录中，为英德结盟谈判正式画上了句号，"保卫德国和奥地利边界不受俄国攻击的义务，远大于保卫不列颠群岛不被法国攻击的义务。显而易见，这宗交易对英国是不利的。哈兹菲尔德警告英国将面临'孤立'的危险……但是除了拿破仑在位期间，我们甚至从未感受过危险。因此，我们无法判断'孤立'包含着什么样的危险，为了防范我们没有历史理由相信存在的危险，

---

① 王铁崖编：《中外旧约章汇编》（第一册），生活·读书·新知三联书店1957年版，第978—979页。

② George W. Monger, *The End of Isolation: British Foreign Policy, 1900-1907*, London: Thomas Nelson and Sons Ltd., 1963, p. 15.

③ 徐弃郁：《脆弱的崛起：大战略与德意志帝国的命运》（修订版），新华出版社2014年版，第193页。

④ Paul M. Kennedy, *The Rise of the Anglo-German Antagonism 1860-1914*, London: George Allen & Unwin, 1982, p. 246.

⑤ 兰斯多恩为亨利·佩蒂-菲茨默里斯（Henry Petty-Fitzmaurice）的代称，因其承袭第四代兰斯多恩侯爵而得名。

⑥ 第二次是4月23日，哈兹菲尔德建议英国加入三国同盟，德国将为整个英帝国提供保护。

要承担新的繁重义务是不明智的……但这些绝不是反对英德结盟最重要的原因……英国政府不能承诺出于任何目的宣战，除非获得选民的同意。如果政府答应对一个不符合公众舆论的目标宣战，那么协议将被否决，政府将失去合法性"。①

（二）英德战略协调失败的原因

三次战略协调的失败深刻暴露了两国利益需求的重大差异，本质上折射出英德战略协调基础的脆弱，即英、德在欧洲之外并没有令双方满意的、有重大战略价值的利益交会点可供交易。不同的利益诉求掺杂着战略误判，导致了两国的谈判是在一种同床异梦的状态下进行，其结果并不令人意外。同时反映出的一个问题是，由于各国战略利益评估的巨大差异，即使英国已经准备好进行对外战略转型，但也很难在短时间内寻找到一个利益契合的合适战略伙伴。布尔战争之前英国的"孤立"某种程度上是一种主动战略选择，而布尔战争至英日同盟期间的"孤立"则是被迫接受的无奈现实。②

第一，从英国的角度来看：英国发起战略协调的目标是以一定的殖民利益让步为代价，寻找一个相互义务有限的战略伙伴，共同抵制俄国势力在远东的急剧扩张。换言之，英国对德国的定位只是在战略处境不利的状态下可以帮其分担部分海外压力的临时性工具。在这种认知背景下，一旦德国无法给予英国所期望的条件，抑或德国开出的"价码"高于英国的利益估值，合作自然无法达成。另外，此时的英国虽然已经基本确定了对外战略调整的大方向，但是"光辉孤立"的政策惯性对英国的战略决策依然具有极强的影响，完全变革这一传统尚需时日。德国的结盟要求对于英国而言显然跨步过大，这也是为什么虽然英国内部不乏与德国建立友好关系的支持者，但是真正推动英德结盟的只有张伯伦等少数高层官员，并且他们的政策建议始终没有得到官方支持和正式授权的原因之一。

---

① "Salisbury Memorandum", 29 May, 1901, cited from: Stephen J. Lee, Sean Lang and Jocelyn Hunt eds., *British Foreign and Imperial Policy, 1865-1919*, London and New York: Routledge, 2000, pp. 66-67.

② John Charmley, *Splendid Isolation? Britain, the Balance of Power and the Origins of the First World War*, London: Faber and Faber, 2009, pp. 211-212.

第二章 海上矛盾缘起与战略协调尝试（1884—1902年）

第二，从德国的角度来看，以德皇和毕洛夫为代表的德国政治精英对于英国以有限殖民地利益换取远东的合作兴趣不大，而认为英国的战略处境已经恶化到必须寻求德国帮助的地步。德国对英国的战略判断可以概括为以下几个方面：其一，英法、英俄矛盾不可协调，未来爆发战争的可能性极大。其二，德国应当采取在英国和法俄联盟之间两面下注的"中间路线"，与英国和法俄同盟同时保持若即若离的关系，同时向双方展示德国的"同盟价值"，实现利益最大化。其三，恶化的战略处境造成英德利益需求关系不对等，英国急需德国的帮助。德国可以借此施压英国同意结成正式同盟，并在海外利益等领域给予足够补偿。总而言之，德国把战略协调谈判当作英国主动向德国靠拢，以寻求帮助的信号。因此在谈判中始终坚持强硬态度，希冀借此对英国进行利益讹诈，迫使英国进行更多的让步。

战略协调是"一战"前两国关系的重要分水岭之一。英、德丧失了在矛盾尚处于萌芽阶段，以有限的合作为契机，及时协调利益分歧，建立友好关系的一次宝贵的机遇，[①] 为未来几年两国关系的迅速恶化埋下了伏笔。这段历史，不仅没有拉近英德关系，反而增加了英国对德国权势野心的警惕和疑虑。一位英国内阁官员在1900年表示，"德国对英国的敌意，根本上来说，大于法国或者俄国，但是它还没有完全准备好（和英国敌对）"。[②] 德国在谈判中缺乏诚意、贪得无厌的讹诈行为，加深了英国政府内部对德国的不满，"内阁中曾经弥漫的亲德情绪开始衰落"。[③]

[①] 学界对这一问题的看法，经历了以下转变：早期的研究成果主要基于"一战"后埃卡德斯坦因出版的两卷本回忆录，由于其与英国政府官员拥有密切的私人联系，而且在书中有大量支持其观点的文件资料，因此这一时期的作品都认为：1898—1901年，英德一度接近形成正式同盟。三次英国结盟谈判的基础是两国彼此利益需求的契合。因此，未能与英国结盟是德国失去的一次机遇。随着"一战"档案的不断开放，这一观点已被学界所修正，新的材料证明英德结盟谈判更多的是英国部分官员采取的一种权宜之计，其中包含了很多战略误解和误判。双方利益的根本差异决定了英德结盟不可能成为现实。相关讨论参见 H. W. Koch, "The Anglo-German Alliance Negotiations: Missed Opportunity or Myth?", *History*, Vol. 54, No. 182, 1969, pp. 378-392; Paul M. Kennedy, "German World Policy and Alliance Negotiation with England", *The Journal of Modern History*, Vol. 45, No. 4, 1973。

[②] "Chirol to Amery", 19 June, 1900, cited from: Paul M. Kennedy, *The Rise of the Anglo-German Antagonism 1860-1914*, London: George Allen & Unwin, 1982, p. 247.

[③] George W. Monger, *The End of Isolation: British Foreign Policy, 1900-1907*, London: Thomas Nelson and Sons Ltd., 1963, p. 29.

三 英日同盟的建立

德国强硬的态度最终将英国推向了日本。在寻求与德国合作失败后，兰斯多恩开始尝试与日本建立合作关系。对于英国而言，相比于德国，尽管日本在实力上相对欠缺，但是却与英国在远东的利益需要更为契合。日本自身在远东的利益需求可以成为其帮助英国抵御俄国的动力，而且日本也可以帮助英国保卫印度安全。[①] 对日本来说，迫于俄国在中国东北和朝鲜势力扩张带来的巨大压力，日本在1901年前后基本上放弃了寻求两国协调的可能性，下定决心与俄国进行利益角逐。[②] 在这种背景下，日本也希望获得英国的外交与财政支持，[③] 增加与俄国对抗的底气和资本。1902年1月20日，《英日同盟条约》正式签订。根据条约，英、日其中一国因中国或朝鲜半岛与第三国发生冲突，另一国保持中立；但若其中一国受到两个帝国的攻击，则另一国有给予援助的义务。[④]

1902年英日同盟的形成宣告了英德战略协调的彻底失败，这是"一战"前英国对外战略收缩迈出的第一步，是"自黎塞留与奥斯曼土耳其打交道以来，首次有欧洲国家向欧洲协调体系以外的国家寻求战略援助"。[⑤] 同时也是英国自克里米亚战争后第一次与其他国家结盟。作为历史的转折点，它更为深刻的意义是标志着英国终于接受了19世纪的有利条件已经远

[①] [英] A. J. P. 泰勒：《争夺欧洲霸权的斗争：1848—1918》，沈苏儒译，商务印书馆1987年版，第328页。

[②] 1901年1月，俄国施压清政府同意与其签署一份协议，将俄国的"势力范围"划定为长城以北、帕米尔高原以西与俄国接壤的地区，中国政府不得将这一地区权益让予其他国家并放弃在东北的铁道铺设权与关税自主权，作为俄国交还东北三省的条件。此举引起了英、日等列强的不满，在英国的支持下，日本于3月24日和4月5日两次向俄国发出通牒，表示为了在中国的扩张权益不惜与俄国一战的决心。这一事件最终以俄国宣布撤回上述诉求告终。参见冯玮《日本通史》，上海社会科学院出版社2012年版，第457页。

[③] 陈德海：《英国的"光辉孤立"政策与〈英日同盟〉的缔结》，《外交学院学报》1992年第2期。

[④] 王绳祖、何春超、吴世民编选：《国际关系史资料选编（17世纪中叶—1945）》，法律出版社1988年版，第352—355页。

[⑤] Henry Kissinger, *Diplomacy*, New York: Simon & Schuster, 1995, p. 188.

去的现实,开始了实质性的战略收缩与过度扩张调控。① 就盟约针对的具体事项而论,英国终于找到了一个可以在远东帮助其分担俄国压力,同时又不至于使其承担额外同盟义务的理想盟友。此后,英国的战略重点开始由海外迅速向欧洲聚焦,对外关系开始"化敌为友"和"化友为敌"的颠覆性转变。短短几年内,原本敌对的英法、英俄实现了海外利益协调,建立了协约关系,并最终演化为军事同盟。而原本并无重大利益纠葛的英德关系,则因德国海军的快速崛起迅速恶化。

小结

在英国霸权衰迹显现,大战略亟待调整的特殊历史背景下,德国海上力量的兴起成为英国不得不正视的一个急剧增长的潜在风险。德国的"海洋转型"进程,以俾斯麦履职后期德国走上殖民扩张道路为开端。这一时期英、德在殖民利益方面已经出现了摩擦,但整体而言,双方关系并没有在根本上出现恶化趋势,即使"克鲁格电报"事件曾经引发两国民间彼此厌恶情绪的爆发。威廉二世登基后,经过外交"新路线"和"世界政策"两大对外战略的多年积累,在1897年提尔皮茨掌舵海军后,通过1898年和1900年先后出台的两个《海军法案》,正式确立了基于"风险理论"快速扩张海军实力的大方向。

虽然德国海军在全速建设之初即将英国设定为"假想敌",并且直接威胁英国霸权的基础——海上绝对优势,而且英国已经关注到了德国海上力量的快速增长。但是此时的英国深陷与法国、俄国在东亚、非洲等地区的殖民地竞争中,特别是急需其他大国帮助抵挡俄国"南下"的势头,以捍卫在中国和朝鲜半岛等地区的利益,同时有效保护印度安全。鉴于与法国等列强的矛盾极深,以及英、德在历史上形成的战略合作传统。以殖民大臣约瑟夫·张伯伦为代表的内阁"亲德派"开始积极寻求与德国实现战略协调,甚至形成联盟。

双方利益关切的不同导致共同利益需求的缺乏,以及各自政府内部主

---

① Andrew Gordon, "The Admiralty and Imperial Overstretch, 1902–1941", *Journal of Strategic Studies*, Vol.1, No.17, 2008.

要首脑，如索尔兹伯里、威廉二世、毕洛夫等对对方的不信任，双方的战略协调仅取得了《扬子江协定》等少数无足轻重的成果，在决定两国战略关系定位的结盟谈判中不仅未能取得突破性进展，反而产生了更大的嫌隙。英德战略协调的失败也打击了英国内部的"亲德"力量，为两国在未来几年的交恶埋下了伏笔。

1902年英日同盟的建立，标志着英国战略收缩的全面开始。英国终于找到了一个可以在远东帮助其分担俄国压力，同时又不至于使其承担额外同盟义务的理想盟友。此后，英国的战略重点开始由海外迅速向欧洲聚焦，对外关系开始"化敌为友"和"化友为敌"的颠覆性转变。在这样的背景下，德国海军快速扩张问题之于英国的重要性迅速凸显。

第三章　海军部对德国海军扩张威胁的初步评估（1900—1904 年）

> 德国海军的扩张没能逃过负责相关事务人士的火眼金睛……我们必须为北海控制权而战，就像我们在 17 世纪几次英荷战争中所做的那样。[①]
> ——时任（1902 年）英国海军情报主管库士坦（Custance）

英日同盟建立后，在短短的几年时间内，英国对外战略与英德关系均发生了沧海桑田的变化。传统的解释认为，从 1902 年开始，英国就意识到了德国海军对其海上霸权的威胁，开始采取强力措施加以制衡，英日同盟、《英法协约》与《英俄协约》最终构筑起了针对德国的"战略包围圈"。[②] 这一解释固然抓住了双方的主要矛盾及其结果，但是未能充分解释这种变化发生的过程。一方面，在 20 世纪初英国的战略处境中，法俄联盟是其首要对手，德国只是不时制造麻烦、需加以警惕的潜在挑战国。英国在 1901 年尚在与德国商谈战略协调事宜，1902 年却突然将霸权护持的注意力转向德国，显然是不能令人信服的。即使 1902 年英日同盟成立后，英国政府还曾邀请德国加入，并在其后的英法殖民地问题谈判前邀请德国共同介入摩洛哥事务，但两次均遭到了德国拒绝。[③] 另一方面，尽管德国海

---

① Paul M. Kennedy, *The Rise and Fall of British Naval Mastery*, London: Allen Lane, 1976, p. 352.

② David J. Gregory, *The Lion and the Eagle: Anglo-German Naval Confrontation in the Imperial Era 1815-1919*, Oxford: David Gregory in conjunction with Writersworld, 2012; Graham Allison, *Destined for War: Can America and China Escape Thucydides's Trap?*, Boston and New York: Houghton Mifflin Harcourt, 2017.

③ ［英］温斯顿·丘吉尔：《第一次世界大战回忆录 1：世界危机（1911—1914）》，吴良健译，译林出版社 2013 年版，第 11 页。

军从 1897 年开始进行扩建，但是由于其起点较低，在 1906 年"无畏舰"革命引发英德海军竞赛前，德国尚不足以对英国构成实质性威胁，理论上并不需要英国以颠覆性的战略调整进行制衡。英国海军史学者兰伯特在对双方海军实力进行对比考证的基础上指出，"在 1905 年前后的许多年里，皇家海军（整体规模和实力）是德国舰队的 3—4 倍"，英国以少量的战列舰建造，即可保护自身安全。① 兰伯特将原因归为费舍尔本人对德国威胁程度的夸大与鼓吹，有意隐藏了皇家海军的真实实力和海军政策的意图。② 这一观点对于本书具有一定的启发，但是其中的问题是过于突出和放大了个人特质在其中发挥的作用。须知，费舍尔本人只是英国政治体系中一个军事部门之首脑，个人作用需要在合适的环境下，借助海军部这个平台方能以发挥。因此，笔者在此基础上进行了修正，本章将考察对象从宏观的国际格局转向英国国内，聚焦于英国国内政治中一个特殊群体——海军部。研究重点是海军部（代表皇家海军整体）对德国海军扩建的威胁认知经历了怎样的变迁过程。通过系统分析研究海军部威胁认知的变迁，为下一章讨论作为"一战"前英国对外政策制定中的重要一环的皇家海军，是如何将自身的威胁认知进行扩散，从而影响国家整体性威胁认知和战略选择等问题提供知识铺垫。

理解皇家海军的战略行为，必须首先准确把握并立足于海权之于英国的特殊意义。海权是英帝国几个世纪以来最为倚重的立国基础，③ 皇家海军作为一支特殊的武装力量，既是英国霸权地位的象征，又是保卫英国本土与海外利益安全的坚实屏障，同时也是"英国政治家手中挥舞的武器"。④

---

① Nicholas A. Lambert, *Sir John Fisher's Naval Revolution*, South Carolina : University of South Carolina Press, 2002, p. 8.

② Nicholas A. Lambert, *Sir John Fisher's Naval Revolution*, South Carolina : University of South Carolina Press, 2002, p. 8.

③ 马丁·怀特总结了掌握海权的国家所拥有的优势：第一，可以使一国在选定的敌国领土登陆和驻扎自己的军队；第二，使一国能够在必要时撤出军队，以执行在其他地方的作战任务；第三，制海权是历次以海上大国为首的大联盟挫败历次欧陆支配大国的决定性军事因素；第四，优势海军力量可以切断对方所有的海上贸易。参见［英］马丁·怀特：《权力政治》，宋爱群译，世界知识出版社 2004 年版，第 37 页。

④ Barry Gough, *Hillchill and Fisher: Titans at the Admiralty*, Barnsley: Sea Forth Publishing, 2017, p. xxv.

纳尔逊有句名言,"英国军舰组成的舰队就是欧洲最出色的谈判家"。① 保罗·肯尼迪使用"海上主导权"(Naval Mastery)一词,以便更为清晰直观地呈现英国海权的优势,凸显这种权力地位的"垄断性"和"排他性"。所谓海上主导权,即"一国将它的海上权力发展到超越任何对手的情形,也是指一国具备在远离本土水域行使这种控制权的能力。在这种情形下,如果没有该国的默许,其他国家很难从事海上行动或贸易。虽然这种情形并不意味着一国拥有超越其他国家海军力量总和的军事实力……但是这种情形确实意味着该国拥有一支在总体上占优势的海军力量,以至于它在海外遭受的任何失败,都很快将会被它所派出的一支足以消除敌人威胁的舰队而扭转"。② 在这个意义上,海军是英国推行对外政策、威慑潜在敌国、参与国际事务和平衡欧陆格局、积极发挥国际政治影响力的武力保障。马汉曾经指出,正是拥有了强大的海权,英国的"国土遍布她的舰队可以到达的任何地方"。③ 20世纪初,皇家海军的职能可以概括为以下三项:第一,防范海上外来入侵,主要措施包括:控制通往不列颠群岛的浅海——北海,④ 以及防止荷兰、比利时等低地国家被某一欧陆强国占领;⑤ 第二,控制本土与殖民地之间的联系通道,尤其是经由地中海进入印度的战略要道;第三,保卫帝国繁荣所高度依赖的全球贸易体系安全。⑥

一 海军部与英国政府

海军部是皇家海军的最高指挥机构,代表着国王和议会的权威。⑦ 这

---

① [英] 马丁·怀特:《权力政治》,宋爱群译,世界知识出版社2004年版,第37页。
② Paul M. Kennedy, *The Rise and Fall of British Naval Mastery*, London: Allen Lane, 1976, p. 9.
③ Alfred Mahan, *The Influence of Sea Power upon History 1660-1783*, Boston: Little Brown, 1890, p. 320.
④ Gerald S. Graham, *The Politics of Naval Supremacy: Studies in British Maritime Ascendancy*, New York: Cambridge University Press, 1965, p. 23.
⑤ Paul M. Kennedy, *The Rise and Fall of British Naval Mastery*, London: Allen Lane, 1976, p. 236.
⑥ Nicholas A. Lambert, *Sir John Fisher's Naval Revolution*, South Carolina: University of South Carolina Press, 2002, p. 15.
⑦ Arthur J. Marder, *From the Dreadnought to Scapa Flow, Volume I: The Road to War 1904-1914*, Oxford University Press, 1961, p. 19.

一机构的领导中枢是一个以海军大臣（the First Lord）为核心的委员会。借用丘吉尔的概括，海军大臣就是"向国王和议会负责，统管海军部所有事务的大臣"；① 海军部委员会成员由海军大臣提名任命，向海军大臣负责。海军大臣的任命体现了文官控制军队的军政关系原则。自19世纪以来，海军大臣均由文官担任，这一传统在"一战"前的英国已经根深蒂固。② 从组织结构来看，海军部委员会其他成员包括四位海务大臣（均由现役海军将领担任）、两位文官大臣和两位秘书。1904年，费舍尔对四位海务大臣的负责领域进行了重新分工，结束了此前各成员地位和责任混乱不明的局面。根据新的调整：第一海务大臣（the First Sea Lord）是海军军官团的首脑和海军大臣的首席军事顾问，负责舰队的作战和出航效率；第二海务大臣负责舰队人事和日常训练；第三海务大臣负责军械，主要职责为舰艇设计和舰载武器研发等；第四海务大臣负责运输和仓储。两位文职大臣负责海军工厂、建筑和格林尼治海军医院等。两位秘书为议会与财政秘书和海军部常设秘书，二者均为文职岗位。前者由一名下院议员担任，负责海军预算等财政事务，后者主要负责海军部内部办公机构的管理和联络工作，肩负上传下达的职责。③ 海军部的基本工作原则是一切事务以海军大臣为中心。虽然海军大臣的文官背景往往导致其对技术性的海军事务所知有限，需要在军人大臣的协助下开展工作，但是包括第一海务大臣在内的所有海军军官，在做出战略决策和制定具体政策的过程中都会尽力获得海军大臣的支持，④ 哪怕是作风强势、不拘泥于传统束缚的费舍尔也未出其外。

上述组织设计和工作原则不仅保证了议会和内阁对皇家海军的绝对领导地位，同时，密切的协作关系也极大地增加了海军部内部的凝聚力。尤其是作为文官的海军大臣与代表海军军官团的第一海务大臣之间的良性合作，往往能够使得皇家海军各项事务高效运转，"在有艰巨战斗任务的政

---

① ［英］温斯顿·丘吉尔：《第一次世界大战回忆录1：世界危机（1911—1914）》，吴良健译，译林出版社2013年版，第51页。

② Arthur Marder, *The Anatomy of British Sea Power: A History of British Naval Policy in the Pre-Dreadnought 1880-1905*, New York: Octagon Books, 1976, "A Note on the Board of Admiralty".

③ Arthur J. Marder, *From the Dreadnought to Scapa Flow*, Volume I: *The Road to War 1904-1914*, Oxford University Press, 1961, p. 20.

④ Arthur J. Marder, *From the Dreadnought to Scapa Flow*, Volume I: *The Road to War 1904-1914*, Oxford University Press, 1961, p. 19.

府部门中，必然要有政治权威和专业权威的结合。一位强有力的第一海务大臣要施行充满活力的政策，必须有海军大臣的支持，只有后者能够支持他和保护他，他们联合起来，权威才能倍增。当他们都是有效率的因素时，每一方都可以向对方提供其他一些十分重要的帮助。两者工作协调，双方的效率都能倍增"。① 例如1904—1905年的塞尔伯恩—费舍尔组合与1908—1910年的雷吉纳德·麦肯纳（Reginald McKenna）—费舍尔组合即属此类。其中的关键问题在于作为首脑的海军大臣是否具备与身为职业军人的首席顾问沟通与协作的能力，以及双方在性格和行事作风方面是否能够相互包容。1914—1915年的丘吉尔—费舍尔组合，就属于双方无法合作的典型例子。相近的强势个性与独揽性的工作风格，使得二人在共事期间矛盾重重，尽管双方此间私交甚笃且彼此欣赏。

二 海军建设的困境

美国学者亨廷顿认为，在任何社会，军事制度都由两方面的因素所塑造：源于应对社会安全威胁的功能必要性（军事功能），以及反映特定社会环境（如社会价值观、占主导地位的意识形态等）的社会必要性（社会功能）。② 在20世纪初大国竞争日益激化，特别是德国海军在北海快速崛起的背景下，英国海军部所面临的最大困难在于如何在满足军事与社会两种功能需要之间找到一个平衡点——在面对政府的经济限制，军费有限的情况下，既能够应对来自德国的海上挑战，同时又可以有效缓解国内政治和社会力量对扩军备战造成的压力。这一角度有助于理解1900—1914年海军部的威胁认知，以及由此采取的一系列相关政策。

（一）军事能力建设难题

前文已对皇家海军之于英国国家安全的极端重要性有过论述，在此不做赘述。基于此，如何在和平时期，保持皇家海军遏制外部威胁，以及应

---

① ［英］温斯顿·丘吉尔：《第一次世界大战回忆录1：世界危机（1911—1914）》，吴良健译，译林出版社2013年版，第54页。
② Samuel P. Huntington, *The Soldier and the State: The Theory and Politics of Civil-Military Relations*, Boston: Harvard University Press, 1957, p. 2.

对突发事件的有效作战能力,是海军部最为重要的职责所在。简言之,即满足军事功能需要加强军事能力建设。尽管海军部从1889年《海军法案》之后,就已经开始加大军力建设方面的投入,但由于在19世纪漫长的"不列颠治下的和平"时期承平日久,加之海军因历史上的辉煌战绩而形成的保守倾向短时间内难以大幅度改变,① 海军作战能力建设依然滞后于日益增加的外部挑战。发表于1902年《布雷西亚海军年鉴》的一篇文章甚至夸张地指出,"不得不承认的一个巨大落差是,我们已经失去了优势地位,而且明显还在向下滑落"。② 在1904年费舍尔开启全面改革之前,除了偶尔的国际危机和为数不多的几次有限战争,皇家海军官兵像正在度过一个悠闲而漫长的假期,③ 军事能力建设存在着诸多弊病。这种状况对于20世纪初面临多元挑战压力的英国而言,其危险性不言而喻,尤其是在德国开始大规模扩建海军,在北海陈列大量战列舰的背景下。毫不夸张地说,"一战"爆发前的14年,提升整体军事能力是海军部各项政策的中心主题。④ 在这一历史阶段,海军部始终致力于将顽固保守、骄傲自满、故步自封的"后维多利亚时代"皇家海军,打造成高效的作战工具。⑤ 具体来说,当时的皇家海军存在着以下四方面无法回避的重大缺陷。

第一,作战准备不充分。19世纪的大部分时间里,皇家海军的优势地位无可撼动,导致一些海军高层军官对海战武器与战术的变化麻木不仁,⑥

---

① 1906年4月20日的《泰晤士报》对此有过非常精辟的评论,"英国海军非常保守,执着于传统,在精神上与它辉煌的过去融为一体,而且对任何可能破坏传统的革新都持怀疑态度"。参见 *The Times*, 20 April, 1906 in The Times Digital Archive 1785-2012, https://go.gale.com/ps/navigateToIssue? u = peking&p = TTDA&mCode = 0FFO&issueDate = 119020203&issueNumber = 36681&loadFormat = page。

② Kenneth L. Moll, "Power, and Panic: Britain's 1909 Dreadnought 'Gap'", *Military Affairs*, Vol. 29, No. 3, 1963.

③ Arthur J. Marder, *From the Dreadnought to Scapa Flow*, Volume I: *The Road to War 1904-1914*, Oxford University Press, 1961, p. 10.

④ David Morgan-Owen, "A Revolution in Naval Affairs? Technology, Strategy and British Naval Policy in the 'Fisher Era'", *Journal of Strategic Studies*, Vol. 7, No. 38, 2015.

⑤ David Morgan-Owen, "A Revolution in Naval Affairs? Technology, Strategy and British Naval Policy in the 'Fisher Era'", *Journal of Strategic Studies*, Vol. 7, No. 38, 2015; Arthur J. Marder, *From the Dreadnought to Scapa Flow*, Volume I: *The Road to War 1904-1914*, Oxford University Press, 1961, pp. v, 343.

⑥ Robert K. Massie, *Dreadnought: Britain, Germany and the Coming of the Great War*, London: Vintage Books, 2007, p. 386.

第三章 海军部对德国海军扩张威胁的初步评估（1900—1904 年）

并没有及时对日常军事训练内容作出更新。皇家海军的训练更像是一种例行公事的仪式，而不是为了提升即战力和为未来战争做准备。首先，训练内容过时。自 1855 年世界海军发展进入"铁甲舰时代"以后，① 在两次工业革命的赋能下，海军技术发展日新月异。随着蒸汽动力、电力技术和液压机械等工业技术成果被广泛应用于战舰及舰载武器，风帆战舰在 19 世纪 90 年代已经彻底退出历史舞台。然而在 20 世纪初，皇家海军的训练内容仍然停留在风帆时代的队列阵形训练，注重形式演练而忽视在新的技术条件下及时提升海军官兵熟练驾驭新式战舰、娴熟操作新式舰载武器等综合素质。1902 年，费舍尔在刚加入海军部委员会时，就对此提出了辛辣的批评，"皇家海军还停留在使用弓箭的时代"。② 一位海军将领回忆："舰队训练采取的是像四对舞步那样的运动方式，所有舰艇保持一致航速，严格按照信号手册中的几何阵形机动训练，完全忽视了舰炮和鱼雷的火力，只注重训练的精密准确，实在是疯狂的举动"。③ 其次，实战训练不被重视。1902 年，时任海峡舰队司令查尔斯·贝勒斯福德（Charles Beresford）提到，在职业生涯中，他的全部战术训练就是指挥 3 艘战舰进行了合计 5 个小时的机动训练。④ 海军上将彭罗斯·菲茨杰拉德（Penrose Fitzgerald）在多年后进行了反思，"毫无疑问，现役战舰远超旧式木质战舰，但是那些老旧过时的木质战舰依然造就着我们的水手"，"我们似乎对事实视而不见：他们对于一艘当代战舰的效率提升毫无价值"；⑤ 高速航行和实弹炮术射击演练也是在这一时期才陆续开始。在高速航行训练伊始，舰队很难完

---

① 根据学界的共识性观点，"铁甲舰时代"的时间界限是 1855—1905 年。起点是 1855 年法国炮击金伯恩炮台所使用的"潜水炮艇"，终点是 1905 年出现的用统一口径主炮武装的"无畏舰"出现。铁甲舰的三个显著特征是：包装装甲的躯壳、蒸汽动力系统和作为主要武器的可发射爆炸弹的大炮。参见 [英] 理查德·希尔《铁甲舰时代的海上战争》，谢江萍译，上海人民出版社 2005 年版，第 16—20 页。
② Kenneth L. Moll, "Power, and Panic: Britain's 1909 Dreadnought 'Gap'", *Military Affairs*, Vol. 29, No. 3, 1963.
③ Arthur J. Marder, *From the Dreadnought to Scapa Flow, Volume I: The Road to War 1904-1914*, Oxford University Press, 1961, p. 8.
④ Arthur J. Marder, *From the Dreadnought to Scapa Flow, Volume I: The Road to War 1904-1914*, Oxford University Press, 1961, p. 7.
⑤ Robert K. Massie, *Dreadnought: Britain, Germany and the Coming of the Great War*, London: Vintage Books, 2007, pp. 385-386.

成高速航行任务，仅能以 12 节/小时的航速航行且故障频出。① 而炮术训练则被当时的海军将士当作累赘对待。由于缺乏远程射击必要的火控设备，训练中的火炮射程只有 2000 码，与纳尔逊时代相差不大，1902 年，皇家海军的整体命中率还不到三分之一。而且由于火炮射击会弄脏舰身油漆，所以每次都会为尽快结束而草草收工了事，甚至存在将训练用的弹药直接扔进大海的现象。② 此外，皇家海军迟至 1902 年才将远程射击作为日常训练项目，此前的多年均以近程（1300 码以内，约 1.26 公里）射击为训练原则，并未认真考虑鱼雷等新兴技术对近距离作战的限制。③ 最后，系统作战计划缺失。在 19 世纪 90 年代的大部分时间里，皇家海军并没有清晰明确的作战计划，以至于在突发性国际危机面前陷入被动局面。1893 年地中海局势紧张之际，皇家海军却未能给地中海舰队提供具体的作战计划，遭到了舰队高级军官的多次抱怨。④ 直到 1898 年法绍达危机，皇家海军才制定了第一份详细作战计划。⑤

第二，本土防御存在严重隐患。本土防御事关国家存亡，始终是皇家海军极为重视的问题。1903 年本土防御调整之前，英国的海上力量主要分散部署在本土之外，海军现状与当时流行的"马汉主义"军事学说之核心"舰队集中"原则完全相悖，严重影响到了英国本土安全。整体来看，当时仅有海峡中队和一支预备役中队共同承担本土防御任务，尽管海峡中队全年处于满员状态，而且拥有最为先进的战列舰和装甲巡洋舰（数量仅次于地中海舰队），⑥ 但是由于其承担着在特殊时期支援地中海舰队的义务，因此时常不在本土海域。例如 1900 年，海峡中队有三分之二的时间在爱尔

---

① David J. Gregory, *The Lion and the Eagle: Anglo-German Naval Confrontation in the Imperial Era 1815-1919*, Oxford: David Gregory in conjunction with Writersworld, 2012, pp. 143-144.

② Arthur J. Marder, *From the Dreadnought to Scapa Flow*, Volume I: *The Road to War 1904-1914*, Oxford University Press, 1961, p. 8.

③ Arthur Marder, *The Anatomy of British Sea Power: A History of British Naval Policy in the Pre-Dreadnought 1880-1905*, New York: Octagon Books, 1976, p. 386.

④ Arthur J. Marder, *From the Dreadnought to Scapa Flow*, Volume I: *The Road to War 1904-1914*, Oxford University Press, 1961, p. 8.

⑤ Paul Haggie, "The Royal Navy and War Planning in the Fisher Era", *Journal of Contemporary History*, Vol. 8, No. 3, 1973.

⑥ Matthew S. Seligmann, "A Prelude to the Reforms of Admiral Sir John Fisher: The Creation of the Home Fleet, 1902-3", *Historical Research*, Vol. 83, No. 221, 2010.

兰和西班牙附近海域活动。① 一旦海峡中队离开，用于海上作战的本土防御力量则只剩预备役中队。然而这支部队的军事能力存在严重不足，组织和职能分工颇为混乱：该舰队由9艘老式战列舰和若干海岸警卫船只组成，战列舰上通常只有三分之二的舰员在岗，平时被分散在英国海岸各港口内，每年一次（10—12天）补充舰员和短时间航行。而海岸警卫船只的人员同样不稳定。1900年12月，预备役中队的一位将领在呈递给海军部的一份报告中指出：军官与士兵的持续性变动应当引起重视，每6个月，平均44%的人员就会发生轮换，这一数字在部分舰只上甚至达到59%。② 人员的大规模频繁轮换，在影响舰员形成对所在舰艇的认同之外，还导致了他们需要不断适应和熟悉新的工作环境，难以形成对某一舰艇稳定的操作经验。除此之外，海岸警卫船只所承担的职能极为复杂广泛，进一步减损了实际战斗力。这些"地区军舰"的指挥官分散在全国各地的各个海军港口中，不仅负责监督对居住在此的预备队人员定期训练，还承担着检查各自地区的岸上海岸警卫队驻地以确保秩序良好的责任。甚至还需要在必要时与海关专员合作以保护关税收入，并与贸易委员会的代表合作执行海上搜救和渔业保护任务。③

第三，存在大量冗余舰艇。20世纪初，如何妥善处理大量过时的冗余舰艇是海军部面临的一个棘手问题。这些舰艇在种类上混杂了蒸汽时代之前的多种陈旧类型，包括大量过时的小型舰艇、巡逻艇等，被戏称为"捕虫器"，既无法与现代战舰进行海上战斗，缓慢的航速也使它们难以在一场海战中摆脱危险，非常有限的价值是承担警察职责和宣示英国主权。大量冗余舰船的存在，对皇家海军产生了两方面的不利影响：一是对这些军事低效甚至无效舰船的日常维护浪费了大量战略资源，加重了海军部的经济负担。二是众多经验丰富的优秀海军官兵被禁锢在陈旧、冗余的过时舰艇上，浪费了宝贵的人力资源。费舍尔在担任第一海务大臣后，表达了对

---

① Arthur J. Marder, *From the Dreadnought to Scapa Flow*, Volume I: *The Road to War 1904-1914*, Oxford University Press, 1961, p. 9.

② Matthew S. Seligmann, "A Prelude to the Reforms of Admiral Sir John Fisher: The Creation of the Home Fleet, 1902-3", *Historical Research*, Vol. 83, No. 221, 2010.

③ Matthew S. Seligmann, "A Prelude to the Reforms of Admiral Sir John Fisher: The Creation of the Home Fleet, 1902-3", *Historical Research*, Vol. 83, No. 221, 2010.

这种现状的深度忧虑:"海军的首要职责是时刻保持进攻敌人的战斗力,只有通过将我们的力量集中在具备无可争议的作战价值的舰艇上方能实现。淘汰过时舰艇刻不容缓!"①

第四,海军战略训练长期被忽视。皇家海军长期缺乏一个旨在提升现役军官,特别是中高级将领战略素养的可靠、稳定、科学的现代军官教育体系。1900年,以海军学院给海军中校和上校开始讲授战争课程为起点②,皇家海军才逐步建立起相对成熟的现代军官教育体系。但是战略训练不足的问题并没有因此得到根本性改善,尽管费舍尔本人和海军战略学家科贝特等人私交甚笃,然而在其主政海军部期间,主要关切还是海军军备和技术问题,对坚船利炮的追求几乎完全代替了对战略问题的研判。丘吉尔在成为海军大臣后第一时间注意到并指出了这个不足,"当我去往海军部时,我发觉那里对海军军官的专业训练一点也不重视,从来没有一个军官被责成读一本简单的有关海战的书,或者去参加极为粗浅的海军史考试。皇家海军对海军文献没有任何重大贡献。关于海军力量标准的著作是由一位美国海军将军写的,对英国海战和海军战略的最佳记述是由一位英国平民编写的。③'沉默的海军机构'并不是因为它专心致力于思索和研究才不说话,而是由于它被日常工作和许许多多日益复杂的技术压得喘不过气来才哑口无言的"。④

(二) 政府对海军发展的经济限制

由于战略资源的有限性,政府在统筹分配资源和利益时,不可能完全满足军事部门的所有要求。对军费过度投入势必会损害国家的经济和社会发展,甚至引发债务危机。因此,政府往往会倾向于对军费开支施加经济限制,设置"天花板",以此降低增长速度,缓解自身经济压力。

---

① Arthur Marder, *The Anatomy of British Sea Power: A History of British Naval Policy in the Pre-Dreadnought 1880—1905*, New York: Octagon Books, 1976, p.489.
② 最初设置的课程周期为8个月。1903年,调整为两个为期4个月的阶段,内容包括海军历史、战略战术和国际法。1908年费舍尔在课程内容中加入了对海军情报部下放课题的调查研究。该课程以人事任命的方式强制、带薪进行。
③ 指朱利安·科贝特的《海上战略的若干原则》。——笔者注
④ [英] 温斯顿·丘吉尔:《第一次世界大战回忆录1: 世界危机 (1911—1914)》,吴良健译,译林出版社2013年版,第63页。

第三章 海军部对德国海军扩张威胁的初步评估（1900—1904 年）

在 19 世纪的大多数时间内，这一问题并不突出（见第一章），直到 1880 年后，尤其是 1889 年《海军法案》颁布前后才逐渐尖锐，并且成为左右"一战"前英国海军政策走向的关键因素之一。《海军法案》及其中的重要内容——"两强标准"本身就是政府与海军部和"大海军主义"利益团体政治斗争的结果。① 海军部和政府围绕资源分配的利益分歧是贯穿其中的主要矛盾。海军部的高级军官群体意识到虽然海军技术快速变革，但是技术本身并不足以构成维持海上优势障碍，因为英国一流的工业生产能力和发达的船舶工业系统，足以满足海军需求。棘手的问题恰恰是政府和议会为维持这种优势提供充足资金支持的意愿。② 双方的矛盾因以下两方面的原因日趋尖锐。

第一，海军建设成本的大幅度提升，增加了海军部获取更多财政支持的需求。大致从 1880 年开始，随着其他欧洲列强开始海外扩张和发展本国海军力量，英国维持全球性海军优势的成本飞速提升。与此相伴的是海军技术变革增加了现代战舰的建造成本。1889—1904 年，战列舰的建造成本增幅超过一倍，而一级巡洋舰的成本增幅达到五倍以上。③ 在此期间，突飞猛进的技术变革显著加快了现役舰艇的淘汰速率。一艘战舰可以保持即战力的平均年限下降到 15 年甚至更少，④ 意味着海军必须投入更多的经费以跟进技术革新节奏，避免被对手拉开技术差距。上述两方面的合力作用，给海军部带来了巨大的成本负荷。以 1890—1904 年的数据为例，皇家海军在规模基本保持稳定的情况下，军费总开支增加超过一倍。资本支出（用于建造和升级战舰、船坞）从 490 万英镑/年，上升到 2660 万英镑/

---

① 从马德尔以物质和效率为两大核心关键词研究"一战"前英国海军政策以来，这一观点目前已成为学界共识。墨田淳哲郎和尼古拉斯·兰伯特在此基础上更进一步，将效率作为推动费舍尔海军技术改革的核心因素进行研究。参见 Arthur J. Marder, *From the Dreadnought to Scapa Flow*, *Volume I*: *The Road to War 1904-1914*, Oxford University Press, 1961; Ruddock Finlay Mackay, *Fisher of Kilverstone*, Oxford: Oxford University Press, 1974; Tetsuro Sumida, *In Defence of Naval Supremacy*: *Finance, Technology, and British Naval Policy, 1889-1914*, Boston: Unwin and Hyman, 1989; Nicholas A. Lambert, *Sir John Fisher's Naval Revolution*, South Carolina: University of South Carolina Press, 2002。

② Nicholas A. Lambert, *Sir John Fisher's Naval Revolution*, South Carolina: University of South Carolina Press, 2002, p.3.

③ Tetsuro Sumida, *In Defence of Naval Supremacy*: *Finance, Technology, and British Naval Policy, 1889-1914*, Boston: Unwin and Hyman, 1989, pp.29-30.

④ Nicholas A. Lambert, *Sir John Fisher's Naval Revolution*, South Carolina: University of South Carolina Press, 2002, p.3.

年，占总预算的比重也从 44% 上升为 64%，① 总预算增加了近 3 倍，1900 年的预算为 2752.2 万英镑，到 1904 年已经飙升到了 3689.9 万英镑。② 海军部为了在不断变化和充满不确定性的环境中保持作战能力，不断提出增加军费的要求，而与日俱增的海军经费增加了财政部门的压力，自然招致其反对与抵制，军政矛盾即由此不断升级。另外，社会压力也不容忽视。海军开支的大幅度增加也引发了社会不安，表现为一些媒体对该问题的质疑。例如《泰晤士报》在 1904 年 2 月 25 日的一篇文章中指出，"海军预算已经成为持续增长的沉重负担"。③

为了降低阻力，海军部经常利用海军事务较强的专业性门槛，使用一些模糊性、煽动性的语言表述政策需求、进行宣传动员，不仅使行政官僚难以准确掌握海军建设的实际需要，同时借助大众政治时代兴盛的社会力量，尤其是"说服"利益集团对政府施加压力，获取额外经费支持。④ 1884 年，名为《海军真相》的系列文章在英国国内引起轩然大波，唤起了一轮要求政府强化海军建设的呼声。作者列举了大量内部数据，以此证明皇家海军武装力量远不足以应对日益激化的挑战，从战列舰到鱼雷艇，几乎所有方面都存在短缺。事后被证实，作者是一位与海军部关系密切的新闻记者。⑤ "两强标准"则被一些学者视为海军部在军政博弈中的胜利。⑥ 因为这一标准只规定了英国的现代战列舰在数量上与其后两大海军强国相

---

① Tetsuro Sumida, *In Defence of Naval Supremacy: Finance, Technology, and British Naval Policy, 1889-1914*, Boston: Unwin and Hyman, 1989, Appendix, tables 3, 6, 7, 13.

② Arthur J. Marder, *From the Dreadnought to Scapa Flow, Volume I: The Road to War 1904-1914*, Oxford University Press, 1961, p. 23.

③ *The Times*, 25 February, 1904 in The Times Digital Archive 1785-2012, https://go.gale.com/ps/navigateToIssue? u = peking&p = TTDA&mCode = 0FFO&issueDate = 119020203&issueNumber = 36681&loadFormat=page.

④ Tetsuro Sumida, *In Defence of Naval Supremacy: Finance, Technology, and British Naval Policy, 1889-1914*, Boston: Unwin and Hyman, 1989, p. 6.

⑤ Arthur Herman, *To Rule the Waves: How the British Navy Shaped the Modern World*, New York: Harper, 2004, p. 474.

⑥ E. L. Woodward, *Great Britain and the German Navy* (Reprinted), New York and London: Routledge, 2018, pp. 455-473; Nicholas A. Lambert, *Sir John Fisher's Naval Revolution*, South Carolina: University of South Carolina Press, 2002, pp. 18-19.

等,但没有考虑质量差异(英国的战列舰比其他国家的大 10%—15%),①为海军要求更多经费提供了便利。此外,"两强标准"也迅速被信奉"大海军主义"的政府官员、议会党团、利益集团、媒体等接受。"战列舰数量等于最强大的两个对手的总和"作为界定英国海上优势的字面标准,成为一种不证自明的宣传话语,尤其是在每一次"海军恐慌"期间有效压制了国内质疑海军大规模扩建的声音。海军因而得以在维护"两强标准"的旗号下获得理想的战略资源支持。

第二,政府出于满足经济和社会发展需要,不得不限制海军经费的过度扩张。19世纪末,英国的海军开支已接近许多金融专家认为的国家可支付的极限。在这种背景下,尽管保守党政府基本上支持海军部维持海上主导权的努力,但已经开始意识到帝国的安全不仅取决于可靠的海军威慑,还取决于维持良好的财政状况。② 海军投入的无度增加,会破坏国家信用和经济体系稳定。这种认知为其后的历届政府所接受,并作为限制海军投入规模过度扩张的主要政策原则。1902年,贝尔福在内阁成立了一个防务委员会,对英国防务所需要的实际开支进行评估,同时计算最低的国防开支水平。为了在削减军费开支的大背景下继续获得议会支持,海军部采取了未雨绸缪的应对措施,这是海军部的无奈选择。1903年2月,塞尔伯恩敦促海军部其他大臣转换思路,基于"如何获得海战胜利"而非"海军应该具备的理想状态"重新评估实际的军费需求,认真考虑海军建设的经济问题。③ 1903年和1904年议会关于海军预算的辩论中,反对声音的来源既包括了在野的自由党,也有部分执政的保守党议员。④ 1904年,《泰晤士报》鼓吹"大海军主义"的知名记者瑟斯菲尔德(J. R. Thursfield)在一封给费舍尔的信中表达了对政府这种态度的焦虑,"(海军)开支必须节制。我现在日夜担心的是除非海军自己节省开支,否则我们将迎来强烈反

---

① Arthur J. Marder, *From the Dreadnought to Scapa Flow*, Volume I: *The Road to War 1904-1914*, Oxford University Press, 1961, pp. 105-107.

② Richard Dunley, "Sir John Fisher and the Policy of Strategic Deterrence, 1904—1908", *War in History*, Vol. 22, No. 2, 2015.

③ Nicholas A. Lambert, *Sir John Fisher's Naval Revolution*, South Carolina : University of South Carolina Press, 2002, p. 36.

④ Arthur J. Marder, *From the Dreadnought to Scapa Flow*, Volume I: *The Road to War 1904-1914*, Oxford University Press, 1961, p. 23.

对和军费的大规模削减，那将是一场深重的灾难……我不知道你对此作何感想，但是它一直像噩梦一样萦绕着我"。① 1905 年亨利·坎贝尔-班纳曼（Henry Campbell Bannerman）领导的自由党内阁执政后，随着英德海军竞赛的全面开启，以及政府对削减军备开支以提升社会福利水平要求的提高，这一问题也成为之后多年英国军政博弈的焦点，② 本书将在下一章对此进行详细论述。

三 海军部威胁认知的初步形成（1900—1904 年）

1902 年英日同盟成立后，日本分担了英国在远东抵制俄国扩张的战略压力；此时英法关系也向着对英国有利的方向发展。法绍达危机后，法国外交政策处在了一个关键的十字路口：选择继续与英国敌对，争夺海外利益；或者将战略重心收缩回欧洲大陆，同英国进行利益协调，将对外政策重点聚焦于与德国在东部边境的利益冲突。③ 此时恰逢持反德立场的泰奥菲勒·德尔卡塞（Théophile Delcassé）主掌法国外交部，法国选择了后者。从 1899 年英法达成和平解决法绍达危机的协议后，两国围绕摩洛哥等争议问题逐步开启了艰难的战略协调谈判进程。法国外交政策的转变，最为关键的历史意义是使得英国在埃及的地位得到了巩固，在北非的战略处境也相应好转。在此之前，由于英国在埃及的地位并不稳固，"埃及好像套在英国脖子上的绞索，任何大国想逼着这个海上霸主做某种外交让步时，就可以随时把绳索拉紧一下"。④

战略环境的改善，为英国进一步调整对外战略，向欧洲进行战略收缩创造了良好的条件。但是，外部环境的好转并没有导致英国立刻将德国作为重点关注的潜在对手加以防范。无论是国内政治精英还是社会，虽然普

---

① Arthur J. Marder, *From the Dreadnought to Scapa Flow*, Volume I: *The Road to War 1904-1914*, Oxford University Press, 1961, p. 24.

② Tetsuro Sumida, *In Defence of Naval Supremacy: Finance, Technology, and British Naval Policy, 1889-1914*, Boston: Unwin and Hyman, 1989, p. 163.

③ Arthur Herman, *To Rule the Waves: How the British Navy Shaped the Modern World*, New York: Harper, 2004, p. 481.

④ ［美］悉德尼·布拉德肖·费伊：《第一次世界大战的起源：大国博弈之殇》，于熙俭译，文化发展出版社 2019 年版，第 79 页。

第三章 海军部对德国海军扩张威胁的初步评估（1900—1904 年）

遍存在着对德国意图的猜疑和不信任，但尚未发展到敌对的程度。其一，国内政治层面。1900 年后德国海军扩建问题虽然已经被英国政府官员所关注，但是该问题很少见于 1904 年英国议会的辩论中。此时的英国政府内部占据主导的态度是，将德国海军扩建视作自然、正常和不可避免的现象。因为德国海外贸易的发展确实需要一支战列舰组成的舰队为巡洋舰及其他类型的商业护航舰艇提供保护。这是国家发展的正常权利，英国没有干预的理由，即使未来可能给英国带来海上威胁。① 其二，社会层面。尽管 1896 年以来，英国社会广泛存在着对德国的猜疑、厌恶和不信任情绪，但是这种情绪更多的只是一种对德国粗暴对待英国利益的愤慨和抱怨，还没有上升到敌对的层面，所声讨的问题也是诸如 1902 年德国汉萨殖民协会（The Hanseatic Colonial Society）将巴西的一部分标注为德语、同年 10 月德皇在一封给俄国沙皇的信中自称"大西洋司令"（Admiral of the Atlantic）等微不足道的摩擦。② 一家名为《法兰克福进步报》的德国南部自由派媒体，在 1903 年的一篇文章中，点出了英国社会对德国不满的根源："统一后的三十年，我们始终在扮演着介入者的角色。国际上发生的任何事件，我们都想插手……哪里有阳光落下，我们就想占据那儿，让阳光温暖我们自己。"③ 一位英国历史学家分析了这一时期大量英国媒体的涉德报道，发现其中很少有对德国海军威胁的担忧，更没有对英德未来可能发生战争的预测。④ 其中的主要原因是此时德国海上威胁尚不明显，且英国的注意力集中在应对法俄同盟的威胁。以上内容构成了皇家海军威胁认知变化的国内政治和社会背景。

1900—1904 年，可以视作海军部对德威胁认知的再评估和调整期。呈现的宏观特点是：海军部已经关注并且开始警惕德国海军建设可能带来的

---

① E. L. Woodward, *Great Britain and the German Navy* (*Reprinted*), New York and London: Routledge, 2018, pp. 54-55.

② Holger H. Herwig, "*Luxury Fleet*": *The Imperial German Navy 1888-1918*, Boston and Sydney: George Allen & Unwin, 1980, p. 51.

③ *The Times*, 28 January 1903 in The Times Digital Archive 1785-2012, https://go.gale.com/ps/navigateToIssue? u = peking&p = TTDA&mCode = 0FFO&issueDate = 119020203&issueNumber = 36681&loadFormat = page.

④ E. L. Woodward, *Great Britain and the German Navy* (*Reprinted*), New York and London: Routledge, 2018, p. 65.

潜在风险,并于 1902 年初步形成了对德威胁认知。但是这一阶段,海军部针对德国的威胁评估,整体上是以一种缓慢和心不在焉的方式。① 由于此时德国海军起步不久,其综合实力位于英国的两个老对手法国和俄国之后,完成庞大的造舰计划也尚需时日。因此,这一时期海军部的威胁认知更多的只是一种对未来可能性风险的警戒,以及对德国海军扩建目标的疑虑。德国海军在其战略认知中的形象可以概括为一个"吵闹的邻居"、一个"麻烦制造者",而非需要慎重对待的现实安全风险。虽然此时距离德国海军成为皇家海军高度关注的海上对手仍然有一段距离,两国海军甚至还有一些军事行动合作。例如,英德两国 1902 年曾联合向委内瑞拉政府施加压力,敦促其偿还国际债务,并与美国发生了外交摩擦。② 但是这 4 年的过渡期也是海军部重新进行威胁评估的重要阶段。须知,威胁认知的巨大转变是一个复杂的渐进过程,离不开前期的积累。海军部威胁认知的初步形成,以及采取的一些应对措施,为 1904 年费舍尔海军改革,以及英德海上矛盾的后续发展埋下了伏笔。简言之,皇家海军并不是在 1904 年开始突然关注德国海上力量,并将其视作主要威胁,而是建立在多年风险评估的基础上(虽然其中也有 1904 年若干转折性事件的影响)。

(一)战略评估的缓慢启动(1900—1901 年)

早在 1898 年,德国第一个《海军法案》通过后,英国海军部的一份情报就曾预警如果该法案得以全面贯彻,将打破海上力量平衡。加之德国陆军甚至在军事刊物上公开讨论入侵英国的问题,因此英国不但不能忽视德国海军的发展,而且需要倍加警惕;③ 1900 年,德国第二个《海军法案》通过后,英国海军部在一份情报中经过计算,预测德国会在 1906 年拥有一支世界第二的海军力量,提醒英国皇家海军注意未来德国海军崛起

---

① E. L. Woodward, *Great Britain and the German Navy* (Reprinted), New York and London: Routledge, 2018, p. 55.

② E. L. Woodward, *Great Britain and the German Navy* (Reprinted), New York and London: Routledge, 2018, p. 63.

③ "Minute by Sir Lewis Beaumont I on a Despatch Enclosing a Memorandum Published in the German Official Gazette Respecting the German Naval Programme", [TNA: ADM 1/7346B], 5 January, 1898, in Matthew S., Seligmann and others eds., *The Naval Route to the Abyss: The Anglo-German Naval Race 1895-1914*, Farnham: Ashgate Publishing Limited, 2015, p. 109.

第三章 海军部对德国海军扩张威胁的初步评估（1900—1904年）

对本土安全的影响，并建议海军部将"两强标准"中的俄国更换为德国。①上述建议在事后来看并未引起相应海军政策的调整，此后直至1901年11月，海军部内部也只有部分军官对德国海军的野心表示担忧。其中虽不乏高级官员，如海军情报部主任雷吉纳德·内维尔·卡斯坦斯（Reginald Neville Custance）在1899年和1901年，先后两次建议皇家海军加强本土防御，因为相较于法、俄舰队的分散，德国海军聚集在北海，一旦德国海军采取敌对政策，将对英国本土安全构成极大挑战。②但海军部决策层对此不以为然，当时的海军大臣乔治·戈申（George J. Goschen）和第一海务大臣沃尔特·科尔（Walter Kerr）都认为卡斯坦斯等人的观点有点小题大做，相比于法俄同盟的威胁，德国海军微不足道。③

（二）威胁认知的初步形成（1901—1904年）

英德战略协调破裂后，随着英国战略收缩的继续进行与德国海上力量的日渐增强（见图3-1），警惕德国海军扩建的潜在威胁开始引起海军部最高决策层的注意。大致从1901年起，海军部高层着手开展了相关风险的重新评估工作，不再以迟缓和心不在焉的态度面对这一问题，而是以疑虑的战略心理审视德国海军在北海的动向。1901年11月，海军大臣塞尔伯恩在给内阁的一份备忘录中，强调虽然法俄同盟是英国最为棘手的海上威胁，但是也应当重视德国海军的发展势头。因为一旦英国与法俄同盟发生战争，德国将处于主导地位；④ 5个月后，塞尔伯恩向贝尔福表示，他在呈递备忘录时存在疏漏，没有充分考虑到德国国内的反英情绪，认为需要对

---

① Paul M. Kennedy, *The Rise of the Anglo-German Antagonism 1860-1914*, London: George Allen & Unwin, 1982, p. 251; Holger H. Herwig, "*Luxury Fleet*": *The Imperial German Navy 1888-1918*, Boston and Sydney: George Allen & Unwin, 1980, p. 43.

② "Minute by Custance I on Germany's New Naval Programme", [TNA: ADM 1/7425], 15 November, 1899; " Memorandum by Custance", [Bodleian, MS Selborne 158], 19 December, 1900, in Matthew S., Seligmann and others eds., *The Naval Route to the Abyss*: *The Anglo-German Naval Race 1895-1914*, Farnham: Ashgate Publishing Limited, 2015, pp. 113, 115.

③ Arthur J. Marder, *From the Dreadnought to Scapa Flow*, Volume I: *The Road to War 1904-1914*, Oxford University Press, 1961, p. 463.

④ George W. Monger, *The End of Isolation*: *British Foreign Policy, 1900-1907*, London: Thomas Nelson and Sons Ltd., 1963, p. 63.

德国海军的威胁程度进行重新评估;① 1902年4月22日,英国海军部迈出了对德国海军威胁评估的第一步。海军大臣塞尔伯恩向英国驻德大使拉塞尔斯(Lascelles)提出了四个具体问题,包括:第一,只以法俄海军作为海军建设考虑标准而忽略德国是否安全;第二,德国海军发展是否直接针对英国;第三,德国政府与民众对英国与法俄同盟之间战争的态度;第四,德国对荷兰及其海军的态度。② 拉塞尔斯认为:第一,"两强标准"必须保持,无论两强中是否包含德国;第二,"德国自认为发展海军是为了针对最强大的海上强国——我们";③ 第三,一旦英国与法俄同盟开战,德国希望看到的结果是两败俱伤,但是不会容忍法俄同盟彻底击败英国;第四,荷兰的独立性无虑。恰在此时,英国议会海军秘书阿诺德·福斯特(Arnold Foster)率团参观了基尔港。在考察了德国的造船业、船坞和舰船后,对德国海军惊人的建设速度深感震撼,立刻向国内提交了相关报告。提醒英国注意"德国已经是一个海军强国,而且会在未来更加强大",不应否认德国海军将会成为英国的敌人。其中的原因除德国媒体上经常出现的反英论调外,德国为人所知的殖民野心、德国海军的用途(因为海军在与陆上邻国法、俄的竞争中重要性不大)、德国海军规模的快速扩大等均指向英国。因此需要把德国列入潜在敌人名单,并且研判以下重大战略问题:"我们是否有能力击败当今的德国舰队?我们是否在做充分的准备?击败德国舰队需要多少年?"④ 此前并不把德国威胁放心上的前第一海务大臣科尔,也认为皇家海军到了不得不为北海控制权而准备战斗的时候,卡斯坦斯甚至认为这种情况与17世纪的英荷战争类似。⑤ 上述意见在皇家海军

---

① George W. Monger, *The End of Isolation: British Foreign Policy, 1900-1907*, London: Thomas Nelson and Sons Ltd., 1963, p.69.

② George W. Monger, *The End of Isolation: British Foreign Policy, 1900-1907*, London: Thomas Nelson and Sons Ltd., 1963, p.69.

③ George W. Monger, *The End of Isolation: British Foreign Policy, 1900-1907*, London: Thomas Nelson and Sons Ltd., 1963, p.69.

④ H. O. Arnold-Forster, "Notes on a Visit to Kiel and Wilhelmshaven, August 1902, and General Remarks on the German Navy and Naval Establishments", [TNA: CAB 37/62/133 and BL: Add Mss 50287], 15 September, 1902 in Matthew S., Seligmann and others eds., *The Naval Route to the Abyss: The Anglo-German Naval Race 1895-1914*, Farnham: Ashgate Publishing Limited, 2015, pp.132-134.

⑤ Paul M. Kennedy, *The Rise of the Anglo-German Antagonism 1860-1914*, London: George Allen & Unwin, 1982, p.252.

内部引起了强烈的反响,毫无疑问,对海军部的对德威胁认知形成产生了极大的推动作用。塞尔伯恩于 1902 年 10 月 10 日向内阁提交了"1903—1904 年海军预算"备忘录,正式做出了如下政策表述,"新的德国海军是以与英国进行战争而建造的……而非旨在与法俄发生战争时获得海上优势……在制定具体海军政策时,不能忽视德国民众对我们深刻的敌意和德国海军庞大的发展规模"。① 皇家海军的对德威胁认知初步形成。

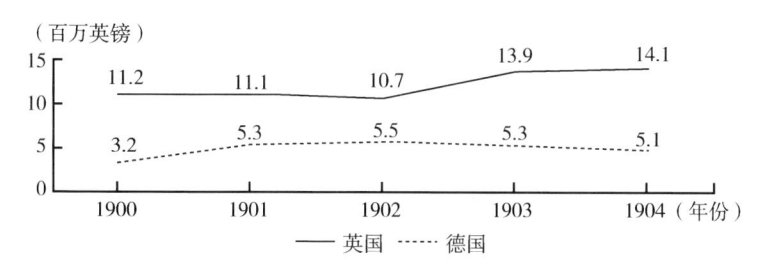

图 3-1 1900—1904 年英德海军建设费用

威胁认知初步形成后,海军部开始针对德国进行有限的防御性战略部署,主要是增强本土防御力量,例如皇家海军从 1902 年开始将德国作为俄国海军的盟友进行战略推演,1903 年 8 月 15 日至 9 月 12 日,海军情报部详细评估讨论了与德国发生海战的情况下,如何攻占基尔港和战胜德国舰队等作战问题;② 1903 年 3 月组建北海舰队,在苏格兰东部设置海军基地等,以防范不确定性风险。③ 虽然这一时期,英国的主要海上敌人仍然是法俄同盟,1904 年皇家海军正式将德国列为海上主要敌人也有日俄战争后列强海上实力消长的偶发因素与费舍尔海军改革的影响(将在下一章详细论述)。

---

① Selborne, "Navy Estimates, 1903-1904", [TNA: CAB 37/63/142], 10 October, 1902 in Matthew S., Seligmann and others eds., *The Naval Route to the Abyss: The Anglo-German Naval Race 1895-1914*, Farnham: Ashgate Publishing Limited, 2015, pp. 137-138.

② Naval Intelligence Department, "Germany, Naval Manoeuvres", [TNA: ADM 231/40], 15 August-12 September, 1903 in Matthew S., Seligmann and others eds., *The Naval Route to the Abyss: The Anglo-German Naval Race 1895-1914*, Farnham: Ashgate Publishing Limited, 2015, p. 145.

③ Matthew S. Seligmann, "A Prelude to the Reforms of Admiral Sir John Fisher: The Creation of the Home Fleet, 1902-3", *Historical Research*, Vol. 83, No. 221, 2010; Arthur Marder, *The Anatomy of British Sea Power: A History of British Naval Policy in the Pre-Dreadnought 1880-1905*, New York: Octagon Books, 1976, pp. 417-426.

两年的风险评估最大的历史意义是增加了海军部对德国海权发展的警惕性。相信德国在北海的海军扩建与战列舰集聚会威胁英国本土安全,不再是个别对英德关系持悲观态度的政客与军官的个人见解,[①] 逐渐成为以海军大臣和第一海务大臣为核心的海军部决策层的重要战略关切。在1904年费舍尔成为第一海务大臣,以及一系列转折性事件发生之前,将德国海军作为潜在海上威胁已经成为皇家海军内部的广泛共识。[②] 没有这种大环境,费舍尔的若干争议性的激进改革也不会顺利推行。恰如中国一句古语所言,时势造英雄。

小结

本章结合1900年以后英国战略环境的变化,系统分析和考察了作为英国海上优势地位的维护者——皇家海军在1900—1904年对德威胁认知的变化。进入20世纪,皇家海军依然没有摆脱19世纪中后期出现的海权危机。一方面,除了法、俄等传统对手,德国海军的快速发展成为一个越来越难以回避的挑战;另一方面,皇家海军自身面临着平衡军事能力和经济效率二元矛盾的巨大困难,无力承担全球性的霸权护持,英国的对外战略收缩也减少了海外保护义务。海军部迫切需要的是一场彻底的海军改革以重新焕发生机,和通过明确外部威胁次序以实现资源集中。在这种背景下,皇家海军在其最高领导机关海军部的主持下,逐步开始了针对来自德国海上威胁的评估工作,形成了一套达成内部共识的阶段性评估结论。

1900—1904年皇家海军威胁认知的调整变化,具体可以细分为两个子阶段。一是1900—1901年的准备阶段。这一阶段海军部对于德国海军的威胁重视程度相对有限,只是部分具有远见的海军军官个人在尝试推动对德国威胁的评估;二是1901—1904年的形成阶段。随着英德战略协调谈判破裂与德国海军的初步发展,从1901年开始,海军部加速了评估工作。以1902年10月10日海军大臣塞尔伯恩向内阁提交"1903—1904年海军预

---

① Matthew S. Seligmann, "A Prelude to the Reforms of Admiral Sir John Fisher: The Creation of the Home Fleet, 1902-3", *Historical Research*, Vol. 83, No. 221, 2010.

② Morgan-Owen, Gethin D., "History is a Record of Exploded Ideas: Sir John Fisher and Home Defence, 1904-10", *International History Review*, Vol. 36, No. 3, 2014.

算"备忘录为标志,形成了初步威胁认知,并在1902—1904年采取了一些针对性的有限应对措施。这一时期海军部的威胁认知更多的只是一种对未来可能性风险的警戒,以及对德国海军扩建目标的疑虑。海军部威胁认知的初步形成,以及采取的一些应对措施,为1904年费舍尔海军改革,以及英德海上矛盾的后续发展做了铺垫。

第四章　通往"海上唯一敌人"之路：海军部威胁认知的定型（1904—1909年）

> 海权的历史，虽然不全是，但是主要是记述国家与国家之间的斗争，国家间的竞争和最后常常会导致战争的暴力行为。①
>
> ——阿尔弗雷德·马汉

一　"两强标准"下的对德威胁认知（1904—1906年）

1904—1905年是"一战"前国际关系史上的重要年份，其间发生的若干国际事件作为欧洲列强间关系分化组合的关键一步，奠定了大战前欧洲国际关系的基本格局。日俄战争与英法协约彻底改变了英国的外部战略环境，加速了英国"化敌为友"的战略调整进程。此外，这一时期，德国海军的快速发展也被英国所注意，其中德皇的好大喜功难辞其咎。1904年6月，英王爱德华七世借出席基尔帆船赛事率团出访德国，威廉二世不顾提尔皮茨的劝阻，将德国海军可用的所有战舰都展示在英国来宾的面前，以此炫耀德国海军的强大。提尔皮茨在回忆录中写道，爱德华七世在检阅德国舰队时"多次以眼神与塞尔伯恩交流……给我留下了极不愉快的深刻印象"，② 几个月后，英国就制定了针对德国的第一份作战计划。德国海军的强大也深深触动了英国媒体和公众，引发了新一轮对德国意图和英国安全

---

① Alfred Mahan, *The Influence of Sea Power upon French Revolution and Empire 1783-1812*, Boston: Little Brown, 1892, p.1.
② Alfred von Tirpitz, *My Memories*, Vol.1, New York: DODD, Mead and Company, 1919, p.200.

第四章 通往"海上唯一敌人"之路：海军部威胁认知的定型（1904—1909 年）

的担忧，《沙岸之谜》（*Riddle of the Sands*）等幻想德国海军入侵英国本土的小说开始流行。① 上述战略环境的变化，自然而然地将德国海军推入了皇家海军的防范视野。费舍尔出任第一海务大臣后，皇家海军开始针对规模日益扩大的德国海军进行制衡和备战，一方面通过海军改革和建造舰艇提升皇家海军的自身实力，另一方面通过舰队重组进行全球性力量部署收缩，逐渐向北海集中力量。② 而此时德国在两次国际危机中的表现进一步加剧了双方的矛盾，使皇家海军更加明确了德国的敌国身份。1905 年多格尔沙洲事件和第一次摩洛哥危机的爆发更使两国海上军事安全矛盾被彻底公开化。

（一）费舍尔海军改革

1904 年 10 月 21 日，费舍尔入主海军部成为第一海务大臣（该日恰逢特拉法尔加海战胜利 99 周年纪念日）。③ 费舍尔出身于 19 世纪旧式皇家海军，但却比有相同经历的、保守自满的同侪拥有更为广阔的眼界、对时代发展大势的敏锐洞察力，以及过人的创新性思维。马德尔对其的评价认为"就头脑、心智和精力而言，仍是当时海军部最年轻的人……拥有无与伦比的才干、个性和意志力"。④ 丘吉尔对费舍尔给予了极高的评价，"毫无疑问，费希尔决心做的事情百分之九十是对的。他的伟大改革使皇家海军在它历史上最关键的时期保持了强大力量。他向海军敲响了英国陆军在南

---

① Arthur J. Marder, *From the Dreadnought to Scapa Flow*, Volume I: *The Road to War 1904-1914*, Oxford University Press, 1961, p. 110.

② Paul M. Kennedy, *The Rise and Fall of British Naval Mastery*, London: Allen Lane, 1976, p. 236.

③ 1841 年 1 月 25 日，费舍尔出生在一个军人家庭。1854 年加入皇家海军，曾在参加过特拉法尔加海战的纳尔逊的旗舰"胜利号"上服役，参加过第二次鸦片战争、克里米亚战争和炮击亚历山大港（1882 年）等若干著名军事行动。他在担任第一海务大臣之前，历任朴茨茅斯海军造船总监（1890—1892 年）、主管审计的第三海务大臣（1892—1897 年）、北美和西印度洋海军司令（1897—1899 年）、地中海舰队司令（1899—1902 年）和负责军事教育、人事等事务的第二海务大臣（1902—1904 年）。有关费舍尔的生平，参见 Ruddock Finlay Mackay, *Fisher of Kilverstone*, Oxford: Oxford University Press, 1974, pp. 1-273; Arthur Herman, *To Rule the Waves: How the British Navy Shaped the Modern World*, New York: Harper, 2004, pp. 476-478。

④ Arthur J. Marder, *From the Dreadnought to Scapa Flow*, Volume I: *The Road to War 1904-1914*, Oxford University Press, 1961, pp. 14-15.

非战争时期经受过的震惊的警钟"。① 历史证明，皇家海军在内外压力和不确定性暴增的关键时期选择了正确的掌舵人。此后直至 1910 年 1 月 25 日的时段被历史学家们称为"费舍尔时代"，在这些年内，费舍尔就是整个海军部委员会，这即使不是事实，也是实际效果。② 这一时代的意义，一方面在于费舍尔以强韧的意志力和独断专行的硬朗作风，对皇家海军进行了一系列大刀阔斧的改革，③ 始终致力于皇家海军实际战斗力和影响力的提升。④ 费舍尔充分借助其在军事技术，如舰载武器、造船技术等方面的专业知识，通过技术革新提升军事能力和经济效率，"一旦被纯技术问题挑起兴致，这头老狮子就会情绪激动、口若悬河，若非亲眼所见是无法想象他的模样的"。⑤ 费舍尔的改革内容主要针对皇家海军存在的问题而定向设计，具体包括以下几个方面。第一，旨在解决后备役舰艇人员不足和流动过于频繁的"核心舰员"计划。规定后备役舰艇由核心舰员操纵，数量为满员时的五分之二，平时住在舰上并进行日常军事训练，并在每季度进行不少于 10—14 天的海上战术和炮术训练。一旦战争爆发，舰员可迅速补充至满员。该计划被费舍尔称为"备战工作的基石"。⑥ 第二，淘汰大量过时舰艇，为皇家海军节省了经济成本、人力资源和港口泊位空间，为海军即战力的提升和后续新型战舰的研发提供了基础。第三，重组舰队，强化本土防御力量。费舍尔基于"五个锁住世界的战略咽喉"——对新加坡、好望角、亚历山大和多佛重新进行舰队调整。其一是精简海外兵力。费舍尔撤销了太平洋、南大西洋和北美海军站的中队。好望角中队负责南大西洋、北美和非洲西海岸的防务。以新加坡为战略据点的东方舰队控制苏伊

---

① [英] 温斯顿·丘吉尔：《第一次世界大战回忆录 1：世界危机（1911—1914）》，吴良健译，译林出版社 2013 年版，第 54 页。

② Arthur J. Marder, *From the Dreadnought to Scapa Flow*, Volume I: *The Road to War 1904-1914*, Oxford University Press, 1961, p. 15.

③ Arthur Herman, *To Rule the Waves: How the British Navy Shaped the Modern World*, New York: Harper, 2004, p. 478.

④ Barry Gough, *Churchill and Fisher: Titans at the Admiralty*, Barnsley: Sea Forth Publishing, 2017, p. 50.

⑤ [英] 温斯顿·丘吉尔：《第一次世界大战回忆录 1：世界危机（1911—1914）》，吴良健译，译林出版社 2013 年版，第 73 页。

⑥ Arthur J. Marder, *From the Dreadnought to Scapa Flow*, Volume I: *The Road to War 1904-1914*, Oxford University Press, 1961, pp. 36-38.

第四章 通往"海上唯一敌人"之路:海军部威胁认知的定型(1904—1909年)

士运河以东的海域。费舍尔还建立了作战室,以加强舰队之间的联系,提高整体性指挥效率。① 其二是费舍尔从1904年开始着手将优势海军力量向本土集中。原本地中海舰队实力最为强大(拥有12艘战列舰),本土舰队仅拥有8艘老式战列舰。多格尔沙洲事件暴露了本土舰队实力不足的弊端。1904年底,本土舰队被改名为海峡舰队,驻扎在多佛,主要在爱尔兰与直布罗陀之间的海域巡航。增加了从地中海舰队调回的4艘战列舰,1905年夏天又增加了5艘从中国撤回的战列舰,使战列舰数量达到了17艘,②1906年,费舍尔又从地中海舰队抽调两艘战列舰至海峡舰队。③ 原海峡舰队更名为大西洋舰队,驻扎在直布罗陀,拥有8艘新式战列舰,可支援大西洋舰队与地中海舰队。④ 除此之外,费舍尔以"小舰队防御"的形式作为战列舰防御的补充,以确保皇家海军可以在"节约"的前提下保证对英吉利海峡的控制权,拒止海上外来入侵,同时可以"解放"战列舰,使其更好地发挥威慑作用。⑤ "小舰队防御"是费舍尔在担任地中海舰队司令时受到"法国青年学派"思想启发,将其与英国防御需求有机结合的产物,⑥原本是针对法国海军威胁,后来则主要是防御日益强大的德国舰队。需要指出的是,在费舍尔海军改革的各项措施中,舰队调整对德国海军与英德海上矛盾后续发展的影响最为直接,皇家海军的重新部署从根本上瓦解了提尔皮茨"风险理论"中最为核心的假设——德国利用皇家海军在全球部署的分散,在北海形成集中优势,施加威慑效果。这种局面彻底打乱了提尔皮茨的既定战略,也是造成德国海军战略从1904年开始无序和冒进的主要外部因素之一。因为尽管1904年舰队调整的初衷并不是针对德国,但是

---

① Nicholas A. Lambert, "Strategic Command and Control for Maneuver Warfare: Creation of the Royal Navy's 'War Room' System, 1905-1915", *The Journal of Military History*, Vol. 69, No. 2, 2005.

② Arthur J. Marder, *From the Dreadnought to Scapa Flow*, Volume I: *The Road to War 1904-1914*, Oxford University Press, 1961, pp. 40-43.

③ Paul M. Kennedy, *The Rise and Fall of Great Powers: Economic Change and Military Conflict from 1500 to 2000*, London: Unwin and Hyman, 1987, p. 222.

④ Nicholas A. Lambert, *Sir John Fisher's Naval Revolution*, South Carolina : University of South Carolina Press, 2002, p. 104.

⑤ Nicholas A. Lambert, "Admiral Sir John Fisher and the Concept of Flotilla Defence, 1904-1909", *The Journal of Military History*, Vol. 59, No. 4, 1995.

⑥ Nicholas A. Lambert, "Admiral Sir John Fisher and the Concept of Flotilla Defence, 1904-1909", *The Journal of Military History*, Vol. 59, No. 4, 1995.

英国舰队集中在北海对德国来说同样是巨大的安全压力来源，加深了德国的"哥本哈根情结"。第四，掀起以"无畏舰"和战列巡洋舰为核心内容的海军军备技术革命，这一部分将在下一个章节重点论述。

另一方面，费舍尔和提尔皮茨一样重视宣传的作用，不放过任何宣传皇家海军之于英帝国安全重要性的机会。费舍尔与信奉"大海军主义"的媒体、阿姆斯特朗船厂等军事工业利益集团等都有着广泛的联系，① 并且争取到了保守党党首相贝尔福等政治首脑，尤其是英王爱德华七世的有力支持。② 亟须改变皇家海军现状的决策者们了解并认识到了费舍尔的能力，将他视作最为合适的人选，给予了强力支持。伊舍在给费舍尔的信中表示，"你已经占据了首要位置，未来的成功是必然的"。③ 威尔士亲王（未来的英王乔治五世）也向他表示无须担心海军大臣塞尔伯恩会对他们工作造成阻碍，"他会像一只温顺的羔羊，站在你想让他待着的地方"。④ 广泛的政治和社会支持网络，使费舍尔得以在资源有限的情况下，克服国内要求削减军事开支的巨大压力，让皇家海军的面貌焕然一新，在危机四伏、风雨飘摇的状态下掌握了牢固的海上优势。

"费舍尔时代"也是英国对外战略颠覆性调整和海军竞赛引发英德矛盾急速上升的关键时期。作为德国海军大规模扩建最为直接的利益攸关方，皇家海军开始积极地应对德国威胁，并在这一过程中威胁认知逐步形成和固化。如前文所述，1902 年塞尔伯恩的备忘录只是皇家海军对德威胁认知的初步形成，其后虽然也有一些针对性的防范措施，但是规模和力度都相对有限。从费舍尔成为第一海务大臣之后，皇家海军才真

---

① 19 世纪 80 年代初，以费舍尔为中心，皇家海军内部一批精通技术的官员开始与英国私营军火企业建立密切的合作关系。其后，这些企业因为费舍尔出任海军装备主管而得以垄断海上重武器生产。它们与海军有关系统的中上层要人之间的个人关系网络也随之大为发展，双方在扩大海军装备上拥有共同的利益目标，因而得以长期维持密切的良性合作关系。参见 William H. McNeill, *The Pursuit of Power: Technology, Armed Force, and Society since A. D. 1000*, Chicago: University of Chicago Press, 1984, pp. 269-293；时殷弘《现当代国际关系史：从 16 世纪到 20 世纪末》，中国人民大学出版社 2006 年版，第 154—155 页。

② Barry Gough, *Churchill and Fisher: Titans at the Admiralty*, Barnsley: Sea Forth Publishing, 2017, p. 50.

③ Barry Gough, *Churchill and Fisher: Titans at the Admiralty*, Barnsley: Sea Forth Publishing, 2017, p. 51.

④ "The Prince of Wales to Fisher, 10 November 1904", cited from: Barry Gough, *Churchill and Fisher: Titans at the Admiralty*, Barnsley: Sea Forth Publishing, 2017, p. 51.

第四章 通往"海上唯一敌人"之路:海军部威胁认知的定型(1904—1909年)

正地以德国为"假想敌",开始了遏制与备战工作。① 不可否认,费舍尔海军改革有其深厚的国内政治动因——提升海军建设的经济效率,以此回应国内反对海军军费高速增长的压力。② 但是,德国因素也是费舍尔所重点考虑的内容。

(二) 海军部威胁认知的变化动因

这一时期海军部对德国威胁的看法,基本上是1902年以后威胁认知的延续和进一步深化。从1904年开始,无论是由于突发国际事件的机缘巧合,还是由于两国的国际关系互动,日益激化的海上矛盾推动海军部将德国列入"两强标准"内的敌对国家名单,从而加速推动了两国关系走向全面敌对。③ 费舍尔海军改革及皇家海军在多格尔沙洲事件和第一次摩洛哥危机前后的对德政策,表明至少海军部已经开始实施对德制衡,并且落实在了具体政策上。这一时期海军部威胁认知,在宏观上表现为:将德国海军作为"两强标准"框架内的两大海上对手之一,即用德国取代了日俄战争,特别是1905年5月27—28日对马海战后海军实力大为削弱的俄国。英法关系的变化与德国强势的对外政策也在其中发挥了重要的作用。1906年10月4日,费舍尔在一封给海军大臣特维德茅斯的信中,概括了皇家海军的威胁认知,认为经过英国自身的调整和外部事件的共同作用,"目前在役海上力量比多格尔沙洲事件发生时要强大。因此我们认为皇家海军的力量已经足够(保证安全)。现在的情况是,俄国舰队被歼灭,法国是我们的朋友,德国是我们唯一可能的敌人,但是比我们弱很多倍"。④ 原本1904年达成的英法协约仅仅是双方解决调和海外利益冲突的谅解性协议,但是德国悍然发动的第一次摩洛哥危机,为英法在抵制德国扩张与强制对外政策的共同目标下,寻求更加深度的合作提供了契机,推动了协约向着实质上

---

① Richard Dunley, "Sir John Fisher and the Policy of Strategic Deterrence, 1904-1908", *War in History*, Vol.22, No.2, 2015.
② 详见本章第一节。
③ Holger H. Herwig, *"Luxury Fleet": The Imperial German Navy 1888-1918*, Boston and Sydney: George Allen & Unwin, 1980, pp.52-53.
④ Andreas Rose, *Between Empire and Continent: British Foreign Policy before the First World War*, translated by Rona Johnston, New York and Oxford: Berghahn Books, 2017, p.246.

的同盟方向转变。① 危机结束后，德国正式取代法国，成为英国首要的海上敌人。这一时期海军部的威胁认知变迁，根植于1904—1906年快速变化的内外部环境。

第一，日俄战争改变了国际海上力量格局。1904年2月8日，日俄战争爆发。海军部在战争伊始，就开始评估未来海战结果将对"两强标准"产生的影响。1904年2月26日，塞尔伯恩在一份备忘录中写道，"如果俄国海军在战争中实力受到实质性削弱，结果就是必须参考法国和德国海军重新计算'两强标准'……事实是德国海军正在数量上稳步超越俄国，直到战争爆发前，双方已经持平，然而在质量上，德国海军远胜于俄国……经过审慎的评估，我们确信新兴的德国海军就是基于与我们发生战争的预设而建造的……这支强大的舰队正集中在基尔港和威廉港，这是两个足以影响任何与我们有关的国际事务的两个战略要冲"。② 6月9日，塞尔伯恩要求海军情报部制订针对德国的详细作战计划，包括单独与德国发生海战、德国作为法国或俄国一方盟友、法德俄三国联合三种情况。③ 日俄战争的进程进一步将德国推向了皇家海军的对立方向，尽管这是出于历史的戏剧性而非德国有意为之。1905年5月27—28日，日本海军将领东乡平八郎指挥的联合舰队，在对马海战中以损失3艘鱼雷艇的微小代价重创俄国第二太平洋舰队，几乎使其全军覆没（损失了近三分之二的舰艇）。④ 海战不仅决定了日俄战争的最终结果，而且对英德关系产生了非常关键的影响。对马海战基本上消除了俄国海军对英国的潜在威胁，俄国舰队自此一蹶不振，复苏尚需时日，而德国海军以16艘战列舰的数量挤掉俄国的位

---

① G. P. Gooch and others eds., *Studies in Diplomacy and Statecraft*, London, New York and Toronto: Longmans, Green and CO, 1943, p. 91.

② "Memorandum by Selborne", [TNA: CAB 37/69/32], 26 February 1904 in Matthew S., Seligmann and others eds., *The Naval Route to the Abyss: The Anglo-German Naval Race 1895-1914*, Farnham: Ashgate Publishing Limited, 2015, pp. 147-148.

③ Selborne, "Memorandum Respecting Additional Problems to Be Dealt with and Questions to Be Taken Up, Sent to Sir John Fisher", 9 June, 1904 in Matthew S., Seligmann and others eds., *The Naval Route to the Abyss: The Anglo-German Naval Race 1895-1914*, Farnham: Ashgate Publishing Limited, 2015, p. 148.

④ 关于对马海战的详细论述，参见 [英] 朱利安·S. 科贝特《日俄海战：1904—1905. 第2太平洋舰队的末路》，邢天宁译，台海出版社2019年版。

第四章　通往"海上唯一敌人"之路：海军部威胁认知的定型（1904—1909年）

置，成为世界第三大海军强国，仅次于英国和法国。① 实力地位的上升自然而然地将德国放置在了皇家海军"两强标准"的范围内，也宣告了提尔皮茨"风险理论"中以低调方式度过"危险期"，在舰队未成之前避免被英国"盯上"的战略预设彻底破产。皇家海军的重点关注增加了德国的安全压力，威廉二世曾沮丧地表示，"这种情况（国际形势）开始日益与七年战争之前类似"，② 区别只是德国取代了法国在当时的位置。另外，对马海战还对英德关系产生了一个重要的间接影响，海战中日本战舰优于对手的速度、炮火控制、高爆炮弹和统一口径的30.5厘米舰载炮，预示了未来战舰发展的方向。这是费舍尔下决心开始研发"超级战列舰"，掀起"无畏舰"革命的重要动因之一，从而为未来英德海上矛盾的全面激化和双方敌对关系的势不两立提供了间接铺垫。

第二，英法关系的改变。如前文所述，法国是英国多年来的主要对手，两国在海外利益领域矛盾重重。但是从1899年法绍达危机和平解决开始，在法国事实上退出埃及争夺，以及德尔卡塞的推动下，英法关系趋于缓和，横亘在两国之间的最大矛盾仅剩摩洛哥问题。英国的传统政策是联德抑法，倾向于与德国协调合作，共同向法国施加压力。1901年法国曾经建议与英国共同瓜分摩洛哥，张伯伦建议兰斯多恩予以拒绝，"如果我们讨论像摩洛哥这样一个大问题的话，请记住德国将会有话说，而且他们和我们都会要求补偿"。③ 英德战略协调失败以及英日同盟建立后，英国对法、德态度的大逆转为两国关系改善创造了条件。1904年4月8日，英法协约公布。协约内容主要是双方针对纽芬兰、西非和中非、埃及、摩洛哥、马达加斯加和暹罗等殖民矛盾进行了相互妥协。其中最为关键的是法国承认了英国在埃及的主导地位和维持摩洛哥现状，作为交换条件，英国则承认了法国在埃及享有的沿海贸易权，以及对摩洛哥国内秩序的管理权等，④ 从而消除了

---

① Holger H. Herwig, "*Luxury Fleet*": *The Imperial German Navy 1888-1918*, Boston and Sydney: George Allen & Unwin, 1980, p. 47.

② Holger H. Herwig, "*Luxury Fleet*": *The Imperial German Navy 1888-1918*, Boston and Sydney: George Allen & Unwin, 1980, p. 49.

③ Julian Amery, *The Life of Joseph*, *Chamberlain 1901-1903*, Vol. 4, London: MacMillan, 1951, pp. 163-164.

④ 王绳祖、何春超、吴世民编选：《国际关系史资料选编（17世纪中叶—1945）》（修订本），法律出版社1988年版，第371—376页。

彼此关系中的最大矛盾和潜在冲突点。英法协约使得两个传统对手建立了非正式的同盟关系，迈出了"化敌为友"的关键一步。历史的戏剧性在于，德国因素并不是英法协约签订的主要考量，但是却为英法联合反德以及"一战"前两大军事集团高度对抗提供了基础。罗斯伯里在协约签订后无奈地表示，"我悲哀地相信，这个协定更可能导致纠纷而不是和平"，①后十年的历史发展被他不幸言中。一方面，尽管皇家海军在英法协约签订后的一段时间内，仍然将法国海军作为对手看待。但是协约毕竟拉近了两国关系，随着两国矛盾趋于缓和，以及未来国际形势的变化（德国海军兴起和国际危机），海军部的威胁认知也随之发生了变化，法国的身份也从对手逐步向着合作者的方向转变，最终于1912年两国建立了正式的海军合作机制。另一方面，德国咄咄逼人的扩张性对外政策和迅猛的海军建设势头，给英法两国都造成了巨大的安全压力，共同的目标推动非正式同盟向着军事同盟的方向快速转变。可以说，德国在欧洲国际格局与英国对外战略大调整的关键时期，一手促成了英法关系的亲近和自身的"被包围"状态。此外，英法协约也为未来英俄协约的达成创造了条件。不仅体现在为英俄合作提供了范例，而且由于法俄互为盟友且与英国亲近，这种特殊的关系可以有效助力英俄战略协调的达成。

第三，"哥本哈根情结"与德国安全恐惧下的战略冒进。从1904年2月日俄战争爆发到1906年初阿尔赫西拉斯会议召开的两年时间里，"哥本哈根情结"支配下的躁动不安和战略冒进，是德国这一时期海军建设和外交政策的显著特征。德国外交跌跌撞撞地从一个危机走向另一个危机，始终在寻求通过强硬的外交攻势摆脱战略困局，但结果却是导致自身全面陷入"外交孤立"，只有奥匈帝国一个盟友坚定不移地站在身边。更为严重的是，英德关系遭受了根本性破坏，自此两国关系再也没有从1904—1905年发生的一系列事件中恢复过来。②

所谓"哥本哈根情结"，是德国决策精英在"一战"前所持有的一种担心如1807年丹麦海军那样，突然遭遇英国皇家海军"先发制人式"打击的

---

① ［英］温斯顿·丘吉尔：《第一次世界大战回忆录1：世界危机（1911—1914）》，吴良健译，译林出版社2013年版，第11页。
② Jonathan Steinberg, "The Copenhagen Complex", *Journal of Contemporary History*, Vol. 1, No. 3, 1966.

第四章　通往"海上唯一敌人"之路：海军部威胁认知的定型（1904—1909 年）

一种战略心理焦虑，本质问题是安全感的缺失和一种"自我证实的预言"。包含三个基本假定：一是英国是一个非道德的国家，为了维护政治权力，英国对采取武力没有任何顾忌。1807 年的事件暴露出英国强权的真正本质和隐藏在人道主义背后的绝对无情。二是德国正在快速崛起为一个欧洲超级强国，因此"英国人冷酷的'商业利己主义'肯定会促使英国试图摧毁德国，对深谙社会达尔文主义态度的那代德国人来说，这是一个不言而喻的事实"。① 三是实现安全的唯一途径就是加快海军建设，抛弃英国可以容忍德国海权的战略幻想。快速、大规模建造战列舰"确实很危险，但只要一支强大的舰队能够大大增加那个不惜一切也要摧毁其雄心勃勃之竞争对手的敌人面临的风险"，② 德国的安全就可以得到保障。被"哥本哈根化"的恐惧像一个不安分的幽灵一样飘荡在英德关系的背景中，成为德国对外部世界印象的死结。③ 来自英国的威胁和英德海上冲突不可避免的观念被先入为主地植入德国外交决策层的思想中，主观想象变成了事实本身。这种情况对德国外交处境产生了极为恶劣的影响，尤其是促使德国在 1904 年日俄战争爆发后的一系列国际危机中，始终以应对英国的预防性打击为外交要务，造成了战略灵活性和回旋空间的日渐丧失。在这种战略迷思的影响下，德国的战略处境在两场国际危机中完全恶化，并险些与英国兵戎相见。保罗·肯尼迪在对上述历史考证后，得出的结论令人信服，即日俄战争使得英国对德国的威胁认知变得清晰，特别是"多格尔沙洲事件"后，"他们（英国）认为持续扩张的德国舰队是两国人民之间良好关系的最严重障碍，而且除非德国的海军政策发生变化，否则英国必须采取强力遏制措施，使得提尔皮茨的造舰计划永久保持在'危险地带'中"。④

多格尔沙洲事件：1904 年 10 月 22 日，多格尔沙洲事件爆发。俄国舰队在多格尔沙洲误将英国渔船"赫尔号"当作日本舰船进行了攻击。事件的消息于 24 日到达英国，民众群情激愤，纷纷要求政府发动战争。皇家海

---

① Jonathan Steinberg, " The Copenhagen Complex", *Journal of Contemporary History*, Vol. 1, No. 3, 1966.
② Alfred von Tirpitz, *My Memories*, Vol. 1, New York: DODD, Mead and Company, 1919, p. 198.
③ Jonathan Steinberg, "The Copenhagen Complex", *Journal of Contemporary History*, Vol. 1, No. 3, 1966.
④ Paul M. Kennedy, *The Rise of the Anglo-German Antagonism 1860-1914*, London: George Allen & Unwin, 1982, p. 272.

军也采取了行动,英国巡洋舰挑衅性地对俄国舰队进行了紧密跟踪、海峡舰队进入待命状态、贝勒斯福德甚至制订了一份粗略的对俄作战计划。① 事态的发展使得英俄关系骤然紧张。由于日俄战争期间,德国表面宣称中立,但一直在暗中给予俄国帮助,如默许汉堡—美洲航运公司的运煤船给俄国提供煤炭、承诺保护俄国第二太平洋舰队安全渡过波罗的海和北海等,② 加之英国国内此前陆续积累的对德积怨,多种因素综合作用,使得英国认为这一事件是德国在幕后操纵,应该为俄国的不妥协态度负责。1904年10月28日,费舍尔在给妻子的一封信中指出,"事情眼下来看非常严重,确实是德国人策划了这一切。虽然今夜和平无须担心,但是没有人知道未来会发生什么,因为德皇正使用浑身解数意在挑起我们与俄国的战争"。③ 多格尔沙洲事件同样吓坏了德国,如果英俄开战,德国必将被卷入其中,但是当时德国甚至没有得到俄国的承诺。随着国际局势的紧张,德皇与俄国沙皇尝试进行了结盟谈判,但因为俄国要求签署协议之前应事先通知法国而未能达成。多格尔沙洲事件并没有引发英德直接冲突,但是却加深了两国间的嫌隙,产生了两方面的影响:一方面,它使得海军部更加坚定了将德国作为海上首要对手的信念,从而推动了皇家海军制衡德国的步伐。费舍尔在担任第一海务大臣后曾建议爱德华七世在德国海军羽翼未丰之时发动一场"预防性打击",彻底消除威胁,但被英王否决。④ 同时也间接降低了法国海军在海军部威胁认知中的地位,这种变化也为第一次摩洛哥危机期间英国的立场选择奠定了基础。另一方面,此次危机使得德国更加深陷"哥本哈根情结"。此后这种战略迷思成为德国海军建设的预设条件。在安全恐惧的支配下,德国海军建设日益失去了战略方向,大规模的海军扩建最终全面摧毁了英德关系。1904年11—12月,德国根据来自伦敦的海军武官的错误情报,坚信英国将在来年春季发动攻势,而此时费舍尔的本土舰队

---

① Peter Padfield, *The Great Naval Race: Anglo-German Naval Rivalry, 1900-1914*, New York: David Mackay Company, 1974, pp.118-119.

② Jonathan Steinberg, "The Copenhagen Complex", *Journal of Contemporary History*, Vol.1, No.3, 1966.

③ Peter Padfield, *The Great Naval Race: Anglo-German Naval Rivalry, 1900-1914*, New York: David Mackay Company, 1974, p.119.

④ Arthur J. Marder, *From the Dreadnought to Scapa Flow, Volume I: The Road to War 1904-1914*, Oxford University Press, 1961, p.113.

第四章 通往"海上唯一敌人"之路：海军部威胁认知的定型（1904—1909年）

改革似乎也印证了这种可能性。德国海军与外交部门开始根据德皇的命令讨论将海外舰队集中在本土海域，以应对英国"春季攻势"的问题，甚至为此制定了一份旨在通过夺取丹麦领土，从而战胜英国人的作战计划（战役计划11）。① 与此同时，英国驻德国大使拉塞尔斯在同年圣诞夜被召到德国首相官邸进行一次重要谈话，中心内容则是询问英国是否真的要对德国发动"哥本哈根式"打击，可见德国的这种恐慌已经转移到了英德外交关系中。② 1905年2月3日，英国海军部平民大臣阿瑟·李（Arthur Lee）公开宣称，"皇家海军将在对方（德国）来得及在报纸上读到宣战新闻之前，发动先发制人的打击"。③ 德国海军高级将领米勒提醒提尔皮茨需要跳出海军法案的束缚，加快海军建设速度，"李先生咄咄逼人的演讲给陛下提供了一个机会，他向我表达的意思是，那些从英国的持续威胁中看到有必要加快我们海军军备建设速度的人是正确的，而那些因为害怕英国而想在我们舰队发展上避免采取更快进程的人正在扼杀德国人民的未来"。④ 从这种特殊的心理认知出发，不难理解为什么德国在其后面对原本并不针对它的"无畏舰"革命时，所表现出的惊慌与不惜一切代价的快速跟进。

第一次摩洛哥危机：相比于多格尔沙洲事件，第一次摩洛哥危机对海军部威胁认知和英德关系的影响更为颠覆。这是"一次真正的危机，欧洲历史中的一个转折点，它粉碎了长时间的俾斯麦式和平"。⑤ 此次危机原本只是德国对法国的一次外交讹诈，敲诈殖民利益让步和"检验"英法协约的成色。作为危机挑起国，德国的本意是以强硬手段向法国证明英法协约并不能保证其安全，在英法之间打下楔子，甚至造成协约瓦解，以缓和因英法协约造成的可能被包围的危险。但是结果却是欧洲反德阵营的第一次明确化。究其根源，在于威廉二世等德国决策精英选择了一种加深危险的

---

① Jonathan Steinberg, "The Copenhagen Complex", *Journal of Contemporary History*, Vol.1, No.3, 1966.

② Jonathan Steinberg, "The Copenhagen Complex", *Journal of Contemporary History*, Vol.1, No.3, 1966.

③ Arthur J. Marder, *From the Dreadnought to Scapa Flow*, Volume I: *The Road to War 1904-1914*, Oxford University Press, 1961, p.111.

④ Jonathan Steinberg, "The Copenhagen Complex", *Journal of Contemporary History*, Vol.1, No.3, 1966.

⑤ ［英］A.J.P.泰勒：《争夺欧洲霸权的斗争：1848—1918》，沈苏儒译，商务印书馆1987年版，第489页。

方式去应对危险。① 德国一方面没有一个清晰具体的战略利益目标，将敲诈和羞辱法国这种政策工具当作目标本身；另一方面没有在合适的时机见好就收，罔顾了战略施压的适度原则，最终将危机演变成了一场德国与英法两强的公开、直接对抗。此外，德国决策精英也没有充分考虑到法国对待英德两国态度的根本性差异，即在阿尔萨斯—洛林问题存在的情况下，德国是法国的首要敌人，一厢情愿地企图以施压促进法国向德国靠拢。德国不仅未能获得有价值的外交收益，而且使自身在皇家海军眼中的敌国身份更加固化。德国拙劣的外交表演，更为深远的不利影响则是推动了英法协约的同盟化进程，德国亲手拉开了"一战"前欧洲两大政治军事集团尖锐对抗、国际格局完全僵化、德国被东西"包围"的序幕。1905年1月25日，一个法国使团到达非斯，与摩洛哥苏丹展开谈判，意在完全控制摩洛哥。德国虽然一再声明对摩洛哥没有兴趣，但荷尔施泰因认为这是一次羞辱法国和离间英法关系的战略良机。② 3月31日，威廉二世借地中海航行之机，在吉尔登陆，宣布捍卫摩洛哥的主权和领土完整，危机由此爆发。客观来看，在危机伊始，德国介入摩洛哥事务和要求法国补偿并未违反国际法。因为根据1880年7月3日签订的《马德里条约》，所有签字国共同维护摩洛哥的主权和领土完整，并且还保证在摩洛哥都享有最惠国待遇。当时的国际环境也有利于德国采取强硬行动，此时法国的盟友俄国深陷日俄战争的颓势和国内风起云涌的革命浪潮，无暇顾及法国；而英国的整军备战刚刚开始，且皇家海军也无法保护法国抵御德国的陆上进攻。德国的外交压力导致了法国政府的内部分裂，1905年6月6日，主张联英反德的法国外长德尔卡塞辞职，总理罗维埃兼任外长一职，并希望可以就此与德国进行直接谈判解决摩洛哥问题。但是威廉二世与荷尔施泰因等人认为迫使法国以国际会议解决问题，可以进一步撕裂英法关系，到时候始终鼓动法德对抗的英国必然会成为输家。1906年1月16日，关于解决摩洛哥问题的阿尔赫西拉斯会议召开。会议的结果正如历史学家泰勒的评价："只要单独同法国谈判，德国就能不断得到胜利……他们同意举行一次真

---

① Henry Kissinger, *Diplomacy*, New York: Simon & Schuster, 1995, p. 189.
② [美] 诺曼·里奇：《大国外交：从拿破仑战争到第一次世界大战》，吴征宇、范菊华译，中国人民大学出版社2015年版，第321页。

第四章 通往"海上唯一敌人"之路：海军部威胁认知的定型（1904—1909 年）

正的会议，就使自己承担了面对某种外交上联合的风险。"① 由于法国在会议前做了大量的外交准备，会议期间除奥匈帝国外，其他国家都支持法国。最终的结果也是法国获得了对摩洛哥的实际控制权（摩洛哥警察组织和治安权力交由法国和西班牙管理，法国同时获得了对摩洛哥国家银行的主导权）。

第一次摩洛哥危机使得海军部更加坚信，遏制德国海军的挑战刻不容缓。费舍尔坚决反对德国在摩洛哥大西洋沿岸获得加煤站，认为这将严重威胁途经好望角的英国航线安全。② 1905 年 4 月 22 日，费舍尔在给外交大臣兰斯多恩的信中表示，"我确信德国无论如何也要在摩洛哥获得一个港口，从海军的角度来看，这种情况的出现对我们无疑是极其不利的。除非我们能够获得丹吉尔港，也许（也仅仅是也许）能够让我们接受这种局面"。③ 海军部其他高级官员也表示了类似担忧。同年 5 月 10 日，海军情报部主任查尔斯·奥特利（Charles Ottley）在给帝国防务委员会的报告中指出，英国应坚决抵制德国在摩洛哥获得加煤站。④ 6 月 7 日，奥特利再次指出，"英国在目前关头应遵循的正确道路是显而易见的。她应该在精神上全力支持法国，但是她应该避免采取任何引起德国人反感的不必要的行动，而另一方面，她应该暗中认真地完善自己的安排，以便立即为战争做好准备"。⑤ 在这种部门环境下，一份名为"英国在德国入侵法国时的干涉行动"（British Intervention in the Event of an Attack on France by Germany）的海军部内部文件被适时"曝光"呈现在公众面前。文件提及费舍尔在 6 月 24 日命令海军情报部准备两份文件：一是在需要支援法国的突发行动中调遣现有舰队的可能性；二是对德国采取行动时舰队的部署。6 月 26 日，

---

① ［英］A. J. P. 泰勒：《争夺欧洲霸权的斗争：1848—1918》，沈苏儒译，商务印书馆 1987 年版，第 481 页。

② Arthur J. Marder, *From the Dreadnought to Scapa Flow*, Volume I: *The Road to War 1904-1914*, Oxford University Press, 1961, p. 115.

③ "Fisher to Lansdown, 22 April, 1905", in Arthur J. Marder, *From the Dreadnought to Scapa Flow*, Volume I: *The Road to War 1904-1914*, Oxford University Press, 1961, p. 115.

④ "Charles Ottley1 to the Assistant Secretary, Committee of Imperial Defence", [TNA: FO64/1630], 10 May, 1905 in Matthew S., Seligmann and others eds., *The Naval Route to the Abyss: The Anglo-German Naval Race 1895-1914*, Farnham: Ashgate Publishing Limited, 2015, p. 242.

⑤ Arthur Marder, *The Anatomy of British Sea Power: A History of British Naval Policy in the Pre-Dreadnought 1880-1905*, New York: Octagon Books, 1976, pp. 499-500.

奥特利在给费舍尔的回复中建议"在通过结盟获得压倒性优势之前,最好能与法国海军的指挥层交换意见,以免出现误解和混乱"。① 其后,英国海军部也与法国进行了一些看似正在组成军事同盟的接触行为,如两国海军参谋人员于1905年12月至1906年1月进行了非官方的军事交流等。费舍尔本人在当时也表现出了对建立两国海军友好关系的意愿(此时法国还是"两强标准"的敌对国之一)。1905年4月22日,费舍尔致信兰斯多恩:"这看似是一个联合法国打击德国的黄金时机,所以我迫切希望你能提出此项(结盟)事宜……最好能给巴黎发一份电报,告诉他们英法海军实际上是一体的,这样我们能够在一夜之间抓住德国舰队,占领基尔港和石勒苏益格—荷尔施泰因。"② 尽管费舍尔的上述言论更多的是向德国释放政治信号,以强制外交的方式吓阻其在摩洛哥的行动,并没有真心实意地想与多年老对手法国海军建立实质性的军事合作关系,甚至反对这种合作关系的建立,③英法海军合作机制只有在1910年费舍尔离开海军部后才逐渐建立。总体而言,德国在第一次摩洛哥危机中蛮不讲理的强硬行为,客观上将英法两国更加紧密地推到了一起。尽管"两强标准"在危机结束后并没有修改,但是事实上的结果是法国已经被皇家海军移出了"两强标准"的敌对名单。而德国在短短的两年时间里,在海军部威胁认知中的形象经历了沧海桑田的剧变——从不属于英国海军重点关注的潜在挑战国,到"两强标准"下的敌对国之一,再到实际上的海上唯一敌人。这种身份定位的变化,不仅有助于理解皇家海军在1906年之后所采取的一系列对德遏制行为,也从外部环境方面提供了对"为什么德国在1906年后不惜全面恶化英德关系也要将海军竞赛进行到底"的解释。

---

① Arthur Marder, *The Anatomy of British Sea Power: A History of British Naval Policy in the Pre-Dreadnought 1880-1905*, New York: Octagon Books, 1976, pp. 116-117.

② Arthur Marder, *Fear God and Dread Nought: The Correspondence of Admiral of the Fleet Lord Fisher of Kilverstone*, Vol. 2, London: Cape, 1956, p. 55.

③ 马德尔认为费舍尔基于以下几点原因反对英法海军合作:第一,他确信战争不会真的发生;第二,他始终坚信在任何情况下,皇家海军都具备独立作战能力;第三,他认为法国海军能在战时给英国的帮助非常有限,不足以使皇家海军以牺牲行动自由换取法国支持。因为从1902年开始,法国海军持续衰落,到1905年第一次摩洛哥危机爆发前后,更是沦为欧洲第三。其羸弱表现为舰艇建造效率低下、大量不适宜20世纪海战条件的过时舰艇存在以及新型装甲巡洋舰设计质量差等。参见 Arthur J. Marder, *From the Dreadnought to Scapa Flow, Volume I: The Road to War 1904-1914*, Oxford University Press, 1961, p. 118。

第四章 通往"海上唯一敌人"之路：海军部威胁认知的定型（1904—1909 年）

二 "无畏舰"竞赛与单一敌国身份的固化（1907—1909 年）

1906 年 4 月 2 日，世界上第一艘统一口径主炮战列舰在英国朴茨茅斯皇家海军造船厂建设完成。这是世界海军史上的一个重要里程碑，标志着"大炮巨舰"时代发展到了一个前所未有的高度。① 同年 12 月 3 日，该舰正式命名为"无畏号"并编入皇家海军现役，由此开启了世界海军史上的"无畏舰时代"。"无畏舰"代表了当时世界最为先进的海军军备技术。该舰排水量达 17000 吨，航速可达 24 节，是最早使用涡轮推进装置的海军舰艇类型。其最大的创新在于改变了以往舰炮口径不一致的问题，10 门（分为 5 个二联装）主炮统一口径 30.5 厘米，22 门小口径舰炮均为 7.6 厘米。在主炮布局上，"无畏舰"也做出了重大调整，5 门二联装主炮的布局为：1 舰首、2 舰尾、2 舰侧。虽然将 12 门主炮缩减为 10 门，但是由于舰首和舰尾的 8 门主炮可以齐射，因而火力达到了"前无畏舰时代"战列舰的 2 倍；② 此外，在完成"无畏舰"研发建造的同时，皇家海军的另一种新型主力舰——战列巡洋舰也于 1906 年 4 月开始建造，并在 1908 年 3 月建成（1909 年后与"无畏舰"一起被统称为主力舰），第一艘被命名为"无敌号"。这种"超级巡洋舰"体现了费舍尔本人对新式主力舰的理解，即在保留强大火力的同时，以相对牺牲装甲换取更快的航速，③ 其实质是战列舰和巡洋舰两种类型的结合体。"无敌号"的排水量也达到了 17000 吨，配备了 8 门 30.5 厘米的主炮（双炮塔），航速可达 25 节。1905 年，费舍尔在新型战舰设计委员会第一次会议上指出，"主导海战的两大因素是火力和速度，理论和实践都指向了一个事实——统一口径、最大火力和超过对手的航速，将使我们走向海战胜利"。④ 同年 11 月 16 日，费舍尔在一份

---

① 徐弃郁：《脆弱的崛起：大战略与德意志帝国的命运》（修订版），新华出版社 2014 年版，第 238 页。

② Holger H. Herwig, "*Luxury Fleet*"：*The Imperial German Navy 1888-1918*, Boston and Sydney：George Allen & Unwin, 1980, p.56.

③ Holger H. Herwig, "*Luxury Fleet*"：*The Imperial German Navy 1888-1918*, Boston and Sydney：George Allen & Unwin, 1980, p.57.

④ Robert K. Massie, *Dreadnought*：*Britain, Germany, and the Coming of the Great War*, London：Vintage Books, 2007, p.470.

给海军预算委员会的报告中又自豪地指出,战列巡洋舰的"火力和装甲防护意味着没有现役的战列舰类型可以在远距离与其安全相遇,速度优势也便于它采取行动"。① 除在速度和火力方面超过"无畏舰"外,战列巡洋舰的造价也低于"无畏舰"(分别为175.3万英镑和181.3万英镑),② 是一种更为经济的选择。费舍尔甚至一度考虑将战列巡洋舰作为皇家海军的单一战舰类型,认为这种结合将使皇家海军具有更大优势,值得严肃考虑。③ 因为其不仅可以同时完成战列舰与巡洋舰两种舰艇类型的任务,而且可以最大限度节约海军开支。但是这一主张由于过于激进而遭遇海军部委员会其他成员的强烈反对,无果而终。

(一)"无畏舰"革命:英德海军竞赛的全面升级

结合当时的国际形势,不难发现研发和建造"无畏舰"是皇家海军在特殊处境中保持海权优势所不得不做出的选择。如果英国不率先建造"无畏舰",这种新型战舰早晚会被其他国家(很可能是英国的对手)拥有,先机的丧失将极大地削弱皇家海军的战斗力,因为"无畏舰"相比于其他类型的战舰,性能完全是天壤之别。同时,"无畏舰"革命也是皇家海军依据对自身能力的自信做出的一次大胆跨越,旨在利用重大技术革新实现快速摆脱海权地位危机。一方面,研发建造"无畏舰"是英国对日益增大的海上竞争压力的被迫回应。如前文所述,日本在对马海战中的大获成功,引起了各海军强国的关注和效仿,建造"超级战列舰"一时之间成为一种海军发展的"流行趋势",一种"海军至上主义"的新诉求。1903年,意大利设计师库尼贝蒂(Cuniberti)设计了一种排水量达到17000吨,装备12门口径为12厘米舰炮的新型战列舰;④ 俄国于1904—1905年开始

---

① "Report of Navy Estimates Committee (16 November 1905)", cited from: Tetsuro Sumida, *In Defence of Naval Supremacy: Finance, Technology, and British Naval Policy, 1889-1914*, Boston: Unwin and Hyman, 1989, p. 52.

② Tetsuro Sumida, *In Defence of Naval Supremacy: Finance, Technology, and British Naval Policy, 1889-1914*, Boston: Unwin and Hyman, 1989, pp. 358-359.

③ Tetsuro Sumida, *In Defence of Naval Supremacy: Finance, Technology, and British Naval Policy, 1889-1914*, Boston: Unwin and Hyman, 1989, p. 52.

④ Jon Tetsuro Sumida," British Capital Ship Design and Fire Control in the Dreadnought Era: Sir John Fisher", *The Journal of Modern History*, Vol. 51, No. 2, 1979.

第四章 通往"海上唯一敌人"之路：海军部威胁认知的定型（1904—1909年）

此类设计；美国海军在1904年开始设计，1905年国会授权海军建造两艘新型战列舰"密歇根号"和"南卡莱罗纳号"；更令英国不安的是，德国海军也在加紧新型战列舰设计和建造工作。1904年3月，德国海军办公室设计部门提交了一份内容为：建造一种只配备重型舰炮，排水量达到14000吨的战列舰设计方案。该方案最初被命名为"战列舰工程10A"，1905年10月交付给"项目C"进行生产。该项目计划建造一种排水量达到17000吨，配备8门统一口径重型舰炮的战列舰，这是德国"拿骚级"无畏舰的先行试验。① 德国方面预估只要保持"无畏舰"建造，大约需要十年的时间，英国在"前无畏舰时代"积累起的巨大的相对优势就会被大幅缩小。但是这将带来"新危险地带"，② 为了避免重演一个世纪前丹麦海军的历史悲剧，德国需要做的是不惜一切代价加速海军扩建。尽管学界对"无畏舰"革命为什么在1905—1906年发生存在争议，也有学者认为费舍尔发起"无畏舰"革命是基于其担任地中海舰队司令时期的经验和战术设想（以法俄同盟为对手，应对海上"袭商战"，保护英国主要航线安全），③ 抑或出于平衡军事能力与经济效率的改革考虑。④ 但是结合前文所述，以及费舍尔入主海军部后，始终以保持皇家海军海权优势地位为首要导向的政策特征，本书认为"无畏舰"的诞生，最为重要的两个原因之一是费舍尔为了在应对他国，特别是德国海军的技术革新挑战，以先发优势保证英国海权地位不动摇所采取的顺应时势之举，甚至可以说是一种"壮士断腕"，即正如"一战"史名家里奇的评论，"拥有了'无畏级'战列舰，英国人已经让其他所有国家的舰队，包括他们自己的舰队，都显得过时了。他们借此也透露了数十年来他们在海军建设上享有的许多领先优势，但他们这样做是

---

① Holger H. Herwig, *"Luxury Fleet": The Imperial German Navy 1888-1918*, Boston and Sydney: George Allen & Unwin, 1980, p. 55; Tetsuro Sumida, *In Defence of Naval Supremacy: Finance, Technology, and British Naval Policy, 1889-1914*, Boston: Unwin and Hyman, 1989, pp. 38-39.

② E. L. Woodward, *Great Britain and the German Navy (Reprinted)*, New York and London: Routledge, 2018, p. 115.

③ Charles H. Fairbanks, "The Origins of the Dreadnought Revolution: A Historiographical Essay", *The International History Review*, Vol. 13, No. 2, 1991, pp. 246-272

④ Tetsuro Sumida, *In Defence of Naval Supremacy: Finance, Technology, and British Naval Policy, 1889-1914*, Boston: Unwin and Hyman, 1989, p. 43.

希望抬高风险，使德国人无法与之竞争"。① 另一个原因是，"无畏舰革命"是海军部基于对英国海军建设能力的信心做出的一次试图快速甩开竞争对手的大胆尝试。所依据的核心假定是：一旦英国占据了先发优势，不但可以打乱其他国家的既定造舰计划，而且如果任何其他大国开始建造"无畏舰"，那么拥有快速建造设施、造船工业实力和相关资源总量冠绝全球的英国很快就会超越它们。② 历史的发展也印证了这一点，以德国为例，1909 年德国在"无畏舰"建造方面的开支比英国多 20%，1908—1912 年，德国投入到战列巡洋舰的花费比英国多 30%。③ 1907 年 1 月 3 日，费舍尔自豪地表示："我们让外国的造舰计划停滞了 16 个月！"④ 1908 年 7 月 28 日，英国财政大臣劳合·乔治（Lloyd George）的一次演讲，也反映了其中的竞争逻辑，尽管这次演讲的动机是为进一步削减海军军费宣传造势，"如果有任何人开始建造它们，那么我们拥有更多的造船资源，建造速度可能会比世界上任何其他国家都要快"。⑤

英国虽然占据了先发优势，但是并没有达到让德国"知难而退"的预期效果。由于"无畏舰"的出现彻底否定了提尔皮茨关于"主力舰技术已趋于稳定"的战略预判，使得德国无论从数量还是质量上追平或者削弱英国海上优势都变得难上加难，几乎危及全盘海军战略的生存和运作。⑥ "无畏舰"的研发和建造可以被看作皇家海军向德国等竞争对手发出的一个旨在辨明敌友的战略信号。如果跟进英国的步伐，则证明了德国挑战英国海权地位的意图，必然会遭到皇家海军的制衡。因此，对于德国来说，当时

---

① ［美］诺曼·里奇：《大国外交：从拿破仑战争到第一次世界大战》，吴征宇、范菊华译，中国人民大学出版社 2015 年版，第 307 页。

② E. L. Woodward, *Great Britain and the German Navy* (Reprinted), New York and London: Routledge, 2018, p. 108.

③ Holger H. Herwig, *"Luxury Fleet": The Imperial German Navy 1888-1918*, Boston and Sydney: George Allen & Unwin, 1980, p. 61.

④ Tetsuro Sumida, *In Defence of Naval Supremacy: Finance, Technology, and British Naval Policy, 1889-1914*, Boston: Unwin and Hyman, 1989, p. 41.

⑤ E. L. Woodward, *Great Britain and the German Navy* (Reprinted), New York and London: Routledge, 2018, p. 105.

⑥ 顾全：《大陆强国与海上制衡：1888—1914 年德国的海军扩张》，上海人民出版社 2020 年版，第 336 页。

第四章 通往"海上唯一敌人"之路：海军部威胁认知的定型（1904—1909 年）

并不是一个跟进缩小与英国海军实力差距的良好时机。① 但是提尔皮茨等人最终选择了跟进，其中的原因，一方面是一旦德国选择退缩，很可能导致英德海军实力差距进一步扩大。根据德国海军办公室的评估，如果德国跟进且双方造舰速度保持不变，两国海军实力对比将在 1930 年达到 1.8：1 甚至 1.7：1。这样的比例意味着德国实现了基于"风险理论"的既定战略目标，即"这样的优势不足以对德国进行一次成功的打击"。② 而与之相反，假若德国选择就此退缩，则两国海军实力鸿沟会更加巨大，几近成为无法逾越的天堑。这种局面意味着德国从 1897 年以来的所有海军建设努力归于失败，同时也代表着德国多年海军建设投入的巨大成本付诸东流。过于巨大的"沉没成本"使得德国只能选择冒险跟进。另一方面，正如前文所述，德国经历了 1904—1905 年国际关系的剧烈动荡后，其决策精英已经深陷"哥本哈根情结"。1906 年 6 月，德皇向英国驻德国武官菲利普·杜马斯（Philip Dumas）表示，"我们的军官都表示，费舍尔的最终目标就是要在战斗中打垮我们"。杜马斯在发回海军部的汇报材料末尾总结道，"在基尔与众多德国军官和政要讨论了这些问题之后，我深信他们对与英国爆发战争的恐惧是非常现实的"。③ 1907 年，"费舍尔要来了"的传言在基尔港引起了巨大恐慌，很多家长持续两天不敢让孩子去上学，而且这种恐慌情绪在柏林等城市也有扩散，造成了柏林股市的波动。④ 基于这种安全感缺失，在英德矛盾多发和德国海军建设的关键时期，一旦英德海军实力差距因"无畏舰"而继续扩大，德国将陷入非常危险的境地。与遭遇英国预防性打击相比，尽管建造"无畏舰"需要在拓宽运河、淘汰大量舰艇等方面投入大量成本，而且会招致英国的敌意，但是不失为可以进行政治冒险的潜在高回报领域。这种心理完美地体现在提尔皮茨在"一战"后的回忆

---

① 徐弃郁：《脆弱的崛起：大战略与德意志帝国的命运》（修订版），新华出版社 2014 年版，第 239 页。

② Ivo Nikolai Lambi, *The Navy and German Power Politics 1862-1914*, London: Allen & Unwin, 1984, p. 270.

③ Philip Dumas, "Germany N. A. Report 28/06: Conversation with Emperor during Kiel Week", Berlin 29 June, 1906 in Matthew S., Seligmann eds., *Naval Intelligence from Germany: The Reports of the British Naval Attachés in Berlin, 1906-1914*, London and New York: Routledge, 2007, p. 24.

④ Peter Padfield, *The Great Naval Race: Anglo-German Naval Rivalry, 1900-1914*, New York: David Mackay Company, 1974, p. 134.

中。他认为费舍尔进行"无畏舰"革命是一个巨大的错误,因为它造成了英国在"前无畏舰时代"积累的战舰数量优势荡然无存,拉近了英国与其他列强的海上实力差距,使其他国家看到了通过建造"无畏舰"缩小与英国间海上力量差距的希望。① 此外,德国的沉没成本相对低。与皇家海军拥有庞大数量和高质量的"前无畏舰时代"舰艇需要做出巨大的牺牲不同,虽然德国也需要付出巨大的成本以建造"无畏舰",但是因其较低的沉没成本,可以实现更大收益,即德国将通过牺牲其较小的、实力较弱的"前无畏舰时代"舰艇而获得更多利益。

德国议会于 1906 年 5 月通过了第一个"海军补充法案",开始了新一轮的快速扩建。除 6 艘巡洋舰外,还专门拨款 94 亿马克建造"无畏舰",以及对运河、港口、船坞进行相应改造。该法案的拨款总数比 1900 年的第二个海军法案高出 35%,要求每年完成建造 2 艘"无畏舰"和 1 艘战列巡洋舰。② 德国的首批"无畏舰"为"拿骚级"系列,包括 4 艘战列舰,分别为"拿骚"号、"波森"号、"莱茵兰"号和"威斯特法伦"号。这批舰于 1907 年 6 月至 8 月安放龙骨,1908 年下水,1909—1910 年全部完成建造,每艘造价 3740 万马克,排水量为 18870 吨(大于英国的"无畏舰")。尽管由于技术原因,德国的首批"无畏舰"在火力③、推进装置④、舰炮布局⑤和航速(德舰最大航速为 20 节,小于英舰的 24 节)方面弱于英国。但是德舰在装甲防护方面具有独到的优势,采用了厚度为 300 毫米的装甲,大于英国的 279 毫米,且使用了蜂窝状密封舱设计技术,⑥因而对于皇家海军同样是极为重大的威胁。

---

① Holger H. Herwig, *"Luxury Fleet": The Imperial German Navy 1888–1918*, Boston and Sydney: George Allen & Unwin, 1980, p. 54.
② 徐弃郁:《脆弱的崛起:大战略与德意志帝国的命运》(修订版),新华出版社 2014 年版,第 240 页。
③ 德国主炮口径为 28 厘米,小于英国的 30.5 厘米。
④ 首批德国"无畏舰"没有采用涡轮推进装置。
⑤ 德舰虽然装备了 12 门主炮,但布局是舰首和舰尾各 2 门,舷侧各 4 门,且处于同一水平面上,只能使用 8 门主炮舷侧齐射。
⑥ Holger H. Herwig, *"Luxury Fleet": The Imperial German Navy 1888–1918*, Boston and Sydney: George Allen & Unwin, 1980, pp. 59–60.

第四章　通往"海上唯一敌人"之路：海军部威胁认知的定型（1904—1909 年）

（二）"两强标准"的放弃

"无畏舰"革命最大的历史影响，在于开启了当时世界两个最强大工业和商业国家之间持续多年的高烈度海军竞赛，推动英德关系快速走向了全面恶化。① 历时六年（1906—1912 年）的海军竞赛，将英德关系推向了万劫不复的深渊。随着两国关系在竞赛中持续剧烈震荡，以及德国在"无畏舰"研发与建造方面的快速跟进严重威胁英国的繁荣和安全，德国"公海舰队"（1907 年成立）成为皇家海军的唯一海上敌人。

1906—1909 年，海军部对德威胁认知走向了彻底固化，随着"两强标准"的调整和彻底放弃，德国成为皇家海军眼中"唯一的海上敌人"。如前文所述，1904—1905 年的若干重大事态，已经将实力快速增长的德国海军推向了皇家海军"两强标准"框架内首要对手的位置。海军情报部主任奥特利的评价直击问题本质——"欧洲的风暴中心已经从地中海转移到了北海"。② 1906 年，英德海军竞赛全面开启和持续加速后，直接的影响是海军部对德国的这一威胁认知被完全固化。此后直至 1914 年战争爆发，皇家海军始终围绕未来的对德作战问题准备，并且在国内政治斗争中积极为这一目标争取宽松的资源条件和政策环境（将在下一章重点论述）。在这两年中，贯穿其中的一条叙事主线是海军部对"两强标准"态度的变化。值得一提的是，海军竞赛完全破坏了两国之间保持良好关系的社会基础。互信的崩塌与猜疑的上升加剧了英国社会对德国的恐慌与愤怒情绪，使得社会中的"大海军主义"势力对海军政策的影响开始凸显。这种趋势意味着在两国围绕海军军备问题的激烈竞争左右公众情绪的背景下，两国政府几乎不可能排除民意影响取得和解，③ 海军竞赛日益成为横亘在两国政治、外交、民间等多种双边关系之间的死结，而不再仅仅是一个主要是皇家海军关切的海上军事安全问题。

---

① Matthew S., Seligmann, "The Anglo-German Naval Race, 1898-1914", in Thomas Mahnken and others eds., *Arms Races in International Politics: From the Nineteenth to the Twenty-First Century*, Oxford: Oxford University Press, 2016, p. 21.

② Arthur J. Marder, *From the Dreadnought to Scapa Flow*, Volume I: *The Road to War 1904-1914*, Oxford University Press, 1961, p. 119.

③ E. L. Woodward, *Great Britain and the German Navy* (Reprinted), New York and London: Routledge, 2018, p. 102.

严格来说,德国海军建设并不是海军部调整并最终放弃"两强标准"的根源,但是毫无疑问,却是1906年以后,海军部加速这一进程最主要的外部因素。1904年3月1日,英国首相贝尔福出台了新的海军标准,要求皇家海军在两强之外要有实力冗余,以免陷入与另外两个海军强国之间的战争后,不得不屈服于尚未参战的第三个海军强国。新的标准并没有对冗余做出具体的量化界定,这一任务交给了海军部。11月7日,一个由巴登堡的路易斯亲王(Prince Louis of Battenberg)牵头的特别委员会向海军部提出建议,皇家海军所拥有的战列舰数量,应大于可能结盟的两个海军强国之和的10%,这种联盟按照可能性排序依次为:德国和俄国、法国和俄国,而美国则一直被视作友好国家。① 对马海战后,俄国海军已经不再是皇家海军考虑自身实力的参考因素,② 此时只剩下了法德结盟一种可能。尽管第一次摩洛哥危机极大地降低了这种可能性出现的风险,但是海军部依然坚持认为"两强标准"并未过时。1906年10月,费舍尔声称,"它(德国)无疑是最可能的敌人……建立只针对德国的海军力量是安全的。但是我们发展海军不能只顾眼前,海军部受托于未来几代英国人。他们也许没有机会如我们这般享受如此安详的天空。我们今天下水的军舰,需要对未来25年的国际形势施加影响。而德国——或者那时我们要面对的其他敌人——也可能有机会与另一个海军强国联合(即使是暂时的)。总而言之,'两强标准'是一种理性的解读,并没有过时"。③ 1907年12月,10%的标准被海军部正式确定,1908年11月这一标准也得到首相阿斯奎斯的确认。然而,国际和国内形势的变化使得"两强标准"被调整和最终废弃的命运已经注定。1909年3月,第三海务大臣约翰·杰利科(John Jellicoe)向海军部正式提出建议,应该将"两强标准"重新界定为在主力舰数量方面对德国拥有60%的优势。④ 丘吉尔在

---

① "Memorandum by Battenberg", [CAC: FISR 1/4], 7 November, 1904 in Matthew S., Seligmann and others eds., *The Naval Route to the Abyss: The Anglo-German Naval Race 1895-1914*, Farnham: Ashgate Publishing Limited, 2015, pp. 152-153.

② Arthur J. Marder, *From the Dreadnought to Scapa Flow, Volume I: The Road to War 1904-1914*, Oxford University Press, 1961, p. 124.

③ Fisher's memorandum, "Admiralty Policy: Replies to Criticisms", October, 1906 in Fisher, *Memories and Records, Vol. 2*, London, New York and Toronto: Hodder and Stoughton, 2011, pp. 103-106.

④ Arthur J. Marder, *From the Dreadnought to Scapa Flow, Volume I: The Road to War 1904-1914*, Oxford University Press, 1961, p. 183.

第四章　通往"海上唯一敌人"之路：海军部威胁认知的定型（1904—1909 年）

1914 年 3 月向议会承认，杰利科的建议在当时得到了海军部的采纳，① 意味着在海军部于 1912 年 3 月 28 日正式向内阁和议会提出 60% 的新标准时，这一标准实际上已经私下执行了三年。由此推之，从 1909 年 3 月开始，海军部就实质性地放弃了"两强标准"，而对德国的认知也从"两强标准"下的首要潜在对手，完成了向"海上唯一敌人"的转变。造成 1908—1909 年海军部对德威胁认知快速变化的原因有如下三方面。

第一，德国海军建设引发海军部的安全焦虑。尽管费舍尔在公开场合的言论经常表现出对于皇家海军现状的满意和对德国海军的轻视（这也是他经常遭到"大海军主义"者批评的主要原因），最具代表性的事件是 1907 年 11 月 9 日，费舍尔在一次由梅耶爵士（Lord Mayor）举办的私人晚宴演讲中表示，英国人完全可以"在床上安睡"，因为皇家海军足以保证英伦三岛的绝对安全。② 部分"大海军主义"者以 1870 年"历史性灾难前夕无能的陆军大臣昂首阔步（指普法战争前法国陆军大臣勒博夫）"的历史故事对费舍尔的这种乐观加以嘲讽。③ 但是并不能由此认定费舍尔对德国海军的威胁熟视无睹，此类表态仅仅是一种安抚社会情绪的"烟雾弹"。因为费舍尔深知，皇家海军作为英伦三岛的第一道防线，同时关系到英国的荣誉和安全。这种极端重要性决定了一旦引起巨大的社会关注，海军政策的决策将很难避免被民意干扰。④ 正如前文所述，关注和应对实力快速增长的德国海军挑战是费舍尔领导下英国海军部的核心工作，海军部始终没有放松对德国海军建设的动态评估。特别是 1908 年 2 月德国国会正式批准第二个"海军补充法案"后，⑤ 源源不断的情报极大地加深了皇家海军

---

① Arthur J. Marder, *From the Dreadnought to Scapa Flow*, Volume I: *The Road to War 1904-1914*, Oxford University Press, 1961, p. 183.

② Barry Gough, *Churchill and Fisher: Titans at the Admiralty*, Barnsley: Sea Forth Publishing, 2017, p. 119.

③ Arthur J. Marder, *From the Dreadnought to Scapa Flow*, Volume I: *The Road to War 1904-1914*, Oxford University Press, 1961, p. 135.

④ Andreas Rose, *Between Empire and Continent: British Foreign Policy before the First World War*, translated by Rona Johnston, New York and Oxford: Berghahn Books, 2017, p. 246.

⑤ 根据法案内容，战舰的服役年限由 1898 年海军法案规定的 25 年缩短为 20 年。意味着 1908—1912 年德国新建的战列舰将达到 4 艘（3 艘"无畏舰"和 1 艘战列巡洋舰），比法案修订前多 1 艘。之后每年将开工建造 2 艘，直到 1917—1918 财年法案到期。此外，该修订案还将 1900 年法案中的"装甲巡洋舰"改为"战列巡洋舰"。根据上述修改，1900 年法案的目标（转下页）

对德国威胁的忧虑。1908年2月12日,杜马斯在离职前向海军部递交了一封长报告,详细评估了德国海军的威胁。杜马斯对德国多年的海军扩建的意图感到悲观。认为在德国社会广泛弥漫反英情绪,且这种情绪受到海军利益集团如德国海军联盟的充分鼓动,以至于"怀疑当挑战英国海权地位的时机恰当,德皇(如果他希望这样做)是否能够约束本国民众的行为"。在他看来德国向英国海上优势发起全面挑战并不遥远,"完全取决于他们海军建设的全速开动和陆军——用于对付法国——保持最高水平"。尤其危险的是,第二个"补充法案"通过,意味着到1915年,德国战列舰数量将达到英国的三分之一(德国17艘,英国54艘)。而一旦英国在海外遇到暂时的麻烦,舰队被迫分散,德国将具备进攻英国的实力。在上述讨论的基础上,杜马斯认为,"如今,一种微小、令人疯狂的诱人愿景在每一个德国人的内心深处升起。那就是只要勇往直前地突破周遭他(德国)感觉到的束缚他的界限,属于德国的荣耀之日即将到来。甚至能够从英国人手中夺取海洋霸权,成为世界上曾经出现的兼具陆海两方面优势的最强大帝国之一"。① 这份报告堪称皇家海军版的《克劳备忘录》,尽管杜马斯在报告中也承认其与德国海军军官接触不多,但是这份报告以其在德国掌握的情报为支撑,辅以卓越的个人洞见,在海军部内部产生了巨大的反响。在1908—1909年,还有很多份类似"杜马斯报告"的文件被呈递到海军部。例如1908年8月17日,驻德国陆军武官杜伦齐上校(Colonel Trench)在一份报告中表示,他关注到德国普遍弥漫着一种"精神暴躁",认为其成因是过去几个月德国在外交中遭受的一些冲击,例如爱德华七世和俄国沙皇在雷瓦尔的会晤、7月在布拉格召开的泛斯拉夫大会等,提醒海军部德国可能已经做好了战争动员的社会心理准备。② 这份报告给海军部

(接上页)38艘战列舰和20艘装甲巡洋舰,将被48艘"无畏舰"和战列巡洋舰替代。此外,1908年补充法案在海军经费方面达到了12.75亿马克,比1906年的补充法案(3.3亿马克)增加了9.45亿马克。参见Patrick J. Kelly, *Tirpitz and the Imperial German Naval*, Bloomington and Indianapolis: Indiana University Press, 2011, pp. 282-288。

① Philip Dumas, "Germany N. A. Report 9/08", Berlin, 12 February, 1908 in Matthew S., Seligmann eds., *Naval Intelligence from Germany: The Reports of the British Naval Attachés in Berlin, 1906-1914*, London and New York: Routledge, 2007, pp. 113-127.

② Arthur J. Marder, *From the Dreadnought to Scapa Flow, Volume I: The Road to War 1904-1914*, Oxford University Press, 1961, p. 148.

第四章 通往"海上唯一敌人"之路:海军部威胁认知的定型(1904—1909年)

留下了深刻印象,海军情报部主任斯莱德(Slade)认为以德皇为首的德国军政精英,以英国为德国发展障碍,为发展海军而进行的社会动员已经调动了强烈、躁动、非理性的社会情绪,这种情况是"最严重的,任何减少我们海上优势的举措,都只会鼓励德国更加得寸进尺地扩张海军规模,而这两个国家最终都会为之遗憾"。① 总而言之,在1908年结束前,海军部对德国海军的发展速度,以及真实意图的猜疑和警惕已经达到了一个空前的高度,"两强标准"修改已经箭在弦上。契机很快到来,当时间进入1909年,德国海军的发展势头终于在英国引起了全国范围的恐慌(将在下一章重点论述),德国自然而然成为皇家海军的"唯一敌人",此后,海军部对德威胁认知在大战前没有再发生变化,变化的只是如何应对威胁的战略手段。

第二,英国对外政策的变化对海军部威胁认知的影响。1905年末,英国自由党取代保守党,组建了新的内阁。自由党的执政对皇家海军与英国对外政策均产生了巨大的影响,因此,1906年是英国外交史上极为关键的转折年份。信奉自由帝国主义(Liberal Imperialism)的格雷取代兰斯多恩,成为新任外交大臣。与索尔兹伯里、兰斯多恩两位保守党外交大臣不同,格雷对德国怀有深刻的抵触情绪,② 早在1903年,格雷在自己撰写的文稿中已经将德国描述为"我们最坏的敌人和最大的危险"。③ 担任外交大臣后,格雷主张强化与法、俄两国的关系,共同对德国施加遏制。④ 此时俄国方面亦有此意,1906年5月,倾向于同英法接近的伊斯沃尔斯基(Isvol-

---

① Arthur J. Marder, *From the Dreadnought to Scapa Flow*, Volume I: *The Road to War 1904-1914*, Oxford University Press, 1961, p. 149.

② 有关格雷对德国态度的成因,学界尚无定论。一种接受度较高的观点认为,1894—1895年在自由党外交部的任职经历造成了格雷对德国的敌视。当时的外交大臣罗斯伯里曾努力尝试与三国同盟就外交摩擦达成协调,但是不仅没有得到德国方面的积极回应,反而受到德国的外交欺诈与勒索。参见 Roy Bridge and Roger Bullen, *The Great Powers and the European States System 1814-1914*, London: Pearson Longman Education, 2004, p. 287.

③ [美]诺曼·里奇:《大国外交:从拿破仑战争到第一次世界大战》,吴征宇、范菊华译,中国人民大学出版社2015年版,第328页。

④ 例如1907年11月,德皇访问英国时,曾与英国陆军大臣霍尔丹达成口头协议,以德国提供"门户"(让英国控制从巴格达到波斯湾的一段,抵御外军沿铁路南下,保证印度安全的"门户")达成两国在巴格达铁路问题上的谅解。但由于格雷始终坚持根据协约精神,法国和俄国必须参加谈判,不同意英德双边谈判而未能达成协议。参见[美]悉德尼·布拉德肖·费伊《第一次世界大战的起源:大国博弈之殇》,于熙俭译,文化发展出版社2019年版,第142—143页。

sky）成为新任俄国外交大臣,英俄外交谈判随即开始。① 1906—1909 年,英国对外政策的变化体现在两个标志性事件上。其一,英法俄三国协约集团的初步形成。俄国原本也是英国的重要对手之一,双方在中亚、中东和东亚存在着巨大的利益分歧。俄国在近东（主要是土耳其）和巴尔干的野心也影响英国始终努力维系的欧陆和平。但是 1904—1906 年的国际形势变化使得英俄接近成为可能,甚至可以说是不可避免的趋势。一方面是日俄战争后俄国实力受损,失去了向东亚扩张的能力,而此时的英日同盟较为稳固,② 客观上缓解了英俄的殖民利益纠纷；另一方面是英法协约的达成。正如前文所述,由于法俄之间的同盟关系,英法协约的达成为英俄接近开辟了道路。《英国关于战争起源的档案》(*British Documents on the Origins of the War*) 的编纂者古奇认为,"与俄国达成协议是我们（英国）与法国和解的自然结果,而且几乎是不可避免的结果"。③ 加之第一次摩洛哥危机使英国感受到了德国带来的压力正在持续增大,增加了英国与俄国接近的决心。格雷在 1906 年 2 月的一份备忘录中写道,"我们正在敞开与俄国和解的大门……如果可以遏制德国"。④ 与俄国协调不但可以避免俄国因战败后的困境而倒向德国（德皇在多格尔沙洲事件后一直在拉拢俄国与其结盟）,而且可以增加一个分担这种压力的助手。在这种背景下,1907 年 8 月 31 日,英俄协约达成。就内容与性质而言,英俄协约与英法协约类似。条约主要对双方在波斯、阿富汗和中国西藏的利益分歧进行了协调。尽管谈判期间也涉及土耳其海峡的控制权问题,但是未取得实质性成果,因而没有在条约中体现。该条约的核心内容是阿富汗与波斯两个问题。俄国宣布放弃在阿富汗的利益诉求,同时以高加索和里海东部为界,划分了两国的势力范围。俄国占据波斯北部,英国占据南部。⑤ 从条约内容不难看出,德

---

① George W. Monger, *The End of Isolation: British Foreign Policy, 1900-1907*, London: Thomas Nelson and Sons Ltd., 1963, pp. 282-283.

② 1905 年 8 月 12 日,当日俄战争还在进行期间,英国与日本便续订了防御性同盟条约,防御半径覆盖范围扩大到印度。

③ G. P. Gooch and others eds., *Studies in Diplomacy and Statecraft*, London, New York and Toronto: Longmens, Green and Co, 1942, p. 93.

④ [美]诺曼·里奇:《大国外交:从拿破仑战争到第一次世界大战》,吴征宇、范菊华译,中国人民大学出版社 2015 年版,第 329 页。

⑤ 王绳祖、何春超、吴世民编选:《国际关系史资料选编》,法律出版社 1988 年版,第 381—384 页。

第四章 通往"海上唯一敌人"之路:海军部威胁认知的定型(1904—1909年)

国并不是英俄缔约的主要原因。英俄协约与英法协约在性质上基本类似,都是英国与传统对手之间就海外利益分歧的协调,至少在签字伊始并不是一个含有正式政治军事义务关系的同盟条约。但是英俄协约的深远意义在于,它标志着英国战略由全球向欧洲收缩,以及英国"化敌为友"的完成。此后,英国的注意力迅速聚焦在了北海,在国际形势变化的推动下,英法、英俄两大协约成为日后英国实施对德战略包围的主要依托。从英俄协约签订起,欧洲六大国分为两大集团对立的格局越来越具体化和结构化。欧洲国际格局的变化对德国对外政策产生了非常强烈的冲击,构成其在1907年后频繁战略冒进的外部根源。由于英法俄三国在经济资源、海陆军实力等方面的总和都要大于三国同盟,且三国同盟中意大利由于与奥匈在巴尔干问题上存在巨大利益矛盾,也倾向于与英法搞好关系(正如在阿尔赫西拉斯会议上所做的),联盟关系并不稳固。阿尔萨斯—洛林、摩洛哥、海军竞赛和巴格达铁路等问题,都有可能招致德国与协约国集团成员的直接冲突,巴尔干问题也可能作为奥匈与俄国在近东扩张的冲突点。在协约国优势力量面前,德国如果无法实现实力提升,则只能选择妥协,这是德国绝对不能接受的。费伊的评价一语中的:"(英俄协约签订后)德国人的忧思焦虑,逐渐发展成一种神经质的症状,最后认为自己是被'包围'了。虽然俄国和英国多次声明英俄协约并不是针对德国而订立,并没有暗藏的目的。"① 英—法—俄协约体系的形成也代表着英国最终完成了战略收缩,即迫于外部压力,将全部战略重点都拉回了欧洲。② 由此引发的是英国对欧陆均势和德国海军扩建关注度的大幅度增加,此为英德冲突在其后几年骤然加剧的前奏所在。

其二是对德国威胁的重新评估。英俄协约代表了英国对外政策的调整转变,稍早的《关于英国与法德两国关系现状的备忘录》(以下简称《克劳备忘录》)则标志着英国政府在理念层面开始发生变化,特别是外交部在威胁判断和对德国的定位上。1907年1月1日,外交部高级职员克劳提交了《克劳备忘录》。该备忘录提交时正值英国对外战略重大调整的关键时

---

① [美]悉德尼·布拉德肖·费伊:《第一次世界大战的起源:大国博弈之殇》,于熙俭译,文化发展出版社2019年版,第141页。
② 周桂银:《体系变革与战略选择——19世纪末20世纪初英国收缩战略的缔造与实践》,载周桂银《国际政治中的外交、战争与伦理》,南京大学出版社2018年版,第180—181页。

期。克劳系统分析了英德和英法关系的状况、德国对外政策的特点、普鲁士的扩张传统、社会达尔文主义宿命观、"天定命运论"等战略文化要素,以及成为"世界强国"的帝国抱负之于德国对外政策的影响,对1902年以来英国外交部对德政策的争论进行了总结,并在此基础上指出英国对德国的政策只剩下一个明智的选项可供选择。① "德国显然企图在世界政治舞台上发挥比它发现自己在现有的物质权力分布的情况下被赋予的作用更大且更具主导性的作用"。但是问题并不在于德国的目标,"对此不应有片刻怀疑,即一个强大的德国,它的存在本身及其健康的活动,无疑是世界的福音",而是在于德国试图实现目标的手段,"德国在海上的绝对优势与英帝国的生存是无法兼容的,即使英帝国消失了,最强大的陆上军事力量与最强大的海上军事力量集中在一个国家手中,也将会迫使全世界联合起来以摆脱这种梦魇"。英国需要做的是"尽可能公开、坚定且可信地下决心不去反对德国正当的和平扩张及海军发展计划,实际上对我们是有利的,只要我们在此尽可能让德国清楚这一点:一旦英国或盟国的利益受到了任何不利影响,那么英国将会以坚定的反对来代替先前的宽容。仅此一点就会比任何其他路线都更有助于实现与德国的长期友好关系"。② 鉴于克劳的地位及英国对外政策决策的复杂机制,这份文件并不能作为英国对德政策调整的蓝图,夸大其对于英国对外政策的影响。③ 但是毫无疑问,作为一份产生重大历史影响的著名国务文件,《克劳备忘录》"最引人注目的地方首先在于它明确阐述了几个世纪以来英国对外政策赖以维系的根本原则,克劳也正是依据这些原则来衡量德国对外政策是否对英国核心利益构成威胁的"。④ 《克劳备忘录》是英国外交部对德政策大争论的一个里程碑,其内容"虽只反对与德国达成谅解,未曾更进一步,但其立场相当清楚:若德国不放弃追求海权优势,并调整'世界政策',英国必会加入俄法一方一同反德。而且

---

① Zara S. Steiner and Keith Neilson, *Britain and the Origins of the First World War*, London: Palgrave Macmillan, 2003, p. 47.
② [英]艾尔·克劳:《关于英国与法德两国关系现状的备忘录》,转引自吴征宇编译《〈克劳备忘录〉与英德对抗》,广西师范大学出版社2014年版,第31—78页。
③ Richard A. Cosgrove, "The Career of Sir Eyre Crowe: A Reassessment", *Albion*, Vol. 4, No. 4, 1972, pp. 193-205.
④ Wu Zhengyu, "The Crowe Memorandum, the Rebalance to Asia, and Sino-US Relations", *Journal of Strategic Studies*, Vol. 39, No. 3, 2016, pp. 389-416.

第四章　通往"海上唯一敌人"之路：海军部威胁认知的定型（1904—1909年）

会坚持到底"。①

第三，社会对海军部威胁认知的影响。社会压力是英德海军竞赛全面启动后，导致海军部对德威胁认知彻底固化的又一重要因素，而且在"一战"前英国海军战略决策过程中发挥了很大程度的影响。这是大众政治时代政策制定的显著特征。随着19世纪末欧洲各国政治体制民主化发展、工业化带来教育普及和信息传播加快，现代公众舆论应运而生。② 由于政治运作和资源分配日益仰赖民意支持，多元渠道表达出来的公众舆论，通过作用于总体上越来越依赖公众支持或认可的政府，从而影响国家政策的形成。③ 尽管具体的海军事务有一定的专业门槛，所受大众政治影响的程度稍逊于对外政策，但是公众舆论的影响力在于其可以通过对政府产生民意压力，以此改善或者破坏海军战略决策和政策执行所无法剥离的国内环境。回顾历史，1906—1909年海军部对德威胁认知的变化，在整体上深受公众舆论，特别是社会中广泛存在的"大海军主义"势力的影响，其结果远不止于1909年3月"两强标准"的放弃，甚至造成了1910年费舍尔的倒台。在1909年海军恐慌全面爆发之前，英国社会已经出现了几次小规模的恐慌情绪。颇具代表性的恐慌有两次：第一次是1906年7月德国宣布建造"无畏舰"，此时恰逢自由党内阁出于社会改革的需要压缩海军建设开支，迫使海军部同意对保守党政府1905年出台的"考德尔方案"（*Cawdor Programme*）进行修改④，同意1907—1908财年仅建造2艘装甲舰。⑤ 消息一经披露，立刻引发了议会中的反对党、"大海军主义"媒体和海军协会的猛烈批评。海军部的妥协被指责为甘愿被政府"当作他们懦夫行为的伪装"，成为"小英国格兰人的工具"。⑥ 恐慌的根本原因在于德国"无畏舰"建造计划的具体细节公布后（在某些方面性能甚至优于英舰），社会

---

① Henry Kissinger, *Diplomacy*, New York: Simon & Schuster, 1995, p. 193.
② 时殷弘：《现当代国际关系史：从16世纪到20世纪末》，中国人民大学出版社2006年版，第154页。
③ Kalvei J. Holsti, *International Politics: A Framework for Analysis* (*Fifth Edition*), New Jersey: Prentice Hall, 1988, pp. 392-398.
④ 根据"考德尔方案"，海军部每年可建造4艘装甲舰（战列舰和战列巡洋舰的统称）。
⑤ Nicholas A. Lambert, *Sir John Fisher's Naval Revolution*, South Carolina: University of South Carolina Press, 2002, pp. 158-159.
⑥ Peter Padfield, *The Great Naval Race: Anglo-German Naval Rivalry, 1900-1914*, New York: David Mackay Company, 1974, p. 221.

对皇家海军维持海上优势的前景过于悲观,担心"考德尔方案"的修改会成为自由党限制海军建设的开始而非结束。正如1906年10月22日《标准报》的一篇文章所指出的,"自由党执政10个月以来给国家造成的损失,比我们与一个欧洲一等强国开战所能预想的更大"①。此时海军部基于掌握的翔实数据表现出了冷静,② 但是难以平复社会焦虑情绪,甚至由此招致了猛烈的批评与嘲讽。1906年9月26日,费舍尔公开表示,"我们目前对德国的优势(我们多年来唯一可能的敌人)如此巨大,以至于谈论任何危害我们海军最高地位的事情都变得荒谬"③。费舍尔的镇定态度遭到了"大海军主义"媒体的反对,如《国家评论》斥责其为"科布登主义吝啬鬼政策"的应声虫,要求其为放弃"两强标准"负责④。第二次是1908年"每日电讯报事件"前后英国的舆情沸腾。随着德国加入"无畏舰"建造行列,警惕德国可能在未来发动进攻的声音开始在英国媒体频繁出现(有时甚至是政治立场截然不同的媒体)。如"大海军主义"媒体《陆海军记事》(*Army and Navy Gazette*)和信奉社会主义的媒体《号角》(*Clarion*),都以1908年7月德国公海舰队的首次大西洋航行为证据,参与了德国入侵的讨论。⑤ 1908年7月号《评论季刊》(*Quarterly Review*)刊载的一篇文章,分析了英国媒体情绪激动的原因,"使得英德冲突不是无可避免的唯一路径,就是表现得仿佛冲突一触即发"⑥。在这种背景下,10月28日"每日电讯报事件"发生。威廉二世在接受英国《每日电讯报》采访时,抱怨英国人误解了他本人和德国发展舰队的意图,"英国人疯了,像每年3

---

① Arthur J. Marder, *From the Dreadnought to Scapa Flow*, Volume I: *The Road to War 1904-1914*, Oxford University Press, 1961, p. 127.

② 当时英国已完工1艘"无畏舰",3艘即将完工(1906—1907财年),3艘战列巡洋舰也临近完成(1905—1906财年计划),而此时尚无其他欧洲国家完成"无畏舰"建造。

③ Nicholas A. Lambert, *Sir John Fisher's Naval Revolution*, South Carolina: University of South Carolina Press, 2002, p. 142.

④ Arthur J. Marder, *From the Dreadnought to Scapa Flow*, Volume I: *The Road to War 1904-1914*, Oxford University Press, 1961, p. 128.

⑤ Arthur J. Marder, *From the Dreadnought to Scapa Flow*, Volume I: *The Road to War 1904-1914*, Oxford University Press, 1961, p. 144.

⑥ Oron James Hale, *Publicity and Diplomacy: With Special Reference to England and Germany*, New York: Appleton, 1940, p. 266.

第四章　通往"海上唯一敌人"之路：海军部威胁认知的定型（1904—1909 年）

月发情的野兔！"① 德皇强调他自己是英国的朋友，在布尔战争期间不仅阻止了一个形成中的反英同盟，而且给英国提供了一份作战计划。② 但是大多数德国人，尤其是中下阶层对英国怀有敌意，这让他的处境非常为难。③ 德国建造舰队的目的并不是要与英国为敌，而是要保护德国在远东的利益和贸易。尽管德皇认为自己的举动旨在缓和英德关系，并将此次事件的责任推给外交部门，④ 但是已经于事无补。德皇的讲话同时在德国与英国引起了轩然大波。⑤ 事件对英国人的影响在于德皇确认了德国社会广泛存在着反英情绪。英国媒体对此次事件的回应是一致要求政府增加海军预算。《泰晤士报》《观察家报》等媒体要求政府在 1909 年开工建造 7 艘主力舰，海军联盟则要求 8 艘。⑥《帕尔摩公报》（Pall Mall Gazette）在 11 月 10 日的评论充分代表了"大海军主义"媒体的诉求："政府没有付给国民们所允诺的现金，只是开了一张空头支票。国民们不喜欢这样的安全感，需要的是真金白银！"⑦ 在巨大的社会压力下，自由党政府最终选择了妥协，正如前文提到，首相阿斯奎斯于 11 月 12 日和 23 日在下议院宣布以 10% 原则为新的"两强标准"内容，为海军部在几个月后私下放弃"两强标准"创造了条件。政府的上述承诺尽管在一定程度上满足了公众舆论对加强海军建设的要求，但是并没有实质性行动，而且自由党政府暂时也不同意做出造舰数量方面的具体承诺，正如 12 月 9 日贝尔福的防务顾问、海军上尉阿

---

① Arthur J. Marder, *From the Dreadnought to Scapa Flow*, Volume I: *The Road to War 1904-1914*, Oxford University Press, 1961, p. 144.

② Peter Padfield, *The Great Naval Race: Anglo-German Naval Rivalry, 1900-1914*, New York: David Mackay Company, 1974, pp. 223-224.

③ Peter Padfield, *The Great Naval Race: Anglo-German Naval Rivalry, 1900-1914*, New York: David Mackay Company, 1974, p. 224.

④ 德皇表示，"我将《每日电讯报》送给我的原稿交给了外交部的冯·耶尼施先生，由他转交给毕洛夫审阅。我在原稿上做了一些注解，希望他着重看一下这些注解，因为我觉得这些内容不应该出现在报刊上。虽然我要求删掉原稿中的一部分内容，但由于外交部的一系列错误，这件事最终没有落实"。参见 [德] 威廉二世：《德皇威廉二世回忆录》，赵娟丽译，华文出版社 2019 年版，第 161 页。

⑤ 在德国内部，各党派一致抨击威廉二世擅自破坏对外关系的行为，要求其严格约束自己的言行，迫使德皇于 1908 年 11 月 17 日允诺在帝国政策方面遵循宪法。

⑥ Arthur J. Marder, *From the Dreadnought to Scapa Flow*, Volume I: *The Road to War 1904-1914*, Oxford University Press, 1961, p. 145.

⑦ Arthur J. Marder, *From the Dreadnought to Scapa Flow*, Volume I: *The Road to War 1904-1914*, Oxford University Press, 1961, p. 145.

瑟·李在皇家联合军种学院的一次演讲中提到，"简而言之，政府已经给这个国家开出了一张有效期为三个月的支票，我相信英国希望看到这不是一张空头支票，而是可以兑现的支票"。① 这种情况显然难以完全消除社会压力，随着几个月后德国海军正在加速造舰的消息不胫而走，社会力量将在新一轮大规模海军恐慌中对海军部，以及英帝国整体外部威胁认知和对外政策走向产生关键性的影响。

小结

1904—1909年是英德两国海上矛盾迅速升级发酵的关键六年，日俄战争后国际格局的变化深刻改变了英德两国的外交处境，英法、英俄协约的先后达成，在一定程度上大大释放了英国面临的海外殖民地竞争压力，可以集中精力关注欧洲大陆事态的发展。此时又恰逢德国海军的快速发展期，促使费舍尔主政的皇家海军不断强化对德国海上威胁的警惕与制衡，而来自英国的制衡压力又引发了德国的安全焦虑，以更为激烈的造舰举措作为回应，双方海上军备竞赛愈演愈烈，安全困境也越陷越深，最终结果是皇家海军事实上废止了采用多年的"两强标准"，开始全力应对德国这个"海上唯一敌人"。

阶段一："两强标准"下的对德威胁认知（1904—1906年）。这一时期海军部对德国威胁的看法，基本上是1902年以来威胁认知的延续和进一步深化。从1904年开始，日俄战争、英法关系的改善、德国在"哥本哈根情结"支配下的战略冒进、两次国际危机——多格尔沙洲事件和第一次摩洛哥危机，都加速了英德两国的对立。日益激化的海上矛盾推动海军部将德国列入"两强标准"内的敌对国家名单，从而加速推动了两国关系走向全面敌对。费舍尔海军改革及皇家海军在多格尔沙洲事件和第一次摩洛哥危机前后的对德政策，表明至少海军部已经开始实施对德制衡，并且落实在了具体政策上。这一时期海军部的威胁认知，宏观上表现为：将德国海军作为"两强标准"框架内的两大海上对手之一，即用德国取代了日俄

---

① Arthur J. Marder, *From the Dreadnought to Scapa Flow*, Volume I: *The Road to War 1904-1914*, Oxford University Press, 1961, p.146.

第四章 通往"海上唯一敌人"之路：海军部威胁认知的定型（1904—1909 年）

战争，特别是 1905 年 5 月 27—28 日对马海战后，海军实力大为削弱的俄国。英法关系的变化与德国强势的对外政策也在其中发挥了重要的作用。

阶段二：海军竞赛与单一敌国身份的固化（1907—1909 年）。1907—1909 年，海军部对德威胁认知走向了彻底固化，其中的原因包括"无畏舰"革命后英德海军竞赛的全面展开、英法俄协约集团的初步形成，以及英国外交部对德政策理念的变化和英国社会公众舆论的推动。贯穿其中的主线是海军部对"两强标准"的修改与最终放弃。随着 1909 年 3 月"两强标准"被海军部内部弃置，德国成为皇家海军眼中"唯一的海上敌人"。直接的影响是海军部对德国的这一威胁认知被完全固化。此后直至 1914 年"一战"爆发，皇家海军始终围绕未来的对德作战问题做准备，并且在国内政治斗争中积极为这一目标争取宽松的资源条件和政策环境。

总体而言，截至 1909 年，海军问题已经逐渐成为英德在军事领域最为重要的安全矛盾。虽然此时英国政府对德国威胁的认知和政策尚未完全形成，两国还没有进入全面敌对状态。但是伴随皇家海军将德国作为"海上唯一敌人"的威胁认知固化，两国在北海已经处于剑拔弩张的高危安全态势。两支庞大海军的对峙局面已经形成，英德在海上陷入了典型的安全困境。这种高危局面的出现，同时加剧了英德两国的安全焦虑，推动了英德海军竞赛与外交矛盾的不断升级，为双方从军事安全竞争走向全面对抗埋下了伏笔。

第五章　海军部与英国整体性威胁认知的调整（1907—1912年）

> 枢纽国家向欧亚大陆边缘地区的扩张，使力量对比越来越对它有利，这将使它能利用巨大的大陆资源来建立舰队，那时这个世界帝国也就在望了。①
>
> ——哈尔福德·约翰·麦金德（Halford John Mackinder）

英德海上矛盾在海军竞赛期间的剧烈升级直接造成了两国关系在"一战"前的全面恶化，这已是学界广泛接受的常识性公论。然而，既有研究并没有充分地解释这种影响是如何产生的。亟待进一步回答的问题是：海军竞赛的负面影响是如何拓展到双方外交领域，从而直至导致了两国关系势同水火的全方位崩坏。因为海军竞赛充其量只是两国在军事安全领域的高烈度竞争，尽管军事安全是影响一国对外政策的重要因素，但是并不是唯一因素。之所以最终产生上述影响，其根源在于海上矛盾引发的剧烈敌意通过国内政治途径扩散到了对外政策决策领域。从本质上来说，对外政策是国内政治的延续，② 作为服务于国内政治目标的工具，国内政治是对外政策变化的根本原因之一（另一根源为体系压力）。理解国内政治互动过程，是深层次解析对外政策变化动因的根基。因此，对英德海上矛盾全面升级过程中英国内部相关的政治博弈进行过程追踪，是深度理解海上矛

---

① [英]哈·麦金德：《历史的地理枢纽》，林尔蔚、陈江译，商务印书馆2016年版，第69页。

② 张清敏：《对外政策分析》，北京大学出版社2019年版，第136页。

第五章 海军部与英国整体性威胁认知的调整（1907—1912 年）

盾对英国整体性威胁认知作用机制的必备前提。基于此，本章以海军部和政府内部（主要是内阁与议会）支持海军扩建的"海军派"为主角，重点考察军方威胁认知扩散与英国整体性威胁认知变迁之间的关系，即回答海军部和"海军派"在 1907 年第二次"海牙和平会议"至阿加迪尔危机（第二次摩洛哥危机）和霍尔丹使团访德失败之间，特别是在 1909 年"海军恐慌"和 1909—1912 年英德海军谈判期间，通过何种渠道进行威胁认知扩散，并最终对"一战"前英国整体性威胁认知的形成与固化产生塑造作用。需要指出的是，本章所谓的整体性威胁认知属于国家安全战略层面，层级高于属军事安全战略层面的海军部威胁认知。简言之就是英国政府对外部威胁来源的总体判断，可以代表国家整体，对于英国对外政策的调整具有决定性的导向作用。在这段历史中，除了引发 1909 年"海军恐慌"，海军部通常在幕后间接推动威胁认知的扩散，而在国内政治博弈中直接与反对势力展开竞斗的主要是政府内部的"海军派"。

美国战略学家威廉·默里指出，战略缔造"是一个过程，一种不断的调整，以便在一个偶然性、不确定性和含糊性占优势的世界上适应变动中的条件和环境。而且，这是个其他参与者的行为、意图和目的在其中保持朦胧不清的世界，使得最精明的决策者也需大伤脑筋，并且让自己的本能经受考验"。[①] 在战略决策过程中，共识性的整体性威胁认知的形成，通常很少沿着一个线性的轨迹发展，它经常是国内各种利益相互冲突的产物。[②] 因此，整体性威胁认知的变化，相对于军事安全领域的威胁认知是一个相对缓慢的过程，决策精英群体对本国面临的外部威胁以及在体系中相对位置的变化认知，往往滞后于军事安全形势的变化。[③] 海军部早在 1902 年即开始将德国海军作为重要的潜在威胁予以关注，但英国政府对德威胁认知直到 1907 年后英德海军竞赛不断升级的情况下，才开始发生巨大的转变，直至阿加迪尔危机和霍尔丹使团访德失败才最终固化。海军问题从一个军

[①] ［美］威廉森·默里、［英］麦格雷戈·诺克斯、［美］阿尔文·伯恩斯坦编：《缔造战略：统治者、国家与战争》，时殷弘等译，世界知识出版社 2004 年版，第 1 页。

[②] ［英］A.J.P. 泰勒：《争夺欧洲霸权的斗争：1848—1918》，沈苏儒译，商务印书馆 1987 年版，第 536 页。

[③] 周桂银：《体系变革与战略选择——19 世纪末 20 世纪初英国收缩战略的缔造与实践》，载周桂银《国际政治中的外交、战争与伦理》，南京大学出版社 2019 年版，第 164 页。

事安全问题上升到了两国大战略层面的冲突，英国将德国视作唯一敌人，海军矛盾成为双边关系的最大障碍。这一过程中的两个核心影响因素：一是来自德国海军的现实威胁；二是包括政府、议会、海军部和公众在内的整个英国社会，在日益激烈的大国军事安全竞争中出现的、以夸大外部安全威胁为特征的社会心理焦虑状态。两种因素通过国内政治过程与"精英—社会双向互动"相互作用，① 最终的结果是海军矛盾不再只是海军部重点关注的军事安全问题，而是被英国政府视作最为重大的外部挑战，德国也因此成为英国必须进行全面制衡的唯一敌人（自"拿破仑帝国"覆灭后，这一位置已经空缺了近一个世纪）。

根据前面章节的内容，尽管从1901年英德战略协调失败后，英国政府内部就已经出现了要求对德国的潜在威胁加以遏制的声音，存在激烈的对德政策争论。但是直到1905年底自由党执政后进行外交部人事重组，德国尚未构成英国重点盯防的外部威胁来源。第一次摩洛哥危机与1906年的阿尔赫西拉斯会议是英国整体性威胁认知发生调整的转折点。实质上，英国选择站在法国一边并不是出于"欧洲协调"的考虑，更重要的是"为了挫败德国在欧洲发号施令"。② 这是英国第一次在外交领域公开对德国进行压制，也是英德矛盾第一次向世人全面公开（此前围绕海军的矛盾只是两国海军领导机构和社会在暗中较劲）。1907年初的《克劳备忘录》可以视作对英国政府内部此前对德政策讨论的共识性总结，以及新的对德立场的一次全面宣示。③ 此后英国的整体性威胁认知逐步向着对德国不利的方向发展。1907—1912年短短的五年时间见证了英国整体性威胁认知沧海桑田般的剧变。基本的变化脉络包括：第一阶段：第二次"海牙和平会议"和1908年德国第二个海军补充法案出台后，英国内部氛围开始推动政府调整整体性威胁认知，海军部也开始通过进行威胁认知扩散，以此对英国的整体性威胁认知产生影响。第二阶段：1909年"海军恐慌"期间的国内政治

---

① 徐若杰：《崛起国缘何陷入战略迷思——基于一战前德国海权战略决策的实证研究》，《太平洋学报》2020年第9期。

② ［英］A. J. P. 泰勒：《争夺欧洲霸权的斗争：1848—1918》，沈苏儒译，商务印书馆1987年版，第488页。

③ 吴征宇编译：《〈克劳备忘录〉与英德对抗》，广西师范大学出版社2014年版，第8—9页。

第五章　海军部与英国整体性威胁认知的调整（1907—1912 年）

斗争及之后英德的海军谈判。在恐慌期间，海军部与政府内部支持海军扩建的势力合流形成了"海军派"，经过一系列激烈的政治斗争，海军部的威胁认知发生了大范围扩散。将德国视作唯一敌人，认为德国建设海军就是为了挑战英国霸权甚至入侵英国的观点占据了主导地位。海军矛盾不再是一个单纯的双边军事安全议题，英德因海军问题而全面交恶，英国各界在恐慌后已经形成了与德国全面敌对的思想共识。第三阶段：从阿加迪尔危机（第二次摩洛哥危机）开始至霍尔丹使团访德失败，英国对德作战部署全方位展开，英德关系进入全面对抗状态。

一　英国整体性威胁认知调整的开端

（一）第二次"海牙和平会议"的失败

在加大海军建设投入之余，英国政府选择尝试利用第二次"海牙和平会议"（1907 年 6 月 15 日至 10 月 18 日）的契机，与德国谈判协商解决海军竞赛问题。1905 年 9 月 13 日，俄国政府提议在海牙再次召开"和平会议"，以解决 1899 年第一次"海牙和平会议"在制定战争与和平国际法方面的未竟事项。会议内容原本并不涉及军备控制内容，但是英国政府希望借助此次会议一方面削减英国自身的军事预算，另一方面让其他欧洲大国，尤其是德国加入军备控制，因而在会议前后努力推动这一方案。[①] 历史的戏剧性在于，会议的初衷是增进英德两国在安全方面的相互理解，然而结果不仅未能增加彼此的互信，反而造成了双方安全感的进一步缺失和海上矛盾的再升级。[②] 值得一提的是，在第二次"海牙和平会议"前后，海军部发挥的作用相对有限，但是会议的最终结果却间接印证了海军部对会议前景的消极预测。此外，会议结果也为海军部在 1909 年海军恐慌中发挥的关键作用做了铺垫。会议后英德双方海军竞赛的再升级，及其引发的英国政府和全社会对海军问题的全面关注，特别是"大海军主义"势力的

[①] Christopher Martin, "The 1907 Naval War Plans and the Second Hague Peace Conference: A Case of Propaganda", *Journal of Strategic Studies*, Vol. 28, No. 5, 2005.

[②] Kenneth L. Moll, "Power, and Panic: Britain's 1909 Dreadnought 'Gap'", *Military Affairs*, Vol. 29, No. 3, 1963.

激愤情绪，为海军部威胁认知的扩散提供了充足的"燃料"，只需要特定的事态将其点燃，即可对英国整体性威胁认知产生震荡性的剧烈影响。

早在1899年会议期间，德国就反对讨论限制军备的普遍协议。在英德海军竞赛正在激烈进行的背景下，德国方面更是从军事视角看待英国的建议，坚决反对商谈削减军备事宜，认为这是英国为了巩固风雨飘摇的海上霸权而采取的、试图实现"不战而屈人之兵"的阴谋。由于德皇和提尔皮茨等人将英国的建议视作阻碍德国海军发展以维持两国海军实力现状的阴谋，拒绝在会议上讨论限制军备问题，使得会议最终徒劳无功。① 威廉二世明确指出，"每个国家都必须按照保护自身利益和维持国际地位的需要来决定它所需军事力量的规模"。② 提尔皮茨也认为，"英国已经比德国强大四倍了，并且与日本和法国结盟。这样一个巨人却要求德国这样的侏儒削减军备……我们已经决定要拥有一支舰队，而且要按照我们的计划来建造和维持这样的舰队"。③ 事实上，英国外交大臣格雷在会议期间，在寻求与德国达成为期5年的军备限制协议的同时，始终坚决强调皇家海军必须保持"驱敌于海洋之外"的进攻性能力，也不接受对英国海上封锁能力的任何限制。④ 上述内容更是从一个侧面为德国的顾虑和担忧提供了现实论据。

英国方面，尽管自由党政府极力推动和促成普遍约束力的海军协议达成，然而，来自德国海军扩建的强大压力，使得自由党政府限制海军经费的政策面临国内"大海军主义"和民族主义等社会力量猛烈的批评，"所有头脑清醒的英国人都深感担忧"。⑤《每日邮报》（*Daily Mail*）的质问颇具代表性，"难道英国打算以放弃海上优势为代价向民众发放养老金？"⑥

---

① [美]诺曼·里奇：《大国外交：从拿破仑战争到第一次世界大战》，吴征宇、范菊华译，中国人民大学出版社2015年版，第297页。

② Arthur J. Marder, *From the Dreadnought to Scapa Flow*, Volume I: The Road to War 1904-1914, Oxford: Oxford University Press, 1961, p. 130.

③ Arthur J. Marder, *From the Dreadnought to Scapa Flow*, Volume I: The Road to War 1904-1914, Oxford: Oxford University Press, 1961, pp. 130-131.

④ David Stevenson, *Armaments and the Coming of War: Europe 1904-1914*, Oxford: Oxford University Press, 1996, p. 107.

⑤ [英]温斯顿·丘吉尔：《第一次世界大战回忆录1：世界危机（1911—1914）》，吴良健译，译林出版社2013年版，第24页。

⑥ Kenneth L. Moll, "Power, and Panic: Britain's 1909 Dreadnought 'Gap'", *Military Affairs*, Vol. 29, No. 3, 1963.

第五章 海军部与英国整体性威胁认知的调整（1907—1912年）

一种更为极端和悲观的观点认为，如果英国真的采取了限制海军军备的举措，两年内将失去欧陆盟友的支持。届时英国不仅在处理欧陆事务上无所依靠，而且在海上力量方面也将羸弱不堪。① 海军部针对会议的发声相对有限，然而在表达对军备控制前景的悲观情绪上，英德两国海军最高决策部门的观点几近一致。英国海军部的态度与提尔皮茨几乎如出一辙，"从纯粹的机会主义和自利角度来看，因为我们的海军在当前显然更具优势，所以如果其他国家愿意照做，我们当然同意这些原则。但是……德国对军备控制议题臭名昭著的敌意也是一块绊脚石，有效地扼杀了各种限制军备的诚意……通过限制军备实现和平的目的不仅不可能实现，而且很可能诱发冲突和战争，并且具有许多操作层面的困难"。② 除强调外部国际环境不适宜在此时削减军备，海军部还表达了对削减军备可能影响英国军工业和经济发展的担忧，"与军舰建造有关的既得利益集团如今非常庞大，而且在制造业和贸易有关的几乎每个分支领域里都盘根错节，任何限制海军军备的建议的直接影响，都将是直接给予上述利益集团沉重打击……与任何国家不同，保持造船行业的繁荣和健康是英国的最高利益所在。如果此类限制将看似不可避免地严重影响我们首要的民族工业之一，英国站到'有限海军军备'的旗帜之下还是明智之举吗？"③

从最终的结果来看，第二次"海牙和平会议"不仅没有解决英德之间的海军竞赛问题，反而增加了英国政府对德国的猜疑、愤怒和敌意。英国提出的裁军方案失败后，英德海军竞赛再次升级。恰如格雷的总结，到了1908年，"整个世界的目光都聚焦在英国和德国在造舰问题上的敌意"。④ 英国随即开始了1907年计划中的第3艘"无畏舰"建造（此前政府曾说服海军部同意暂缓开工，等待会议结果），并密切监视德国第二个海军补

---

① Paul M. Kennedy, *The Rise of the Anglo-German Antagonism 1860-1914*, London: George Allen & Unwin, 1982, p. 442.

② "Memorandum on Limitation of Naval Armaments" (Prepared for Grey), 29 January, 1907, cited from: Arthur J. Marder, *From the Dreadnought to Scapa Flow*, Volume I: *The Road to War 1904-1914*, Oxford: Oxford University Press, 1961, p. 133.

③ [英]詹姆斯·乔尔、戈登·马特尔：《第一次世界大战的起源》（第三版），薛洲堂译，商务印书馆2020年版，第142—143页。

④ "Edward Grey to Count de Sail", 18 December, 1908, in Gooch & Harold Temperley, eds., *British Documents on the Origins of the War, 1898-1914*, London: His Majesty's Stationery Office, Vol. vi, No. 110, 1927.

充法案的执行情况。更为深远的负面影响则是，此后类似通过和平方式协调海军竞赛问题的建议在英国内部失去了市场。这一事件也成为"大海军主义"者进行宣传的有力武器，"坎贝尔·贝纳曼提出了这样的建议，而且为了向德国显示诚意还暂停了考德尔计划。结果呢，德国反而加快了造舰速度！"① 第二次"海牙和平会议"的失败充分证明了格雷的观点的正确性，"在无法确定对欧洲其他国家可能产生何种影响的情况下大规模削减海军，这样的赌注太大了"。②简言之，持续经年的海军竞赛已经严重破坏了英国各界对德国的信任。在这种社会氛围下，寻求与德国达成军备控制协议的主张缺乏社会舆论土壤，故而谈判的失败并不令人惊讶。

（二）英国整体性威胁认知调整的开始

1908—1909 年发生的两次突发性国际事件，使格雷等英国政府高层官员认为德国企图以"分化瓦解，各个击破"的方式谋求欧洲霸权，③ 从而坚定了强化协约体系的决心。支持法国和俄国，打压德国成为英国在历次国际危机中的基本立场。英、法、俄协约基本上完成了同盟化转型。在这种背景下，英国政府内部的对德路线分歧和讨论基本结束，整体性威胁认知开始发生巨大的调整和变化。首先是 1908 年 9 月 25 日，卡萨布兰卡危机爆发。④ 尽管此事与英国并无直接关系，但是英国政府选择了坚定地站在法国一边。格雷在 11 月初前往海军部会见麦肯纳，要求皇家海军的舰艇做好战争准备。伊舍在日记中写道，"战争似乎将要爆发"，部分自由帝国主义大臣决心主动给予法国帮助，即使法国没有要求英国如此；⑤ 紧随其

---

① Arthur J. Marder, *From the Dreadnought to Scapa Flow*, Volume I: *The Road to War 1904-1914*, Oxford: Oxford University Press, 1961, pp. 134-135.

② E. L. Woodward, *Great Britain and the German Navy* (*Reprinted*), New York and London: Routledge, 2018, p. 426.

③ [英] A. J. P. 泰勒：《争夺欧洲霸权的斗争：1848—1918》，沈苏儒译，商务印书馆 1987 年版，第 507 页。

④ 起因是德国驻卡萨布兰卡的领事，企图协助 6 名法国外籍义勇军士兵逃往一艘德国船只，被法国军方成功拦阻。德国领事和 6 名逃兵遭到了法国士兵的粗暴对待。法国方面指责德国违反国际法，越权保护在法国军事管辖范围内的人员；而德国方面则谴责法国侵犯了不容侵犯的领事权。此次危机最终以仲裁的方式得到了妥善解决，双方各自作出了让步，没有因外交纠纷引发更大的冲突。

⑤ Paul M. Kennedy, *The Rise of the Anglo-German Antagonism 1860-1914*, London: George Allen & Unwin, 1982, p. 444.

第五章 海军部与英国整体性威胁认知的调整（1907—1912年）

后的是1908年10月6日爆发的波斯尼亚危机，奥匈帝国宣布吞并波斯尼亚和黑塞哥维那（这两个巴尔干省份自1878年《柏林条约》签订后，处于奥匈的实际控制下）①。奥匈的行动引发了与将这两个地区视作未来扩张方向的塞尔维亚以及其背后的支持者俄国的尖锐对立。奥匈帝国总参谋长康拉德积极进行"褐色动员"，即把奥匈部队开向塞尔维亚边境，但是不妨碍火车来往的正常交通。甚至一度主张发动"先发制人"的打击，打死塞尔维亚这条"危险的小毒蛇"，以绝后患。② 德国则以调停者的身份卷入了这一事件，但是采取的措施却是在1909年3月21日向俄国发出正式照会，要求俄国做出彻底屈服。德国方面告诉俄国人他们将建议奥匈照会1878年《柏林条约》的所有签字国，要求它们同意废除条约中涉及波斯尼亚与黑塞哥维那的条款。但德国人首先想确认俄帝国议会是否会接受奥匈的照会。德国驻圣彼得堡大使奉命"用一种明确方式"通知伊兹沃尔斯基，"我们在等待一个确切的回答——是或不是；我们将不得不把躲躲闪闪的、模棱两可或含糊其词的回答看作一种拒绝"。③ 与此同时，俄国还必须放弃对塞尔维亚的支持，同时要劝说塞尔维亚立刻承认奥地利的兼并。俄国与塞尔维亚迫于德国的威压，最终选择了屈从。波斯尼亚危机从表面上看，是德国和奥匈帝国的一次外交胜利，但是德国为此付出了沉重的国际声誉成本。尽管两次危机与海军问题并不直接相关，但是却产生了深远的间接影响。德国在危机中咄咄逼人的强势行为，不仅将在波斯尼亚受辱的俄国进一步推向了英国的阵营，而且更为重要的是引起了英国对德国威胁的高度警惕，在政府和社会中播撒下了"条顿恐惧症"蔓延的种子。同时也使得英国政府完全确认了新的对德外交方针，即同德国未来的和解必须以不削弱与法、俄两个协约伙伴的关系为前提。格雷在波斯尼亚危机后

---

① 奥匈帝国主要的战略担忧是如火如荼的青年土耳其党起义会最终导致土耳其重新建立对波斯尼亚和黑塞哥维那的权威。为此，奥匈帝国外交大臣艾伦塔尔和俄国外交大臣伊兹沃尔斯基曾尝试合作应对这一问题。双方于1908年9月16日在摩拉维亚的布赫劳达成了一个非正式的协议：奥匈将不会反对按照俄国的希望来修改《海峡公约》；俄国将不反对奥地利兼并波斯尼亚和黑塞哥维那。

② ［美］悉德尼·布拉德肖·费伊：《第一次世界大战的起源：大国博弈之殇》，于熙俭译，文化发展出版社2019年版，第241页。

③ ［美］诺曼·里奇：《大国外交：从拿破仑战争到第一次世界大战》，吴征宇、范菊华译，中国人民大学出版社2015年版，第334页。

(1909年4月2日)如是写道,"如果我们把其他强国作为对德国的牺牲品,那么到头来我们就会挨打"。① 这种外交立场的变化,成为此后英德围绕海军问题的谈判始终难以产生实质性结果的一个重要根源,压缩了和平解决矛盾的外交空间。正如英国驻法大使弗朗西斯·贝蒂(Francis Bertie)的总结,两国的海军竞赛日益像是一场"考验两国公众谁先忍受不了膨胀的军费的一次比拼"。②

二 "海军恐慌"与海军部威胁认知的全面扩散

1909年春季,一场围绕"英国应当增加多少海军预算以应对德国海上挑战"的激烈辩论在英国内阁和议会展开,并在众多媒体和利益集团的渲染下迅速席卷全国,引发了英国从军方、政府到社会对德国海上威胁的极度焦虑和恐惧,学界将这一事件称为1909年"海军恐慌"。目前学界虽然对1909年"海军恐慌"有一定关注,但多聚焦于恐慌的蔓延过程及历史结果,③ 对于恐慌引起英国对德国威胁的整体认知发生转变的过程及其内在动因,则缺乏专门研究。鉴于此,笔者拟以英国海军部和政府内部(主要是内阁与议会)支持海军扩建的"海军派"组成的政治联盟为主要研究对象,重点考察其对德国海军威胁是如何恐慌的,以及这一恐慌情绪如何扩散并改变英国对德国威胁的整体认知,最终造成学界所熟知的两国关系在"一战"前的全面恶化。

(一)海军部挑起"海军恐慌"

恐慌开始的标志和导火索是1908年12月8日海军大臣麦肯纳在英国

---

① [英] A. J. P. 泰勒:《争夺欧洲霸权的斗争:1848—1918》,沈苏儒译,商务印书馆1987年版,第507—508页。

② T. G. Otte, *The Foreign Office Mind: The Making of British Foreign Policy, 1865-1914*, Cambridge: Cambridge University Press, 2011, p. 346.

③ Kenneth L. Moll, "Power, and Panic: Britain's 1909 Dreadnought 'Gap'", *Military Affairs*, Vol. 29, No. 3, 1963; Kenneth L. Moll, "Power, and Panic: Britain's 1909 Dreadnought 'Gap'", *Military Affairs*, Vol. 29, No. 3, 1963;胡杰:《1909年"海军恐慌"与英国的海军备战》,《武汉大学学报》(人文科学版)2012年第5期;贾珺:《海军恐慌、海军协会与英德海军军备竞赛(1884—1914)》,《全球史评论》2020年第2期。

第五章　海军部与英国整体性威胁认知的调整（1907—1912年）

内阁的星期一上午例会中，声称海军将在同年3月提交给议会的预算案中，要求增加经费，允许皇家海军在未来3个财年（1909年、1910年、1911年）中每年新建6艘"无畏舰"。麦肯纳认为鉴于德国海军正在加速造舰，如果英国不能实现跟进，不仅"两强标准"会因此被打破，而且英国有失掉海上力量绝对优势的巨大风险。① 1909年1月3日，他向首相阿斯奎斯表示，德国"无畏舰"数量正在迅速逼近英国皇家海军同类舰艇规模，"最后的结论是最惊人的，一旦这一判断是正确的，那么透露给公众将会引起巨大的警醒效应"。②皇家海军之所以对德国主力舰建造尤其是其中的"无畏舰"如此敏感，主要的原因是相比于"前无畏舰时代"的海军舰艇，"无畏舰"在火力、航速、排水量等性能方面拥有质的优势，可以在老式军舰无法还击的距离轻易将其摧毁，拥有数量的多寡已经成为那个年代衡量大国海上力量的最重要标尺，足以决定海上战争的结果。值得一提的是，这是英国海军部首次以德国潜在的造舰能力而不是公开发布的方案作为制定应对之策的依据。此后，这种建立在对德国意图极度不信任基础之上，以应对最坏的潜在结果为依据的评估方法被沿用至"一战"爆发。

海军部基于两方面的信息作出上述判断。③ 一方面是德国海军快速扩建的现实威胁。自由党执政后，一直在试图压缩海军军费开支以便在社会改革领域投入更多资源，④ 虽然费舍尔在1906—1908年通过一系列改革措施，已经为政府节省了500万英镑，但是依然不能使自由党满足。⑤ 皇家海军在1909年的状态是：建成和在建的"无畏舰"共10艘，1908年预算中批准建造2艘，如果海军部要求的6艘在1909年的预算中得到议会批

---

① E. L. Woodward, *Great Britain and the German Navy* (*Reprinted*), New York and London: Routledge, 2018, pp. 203-218; Matthew S. Seligmann, *Spies in Uniform: British Military Intelligence on the Era of the First World War*, Oxford: Oxford University Press, 2006, pp. 195-203.

② Stephen McKenna, *Reginald McKenna 1863-1943 a Memoir*, London: Eyre and Spottiewoode, 1948, p. 72.

③ Matthew S. Seligmann, "Intelligence Information and the 1909 Naval Scare: The Secret Foundations of a Public Panic", *War in History*, Vol. 17, No. 1, 2010.

④ Robert K. Massie, *Dreadnought: Britain, Germany, and the Coming of the Great War*, London: Vintage Books, 2007, p. 609.

⑤ Howard Weinroth, "Left-wing Opposition to Naval Armaments in Britain Before 1914", *Journal of Contemporary History*, Vol. 6, No. 4, 1971; Kenneth L. Moll, "Power, and Panic: Britain's 1909 Dreadnought 'Gap'", *Military Affairs*, Vol. 29, No. 3, 1963.

准，那么到 1912 年英国将有 18 艘主力舰。与此相反的是，德国海军却在这一时期加速扩建。德国 1906 年批准建造 2 艘"无畏舰"，1907 年计划建造 2 艘"无畏舰"和 1 艘战列巡洋舰。这 5 艘战舰中的 4 艘于 1907 年 8 月开工，第 5 艘于次年 3 月开工。根据 1908 年制定的德国海军法案修正案，1908 年将开工建造 4 艘主力舰（包括 3 艘"无畏舰"和 1 艘战列巡洋舰，① 全部于 1908 年 11 月开工建造），1909 年再开工建造 4 艘"无畏舰"。② 可见，德国计划建造和在建中的主力舰共 13 艘，而且都将在 1912 年前建成服役（但是没有一艘能在 1909 年 3 月前完工）。英德主力舰 18∶13 的数量对比显然无法满足英国政府在 1908 年提出的英国"主力舰数量超越可能结盟的两个潜在海上对手 10%"的要求，③ 更不用说达到海军部在 1909 年 3 月已经私下执行的"主力舰数量超越德国 60%"的新标准了。

另一方面是海军部获取的一系列未加证实的情报，其中不乏捕风捉影的臆测甚至事后被证明是毫无根据的谣言。例如，新任第三海军大臣杰利科从非官方途径得知德国主要的火炮和炮座供应商——克虏伯公司在炮座方面的生产规模已经大幅增加，已经"大大超越了"英国的同类公司。④ 更有传言说德国另一家主要造船公司艾森（Essen）的仓库中囤积了大量的海军炮筒，等待发往海军造船厂。⑤ 由于造舰速度通常并不由安装龙骨、建造舰身等决定，而是取决于制造装甲和舰载武器等配套设施，并将它们组装到战舰上的时间。而这些部件的制造和囤积比龙骨的铺设和船体的建造要容易隐藏。海军部认为除非预见到造船业将发生井喷式的增长，否则商业公司不会投资扩大厂房并积累原材料，⑥ 因而可以判定囤积这些原材料意味着德国船厂已经接收了数量庞大的海军造舰订单且已经开工建设。海军部甚至确信德国在 1912 年的主力舰数量可能会达到 17 艘。因为考虑

---

① "Imperial Navy Office, General Navy Department, Memorandum Concerning Improvements to the Large Cruiser 1910 (J) as Considered Advisable and Necessary" [BArch, RM 3/3693, ff. 155-63], 8 March 1909.

② "The Chancellor, Prince von Bülow, to Admiral von Tirpitz", 25 December 1908.

③ "Winsloe to Jackson" [NMM: JAC/82], 19 January 1909.

④ Arthur J. Marder, *From the Dreadnought to Scapa Flow*, Volume I: *The Road to War 1904-1914*, Oxford: Oxford University Press, 1961, p. 152.

⑤ Robert K. Massie, *Dreadnought: Britain, Germany, and the Coming of the Great War*, London: Vintage Books, 2007, p. 612.

⑥ "Admiralty, RS NID Berlin 19/08" [TNA: FO 244/699], May 1908.

到德国造船能力突飞猛进①，根据获取的情报，德国海军办公室在1909年帝国议会批准前，已经于1908年10月私自将2艘主力舰工程订单分配给了两家德国私人船厂，而且两家船厂均已开始准备建造材料。② 还有一些来自英国军事工业利益集团的信息，最为著名的是1909年2月24日，考文垂军火公司的常务董事恩特·H. H. 穆林纳（Enter H. H. Mulliner）在与帝国防务委员会秘书奥特利（Ottley）的会晤中，提供了一些重要的新情报。他提醒奥特利关注克虏伯工厂的工人数量变化（1902年4.5万人，1909年达到10万人）。此外，克虏伯公司在重炮和炮座的最大产出，以及火炮制造和炮座制作设备方面已大幅度领先英国，制造舰炮所需的时间比英国少三分之一。③

综合以上信息，英国海军部预计德国公开宣示的造舰目标将提前实现，而且有能力再造至少4艘主力舰。④ 如果这种判断为真，皇家海军将失去预测未来德国海军规模的指导方针，很难对德国海军的发展动向进行有效评估和把控。因为以往英国的评估依据是德国官方公布的海军法案。英国原本拥有先进的造舰能力，可以用比德国少2—2.5年的时间建成一艘"无畏舰"。⑤ 但新的情况是德国可以在海军法规定之外提前开工建造。例如，1908年12月30日，麦肯纳向英国外交大臣格雷抱怨这一问题，"德国的造舰超出了海军法和预算规定的财政限制。因此该法不能指导预测德国战舰的未来完成日期。我们注视着德国的造舰能力，通过他们正在做什么可以更好地判断他们可以做什么。如果德国能以任何突飞猛进的速度赶

---

① 到1908年，德国共有7个船厂具备开工建造"无畏舰"的能力，在理论上可以同时开工建造7艘"无畏舰"。从龙骨成型到战舰完成的平均建造时间为一年。

② See Robert K. Massie, *Dreadnought: Britain, Germany, and the Coming of the Great War*, London: Vintage Books, 2007, pp. 609-610.

③ Arthur J. Marder, *From the Dreadnought to Scapa Flow*, Volume I: The Road to War 1904-1914, Oxford: Oxford University Press, 1961, pp. 156-157.

④ Herbert Heath, Germany N. A. Report 52/08, "Remarks on German Naval Estimates for 1909-1910", Berlin, 9 December 1908.

⑤ Robert K. Massie, *Dreadnought: Britain, Germany, and the Coming of the Great War*, London: Vintage Books, 2007, p. 612; Matthew S., Seligmann, "The Anglo-German Naval Race, 1898-1914", in Thomas Mahnken and others eds., *Arms Races in International Politics: From the Nineteenth to the Twenty-First Century*, Oxford: Oxford University Press, 2016, pp. 28-29.

上我们,那么我们将不再拥有可以确保我们至高无上优势的造舰能力"。①

(二) 国内政治博弈与英国对德国威胁认知的巨变

1909 年"海军恐慌"期间,围绕海军预算的国内政治斗争在宏观上包括四个阶段,博弈场所整体上经历了内阁—议会—内阁的变化:第一个阶段是内阁内部"激进派"与"海军派"的路线斗争。聚焦的问题是造舰数量,即海军到底建造多少艘主力舰才能保持对德国的优势,保证国家安全。第二个阶段是议会内部自由党政府与反对党的激烈斗争。双方的分歧主要在于对德国造舰能力的预估,即德国的造舰速度和 1912 年所能达到的数量。在该阶段,以媒体为代表的社会力量全面卷入,推动恐慌达到了顶点。第三个阶段是内阁的再次分裂,中心问题是造舰的紧迫性。"海军派"与"激进派"围绕是否立即开工建造 4 艘应急"无畏舰"展开了博弈。第四个阶段是国内政治斗争的结束。海军部利用奥匈和意大利两国新建"无畏舰"的计划转移了国内关注视线,最终成功挫败了以劳合·乔治和丘吉尔为首的"激进派"对立即开工 8 艘"无畏舰"的阻挠,赢得了胜利。

1. "激进派" vs "海军派":内阁的分裂与斗争

海军部增加造舰数量的要求首先点燃了内阁中以财政大臣劳合·乔治和内政大臣温斯顿·丘吉尔为代表的、主张大幅度削减海军开支以支持社会改革的"激进派"②,与以海军大臣麦肯纳、外交大臣格雷和陆军大臣理查德·伯登·霍尔丹为代表的"海军派"之间的矛盾,双方势同水火,造成了内阁的全面分裂。鉴于海上优势关涉英国本土安全和重大海外利益的实现,无论是"激进派"还是"海军派",在维持英国海权绝对优势这一原则问题上没有任何异议。双方的分歧在于到底应该建造多少艘主力舰才能有效保证国家安全。"激进派"坚持英国已经拥有了稳固和强大的海军实力,因此最多新建 4 艘就已足够,过多地建造纯属浪费。例如乔治坚持

---

① McKenna, "My dear Grey", 30 December 1909, cited from: Robert K. Massie, *Dreadnought*: *Britain, Germany, and the Coming of the Great War*, London: Vintage Books, 2007, p.613.

② 1909 年初,劳合·乔治在该年预算中推出了"人民预算"。其中的核心内容一方面是税制改革,即加大向富裕阶层征税的力度,同时减轻中下层民众的税负;另一方面是社会福利改革,即政府投入大量资金,完善社会福利体系。由于该项改革需要政府压缩其他方面的开支以避免出现巨额财政赤字,因此日益庞大的海军国防经费成为该派内阁成员的目标。参见钱乘旦、许洁明《英国通史》,上海社会科学院出版社 2017 年版,第 314 页。

第五章 海军部与英国整体性威胁认知的调整（1907—1912年）

认为德国之所以提前数月开工造舰，只是为了缓解船厂工业大面积失业带来的社会压力，因而不足为虑。① "海军派"基于海军部做出的评估，坚定地认为至少新建6艘才能保证英国在1912年继续维持海上优势，否则将是非常危险的。1月24日，在一次格雷牵头召开的讨论德国海军的会议上，麦肯纳指责乔治将海军部及时递交给内阁的关于德国造舰的情报当作"商业八卦"之类的信息，才导致英国现在处于不利的处境。② 首相阿斯奎斯表面上保持中立态度，暗中则是站在"海军派"一边。在2月20日给妻子的一封信中，阿斯奎斯写道，"节约派已经惊慌失措，丘吉尔和劳合·乔治联合起来把大量自由派媒体拉入同一阵营。他们暗示会辞职（只是虚张声势），但是好几次我都想把他俩开除了事"。③ 一些拥有较大政治影响力，但不属于内阁成员的在野政治名流，也对"海军派"进行了声援。保守党领袖张伯伦与第一海务大臣费舍尔始终保持着密切的联系，并发动保守党控制的媒体全力支持海军部关于建造6艘主力舰的要求。张伯伦曾尖锐地指出，如果海军部在建造4艘主力舰这一问题上向"激进派"妥协，海军部的诸位大臣应该被枪毙，阿斯奎斯则应该上绞架。④

经过激烈的争吵，2月24日，双方最终在阿斯奎斯主持下达成了一个初步的协议：在新财年先开工建造4艘"无畏舰"。如果形势需要，在1910年4月1日前再应急建造4艘。⑤ 海军预算问题引发的内阁分歧就此告一段落。由于海军部担心内阁承诺的4艘应急"无畏舰"会成为一张空头支票，因而力促麦肯纳向内阁提出用明确的字句对预算作出说明的要求，即如果认为有必要，即使来年没有债务授权，政府也将开始以负债的形式采购建造第二批4艘"无畏舰"的材料。最终内阁做出了妥协，3月5日通过了一个附加在预算案中的条目，内容为："王国政府可能在

---

① Arthur J. Marder, *From the Dreadnought to Scapa Flow*, Volume I: *The Road to War 1904-1914*, Oxford: Oxford University Press, 1961, p.159.

② Robert K. Massie, *Dreadnought: Britain, Germany, and the Coming of the Great War*, London: Vintage Books, 2007, p.614.

③ Peter Padfield, *The Great Naval Race: Anglo-German Naval Rivalry, 1900-1914*, New York: David Mackay Company, 1974, p.208.

④ Austen Chamberlain, *Politics From Inside: An Epistolary Chronicle, 1906-1914*, London: Cassell and Company Limited, 1936, p.153.

⑤ Robert K. Massie, *Dreadnought: Britain, Germany, and the Coming of the Great War*, London: Vintage Books, 2007, p.615.

1909—1910 财年期间发现，有必要准备在下一个财年的 4 月 1 日开始紧急建造更多的战舰。因此政府要求议会授予他们有效实施该计划的权利。这一权利将使他们可以在 1909—1910 财年内为制造火炮、炮座、装甲、动力和造舰而订购、积累、供应材料，以便在上述日期开工建造另外 4 艘军舰，并在 1912 年 3 月前完工"。总体来看，此次内阁内部的政治博弈以"海军派"的全面获胜而告终。连"激进派"领袖之一的丘吉尔后来也承认，"尽管财政大臣和我在狭义上讲是对的，可我们在命运攸关的大潮中全然错了。最大的荣誉应该给予海军大臣麦肯纳先生"。①

2. 恐慌的全面蔓延：议会内的争吵与社会力量的全面卷入

内阁危机的结束只是意味着自由党内部的"激进派"接受了海军部的造舰要求，但是并不代表议会内部的反对党，以及其他反对增加海军军费开支的派别也已经被说服接受。② 3 月 12 日，政府正式公布了最终的预算和海军大臣就这一问题进行解释的备忘录，随即引发了以托利党为代表的议会内部的反对党抗议。国内政治斗争的中心舞台从内阁转移到了议会，关于海军预算的议会辩论成了不同派别较量的关键场域。在议会之外，社会力量则推动了恐慌的全面蔓延。在英德海军竞赛白热化的背景下，海军问题的高度敏感性吸引了大量的社会关注，长期积压的焦虑情绪被完全点燃，推动了"海军恐慌"范围的进一步扩大和程度的全面升级。

从 3 月 16 日议会关于海军预算问题的第一次公开辩论开始，自由党和反对党在议会内部进行了旷日持久的争吵。双方对于"两强标准"和海军建设主要针对德国都不存在异议，辩论的问题聚焦在是否要在关键的主力舰数量上对德国保持"一强标准"。③ 两派的核心人物阿斯奎斯和贝尔福的最大分歧是对德国军舰具体完成日期的预估，以及 1912 年英德两国各自所能拥有的主力舰数量（见表 5-1）。自由党认为德国的造舰速度和规模不可能有贝尔福所预测的那样夸张。只要 1909 年开工建造 4 艘"无畏舰"，就无须为 1912 年的情况而恐慌。紧急建造 4 艘"无畏舰"的计划只可以

---

① [英]温斯顿·丘吉尔：《第一次世界大战回忆录 1：世界危机（1911—1914）》，吴良健译，译林出版社 2013 年版，第 23—24 页。
② 例如在当时的下院中存在着大约 160 人的"小海军主义"议员。
③ Kenneth L. Moll, "Power, and Panic: Britain's 1909 Dreadnought 'Gap'", *Military Affairs*, Vol. 29, No. 3, 1963.

第五章 海军部与英国整体性威胁认知的调整（1907—1912年）

出现在1910—1911财年的预算里，而不能作为1909—1910财年预算的补充条款。立论依据则是内阁和海军部所掌握的大量数据。然而正如丘吉尔在担任海军大臣后所言，"讨论海军的技术细节时常常出现这种情况，争论的要点不是基于它们的实质，而是如何选取它们"。① 自由党在议会中公开的资料同样被保守党作为攻击的材料。简言之，双方的资料来源没有质的差别，区别仅在于对已建成和在建数量等细节性问题的不同解释。例如在1909年，对海军实力的计算很大程度上取决于是将2艘"纳尔逊勋爵"（Lord Nelson）级算作"无畏舰"（自由党激进派观点）还是"前无畏舰"（海军部和保守党观点）。②

表5-1 阿斯奎斯和贝尔福对英德各自拥有主力舰数量的预估

时间	主力舰数量（艘）		
	英国	德国	
		阿斯奎斯版本	贝尔福版本
1911年4月	12	9	13
1911年8月	14	11	17
1911年11月	16	13	17
1912年4月	20	17	21

资料来源：Herbert Henry Asquith, *The Genesis of the War*, London & New York: Toronto and Melbourne, 1923; Edward Grey, *Twenty Five Years, 1892-1916*, Vol. 1, London: Hodder and Stoughton Limited, 1925; Arthur J. Marder, *From the Dreadnought to Scapa Flow*, Volume I: The Road to War 1904-1914, Oxford: Oxford University Press, 1961。

在辩论伊始，保守党尚能接受政府关于建造6艘"无畏舰"的提议。但是3月16日的辩论引起了强烈反响，大量媒体的介入使得自由党迅速处于被动局面。由于"无畏舰"革命后，英德海军竞赛使得英国国内积攒了大量对德国海军扩建的愤怒、焦虑、恐惧等负面情绪，军政矛盾在社会层

---

① "Naval Estimates, 1914-1915", 10 January, 1914, cited from: Arthur J. Marder, *From the Dreadnought to Scapa Flow*, Volume I: The Road to War 1904-1914, Oxford: Oxford University Press, 1961, p. 169.

② Arthur J. Marder, *From the Dreadnought to Scapa Flow*, Volume I: The Road to War 1904-1914, Oxford: Oxford University Press, 1961, p. 169.

面公开后犹如导火索,在媒体和公众中引发了对德敌意的剧烈喷发。许多"大海军主义"媒体在态度上比保守党更为激进,要求政府毫无拖延地立即开始按照针对德国的"一强标准"建造8艘主力舰,第二批4艘主力舰的建造不能依第二年的计划而定。例如《每日电讯报》在3月18日称,"我们现在还无法面对任何一幅挂在墙上的纳尔逊肖像,如果国家在此时委曲求全,那就是人类历史上最屈辱的投降";《星期六评论》在3月20日的报道中,将麦肯纳3月16日在议会的发言形容为"南非战争(布尔战争)后公众听到的最可悲、最具羞辱性的消息";《观察者》3月21日建议英国人坚持"8艘,全部8艘,无条件8艘!只要越来越多的人团结一致,就能将现在挡在道路上的个人或党派打败"。① 这一时期,具有较高社会影响力的知名"大海军主义"团体,如海军联盟、帝国海运联盟等,以及自身利益与造舰数量密切相关的军事工业集团,如阿姆斯特朗船厂、考文垂军火公司等,也利用和海军部中上层军官的社会联系,推动造舰规模的扩大,从而为海军竞赛的升级和恐慌的蔓延提供了部分原动力。② 保守党的观点也得到了国王爱德华七世的支持,甚至在这一问题上基本持中立态度的英国大法官伊舍也被环境感染,在议会公开表示,如果不能立刻得到8艘"无畏舰",就应该马上送海军部委员会全体成员上绞刑架。③ 在这种几乎是一边倒的舆论环境下,自由党媒体被完全压制,起到的作用非常有限。"我们要8艘,我们不能等!"④ 保守党议员乔治·韦恩汉姆(George Wyndham)喊出的这句口号,一时间广为流行。这一言简意赅、极富煽动性的宣示,将议会内的保守党和议会外支持增加造舰的各种社会力量的行动步调整合到了一起。所形成的社会压力势不可挡地推动着政府作出妥协。"德国威胁迫在眉睫,事关帝国存亡"作为一种社会共识,走

---

① Oron James Hale, *Publicity and Diplomacy: With Special Reference to England and Germany*, New York: Appleton, 1940, pp. 327-366; Arthur J. Marder, *From the Dreadnought to Scapa Flow, Volume I: The Road to War 1904-1914*, Oxford: Oxford University Press, 1961, pp. 167-171.

② 军事工业复合体在这段历史中发挥的作用,参见 William H. McNeill, *The Pursuit of Power: Technology, Armed Force, and Society since A.D. 1000*, Chicago: University of Chicago Press, 1984, pp. 269-293。

③ Arthur J. Marder, *From the Dreadnought to Scapa Flow, Volume I: The Road to War 1904-1914*, Oxford: Oxford University Press, 1961, p. 167.

④ Arthur J. Marder, *From the Dreadnought to Scapa Flow, Volume I: The Road to War 1904-1914*, Oxford: Oxford University Press, 1961, p. 167.

第五章　海军部与英国整体性威胁认知的调整（1907—1912年）

在了政府对德国威胁认知的前面，并增加了政府对国家安全问题焦虑的情绪。由此不难理解为什么英国官方，尤其是海军部会对德国海军国务秘书提尔皮茨在1909年3月17日作出的官方保证置若罔闻，① 甚至没有进行讨论和求证（从事后来看，提尔皮茨并没有说谎）。② 此后就经常出现这种情况：官方的政策是要谋求同德国改善关系，而舆论仍然反德。③ 在这种有利的形势下，保守党向自由党政府主动出击。3月19日，贝尔福向议会提交了一份议案，谴责政府拒绝开工建造4艘"无畏舰"，认为这将严重危害国家安全。虽然该议案最终因为反对派的坚持而被议会否决，但是正如伊舍的评价，是对顽固的自由党政府的一次"敲打"。④

3. 内阁危机再次爆发

在议会内部出现僵局的情况下，内阁矛盾再次爆发。此次的焦点问题不是应该建造多少艘主力舰，而是这8艘主力舰应该在什么时候开工建造。劳合·乔治、丘吉尔等"激进派"的态度非常坚决，如果被迫启动建造8艘"无畏舰"的方案，那么4艘应急"无畏舰"必须被置于1910—1911财年计划中。这样将是两年建造8艘"无畏舰"，或者最多10艘大型装甲舰。海军部则希望建造12艘：1909—1910财年8艘，1910—1911财年4艘。⑤ 麦肯纳对劳合·乔治和丘吉尔，以及阿斯奎斯的软弱深恶痛绝。⑥ 海军部为了尽快获得开工建造4艘应急"无畏舰"的授权，也在内阁中积极活动。例如，费舍尔利用和爱德华七世的私人关系，对外交大臣格雷进

---

① 提尔皮茨在德国国会预算委员会上表示：德国迟至1912年秋天将只有13艘，而非17艘主力舰（包括14艘"无畏舰"和3艘战列巡洋舰）。德国建造的进度也不会比法律规定或财政所能支持的更快。参见 Alfred von Tirpitz, *My Memories*, New York: DODD, Mead and Company, 1919, pp. 113-114, 309-310。

② 提尔皮茨的承诺与德国海军办公室1909年3月8日的一份内部备忘录内容基本吻合，备忘录参见 Imperial Navy Office, General Navy Department, "Memorandum Concerning Improvements to the Large Cruiser 1910 (J) as Considered Advisable and Necessary" [BArch, RM 3/3693, ff. 155-63], 8 March 1909。

③ ［英］A. J. P. 泰勒：《争夺欧洲霸权的斗争：1848—1918》，沈苏儒译，商务印书馆1987年版，第507—509页。

④ Viscount Esher, *Journals and Letters of Reginald Viscount Esher*, Vol. 2, London: Ivor Nicholson and Watson Limited, 1935, p. 452.

⑤ Arthur J. Marder, *From the Dreadnought to Scapa Flow*, Volume I: *The Road to War 1904-1914*, Oxford: Oxford University Press, 1961, pp. 169-170.

⑥ Peter Padfield, *The Great Naval Race: Anglo-German Naval Rivalry, 1900-1914*, New York: David Mackay Company, 1974, p. 220.

间接支援。他向英王表示,"陛下的内阁中有一位卓越的大臣——外交大臣格雷。他比其他所有人都出色,就像贝尔福先生优于他在内阁中的所有同事一样"。① 此外,费舍尔还曾私下向丘吉尔建议,可以将4艘应急"无畏舰"分别命名为"温斯顿"号、"丘吉尔"号、"劳合"号和"乔治"号。② 正如伊舍所言,根据他25年来积累的政治经验,即使最强势的首相,出于弥合内阁分歧的考虑,也会变得软弱。③ 4月17日,阿斯奎斯在格拉斯哥进行了一次"和稀泥"的演讲,称英国大量的前"无畏舰"在未来数年内仍能捍卫英国的海权,而在当年就订购8艘"无畏舰"并不明智,因为之后可能会出现性能更好的舰艇。④ 显而易见,演讲内容小心翼翼地回避了政府对此次争论的态度,只是对争吵中的双方进行了安抚,并没有解决实质问题。

4. 国内政治斗争的结束

问题最终以一种戏剧性的方式得到了解决,奥匈帝国和意大利新建"无畏舰"的计划适时地帮助了海军部和内阁中的"海军派"。根据海军部收到的情报,奥匈帝国正在建造3—4艘"无畏舰",此举引起了意大利的焦虑,因而计划建造4艘"无畏舰"进行回应。⑤ 意奥两国的造舰计划对英国海军政策产生了决定性影响。政府在7月26日向议会说明时,提醒议会注意意奥两国的举动。阿斯奎斯由于震惊于新的情况会使三国同盟在短期内增加8艘"无畏舰",因而对立即开工建造4艘应急"无畏舰"已经不存在疑问。⑥ 在这种背景下,劳合·乔治和丘吉尔一派尽管对威胁的程度仍然心存疑虑,但是深知难以与受到恐慌影响的国家主流意见相抗衡,因而选择了妥协,自然难以继续阻碍海军造舰计划。劳合·乔治不得不同

---

① Arthur Marder, *Fear God and Dread Nought: The Correspondence of Admiral of the Fleet Lord Fisher of Kilverstone*, Vol. 2, London: Cape, 1956, p. 232.

② "Knollys to King Edward", 27 March 1909.

③ Viscount Esher, *Journals and Letters of Reginald Viscount Esher*, Vol. 2, London: Ivor Nicholson and Watson Limited, 1935, p. 378.

④ Arthur J. Marder, *From the Dreadnought to Scapa Flow*, Volume I: *The Road to War 1904-1914*, Oxford: Oxford University Press, 1961, p. 170.

⑤ Peter Padfield, *The Great Naval Race: Anglo-German Naval Rivalry, 1900-1914*, New York: David Mackay Company, 1974, p. 221.

⑥ Arthur J. Marder, *From the Dreadnought to Scapa Flow*, Volume I: *The Road to War 1904-1914*, Oxford: Oxford University Press, 1961, p. 171.

第五章 海军部与英国整体性威胁认知的调整（1907—1912 年）

意通过加税解决海军经费问题，并宣称"我们并不打算让英国的海上霸权受到威胁，因为它不仅事关英国的生死存亡，而且在我们看来，对整个西方文明的切身利益都是必不可少的"。① 麦肯纳被授权发表声明，政府将把 4 艘应急"无畏舰"列入当年计划，且不会影响下一年度的计划。这一声明标志着海军部的全面获胜。借助 1909 年"海军恐慌"，海军部在一系列国内政治博弈后，终于如愿获得了立即开工建造 8 艘"无畏舰"的授权（比原本期望的多了 2 艘）。

丘吉尔曾对"海军恐慌"期间的国内政治斗争进行过鞭辟入里的总结："争论中的实际论点从未成为问题。让整个国家真正感到惊恐的原因是人们第一次广泛认识到德国的威胁。最后达成了奇特的解决办法。海军部要求造 6 艘军舰，节约派提出减为 4 艘，我们最终妥协为 8 艘。但 8 艘中的 5 艘在 1912 年'危险年'和平地过去之前尚未准备就绪。"② 从事后的历史来看，"海军恐慌"显然是英国人的一次过度焦虑，海军部的评估严重高估了德国的造舰能力，③ 人为夸大了 1912 年可能出现的危险。④ 丘吉尔写道，"根据后来实际发生的事件回顾这次争论的大批文件，毫无疑问（就有关的事实与数字而言）我们完全正确。海军部的悲观预料无论哪方面在 1912 年都未成为现实。我们发现英国在那一年的优势是足够的。不存在秘密的德国'无畏'级战舰，也不存在德国海军上将提尔皮茨发表大量建造舰只的声明"。⑤

---

① Margaret Macmillan, *The War that Ended Peace: How Europe Abandoned Peace for the First World War*, London: Profile Books, 2013, p.128.
② ［英］温斯顿·丘吉尔：《第一次世界大战回忆录 1：世界危机（1911—1914）》，吴良健译，译林出版社 2013 年版，第 24 页。
③ 根据马德尔的考证，海军部之所以错误地认为德国主力舰造舰速度已经与英国相当，原因是克虏伯为了提升制造舰炮的速度而临时性地增加了相关设施，并不代表德国造舰能力有质的变化。参见 Arthur J. Marder, *From the Dreadnought to Scapa Flow*, Volume I: *The Road to War 1904-1914*, Oxford: Oxford University Press, 1961, p.153。
④ 真实的情况是到 1912 年底，英国共建成 17 艘"无畏舰"（包括 2 艘"前无畏舰""纳尔逊勋爵"号和"阿伽门农"号）和 5 艘战列巡洋舰，主力舰总数为 22 艘；德国共建成 10 艘"无畏舰"（第一艘"无畏舰"——"拿骚"号直到 1909 年 10 月才完成）和 4 艘战列巡洋舰（第一艘战列巡洋舰"布吕歇尔"号也是 1909 年 10 月完成），主力舰总数为 14 艘。参见 Robert K. Massie, *Dreadnought: Britain, Germany, and the Coming of the Great War*, London: Vintage Books, 2007, pp.909-911。
⑤ ［英］温斯顿·丘吉尔：《第一次世界大战回忆录 1：世界危机（1911—1914）》，吴良健译，译林出版社 2013 年版，第 24 页。

(三)"海军恐慌"的影响与反思

"海军恐慌"是"一战"前英德关系的重要历史分水岭,对英国的整体性威胁认知的变迁产生了巨大的塑造作用,对英德全面对抗格局的结构化产生了非常重大且深远的影响。各派在内阁和议会持续数月的国内政治斗争,助推了恐慌情绪的全国性快速蔓延扩散。其涵盖主体包括了政府和议会内部的政治精英、军事部门首脑、军事—工业综合体、媒体和普通民众,是英国自上而下的一次安全焦虑总爆发。在恐慌期间,英国海军部出于争取资源的部门利益和维持海上主导权,以及排除本土遇袭风险的国家安全利益,即一方面争取更多经济资源投入,消除国内政治因素掣肘海军发展;另一方面实现海上安全屏障的军事效能,有效保卫英帝国安全。加之英德海军竞赛以来,在高压竞争环境中日积月累形成的对德国海军规模与扩建速度的安全焦虑愤怒和恐慌情绪,多种因素共同作用造成了海军恐慌演变为整个英国社会对德国现实和潜在安全威胁的强烈敌意。此次恐慌由海军部挑起(虽然难以证明是其故意挑起),海军部成功地将自身对德国海军威胁的认识传递给了政府和社会,并在国内政治博弈中,充分利用内阁和议会中的支持者,以及公众舆论因恐慌而产生的社会压力,最终击败了自由党政府内部奉行军费节约和"小海军主义"原则以推动社会改革的政治势力。自此之后,加速海军造舰成为英国内部占据主导地位的政策和民意倾向。皇家海军由此解决了长期困扰自身发展的政治束缚,获得了极为有利的国内政治环境。借助此次恐慌,海军部的威胁认知发生了全面扩散,得到了英国政府和社会的普遍接受。自第二次"海牙和平会议"以来逐渐形成的将德国列为唯一敌人,视规模日益扩大的"公海舰队"为首要威胁的整体性威胁认知正在急速走向固化。

"海军恐慌"是英国人在英德多年尖锐军事对抗的高压状态下,积攒的对德愤怒与敌对情绪的一次剧烈喷发。英国政府和社会在恐慌中固化了对待欧陆大国的敌友认知,这种先入为主的认识对英德关系产生的最直接影响是加剧了英德关系的脆弱性。一方面,在这种充满敌意的非理性社会情绪支配下,英国国内支持在海军问题上对德积极接触的"亲德"人士已经很难影响政府政策和社会舆论,由此破坏了英德海军谈判所需的社会环境。两国几乎已经不存在通过外交接触化解海上矛盾的空间,只要德国不

第五章 海军部与英国整体性威胁认知的调整（1907—1912年）

停止扩建海军的行为，双方的每一次接触都将会推动双边关系的进一步恶化，英德关系已经被牢牢地套上了安全困境的枷锁。另一方面，英德战略互信在"海军恐慌"后下降到了一个前所未有的低点，双方因此一再失去外交手段和平解决争端的机会，导致海军问题成为一个无法解决的结构性"死结"。英德关系像紧绷的弹簧一样始终处于高度敏感和脆弱的状态。双方相互怀疑对手的战略示善行为，强硬要求对手无条件率先作出让步。彼此的任何微小行动，都会引发对方的疑虑，英德关系被捆绑在了海上矛盾上，失去了该有的灵活性。

三 英国整体性威胁认知的彻底固化

从历史影响来看，尽管"海军恐慌"极大地恶化了德国在英国政府和社会眼中的形象，然而并没有完全堵死英德通过外交机制协调海军矛盾的可能性。虽然海军部利用恐慌基本上实现了自身威胁认知的扩散，已经对英国整体性威胁认知产生了至关重要的影响，但此时英国政府内部仍然存在少数希望通过外交途径，在两国关系彻底跌入深渊之前缓和多年海军竞赛引发的诸多矛盾的政要。简言之，"海军恐慌"固然大大加速了英国政府将德国视作唯一敌人的威胁认知形成，但是两国在陷入结构性全面对抗前，尚有悬崖勒马的余地。最终导致英国整体性威胁认知及英德全面对抗格局固化的催化剂，是1909—1911年英德海军谈判、1911年爆发的阿加迪尔危机和1912年霍尔丹使团访德失败三大事件。海军部的威胁认知扩散同样在其中发挥了至关重要的作用。一方面，海军部的威胁认知在上述事件中再次扩散，并作为一股极为强劲的推动力"助推"英德关系彻底崩坏。其威胁认知也最终成功塑造了英国整体性对德威胁认知，彻底封闭了英德和解仅存的微小机会窗口。另一方面，英国政府在此类事件中的立场也深刻反映出"海军恐慌"后英国整体性威胁认知的深刻变化。相比于1909年之前，英德关系实现缓和的余地已然非常有限。1909—1912年的海军竞赛及相关的英德互动，宣告了英国政府在大战略层面将德国作为唯一敌人，开始进行全方位对德备战准备，英德全面对抗格局结构化。

(一) 英德海军谈判

在1909年"海军恐慌"引发英德关系空前紧张的背景下，通过谈判达成谅解性军备控制协议的方式缓解紧张局势，促进双边合作，作为一项自第二次"海牙和平会议"后被冷落许久的建议，再次受到了英德两国决策层的关注。① 总体而言，谈判的基础是两国在达成限制海军军备快速扩张共识方面具有共同利益需要。双方都希望借此减轻在海军竞赛中的战略和经济压力，尽可能从对方获得于己有利的让步和承诺。② 在1912年之前，达成海军协议的希望像海市蜃楼一样在外交领域时隐时现，最终以幻象破灭为泡沫而画上句点。③ 从1909年3月格雷两次向德国驻英大使梅特涅提出以两国互派代表自由参观对方的船厂和军火库，交换造舰信息（被德皇和提尔皮茨断然拒绝）④，以及4月德国外交大臣基德伦在毕洛夫授权下，向格雷提出谈判

---

① 1909年7月14日接替辞职的毕洛夫担任德国宰相的贝特曼·霍尔维格（Bethm-ann Hollweg）在其中发挥了重要作用。霍尔维格从上任伊始就致力于推动英德协议的达成。在回忆录中，霍尔维格解释了其中的原因："英国与法俄坚定地站在一起，奉行其反对任何暂时性具有超然实力的大陆强权的传统政策……如果德国看到的是英国与法俄同盟的友谊增加所导致的自身安全环境恶化，那么在英国的角度，看到的则是实力正在增强的德国舰队带来的威胁……双方的沟通陷入僵局，气氛因互不信任而极度冷漠。"外部客观事态也对霍尔维格的政策立场产生了推动作用。7月26日，英国政府宣布建造4艘应急"无畏舰"的消息再次加深了霍尔维格的安全焦虑。霍尔维格的结论是德国已经陷入与三个大国敌对的状态，规模快速扩张的德国舰队已经成为英德关系的最主要障碍。他的职责是与英国进行谈判，如果能够达成双方满意的可信承诺，可以以限制海军规模为代价。参见 Bethmann Hollweg, translated by George Young, *Reflection on the World War*, London: Thornton Butterworth, LTD., 1919, pp. 17–80。

② John H. Maurer, "Arms Control and the Anglo-German Naval Race before World War I: Lessons for Today?", *Political Science Quarterly*, Vol. 112, No. 2, 1997.

③ T. G. Otte, *The Foreign Office Mind: The Making of British Foreign Policy, 1865–1914*, Cambridge: Cambridge University Press, 2011, p. 350.

④ 格雷就海军问题与德国方面的接触由来已久。早在1908年7月14日，格雷就曾邀请德国大使梅特涅与英国财政部部长劳合·乔治共进午餐，借机尝试商讨限制双方海上矛盾的举措。劳合·乔治向梅特涅表达了海上优势对于英国的极端重要性，以及英国民众捍卫这一优势的决心，建议德国方面放缓造舰速度。两星期后，梅特涅又邀请上述两位英国官员在大使馆进行了会晤。威廉二世一直将海军当作其个人私有物品，一种帝国荣誉和尊严的象征，视任何限制规模的建议为个人攻击和侮辱。德皇对梅特涅的评价非常鲜明地展现了他在该问题上的立场，"他出色地完成了他的工作，但是在最重要的一个方面除外……必须向他指出的是，我们不需要任何以限制海军为代价才能和英国达成的理解"，德皇认为外国无权决定德国的军备建设和构成，英国的建议甚至可以被看作宣示战争，这一问题完全没有谈判的余地。提尔皮茨则认为英德矛盾的实质并不是德国造舰规模的快速扩大，而是根源于英国人对德国经济发展的嫉妒。（转下页）

第五章 海军部与英国整体性威胁认知的调整（1907—1912 年）

条件，被英国方面拒绝开始。① 尽管其间的第二次摩洛哥危机引发的双边关系紧张局势造成了谈判一度中断，但是双方的接触始终没有完全中止。② 1909 年 8 月 21 日直到第二次摩洛哥危机爆发前，德国新任宰相贝特曼·霍尔维格始终在积极推动与英国进行以政治协定换取海军协定为主要内容的谈判。③ 但是由于两国政治互信与谈判诚意的匮乏，加之英国国内"海军恐慌"和阿加迪尔危机对双边关系的毁灭性冲击，海军谈判最终夭折。海军谈判的彻底失败表面上反映出英德两国在具体利益上的分歧，即英国想要的是一个旨在减缓和限制两国海军扩建规模的有限军事协定，实现缓

（接上页）因此，英国人的真实意图是借谈判限制德国海军的发展，从而更好地利用强大海军，"用一些残酷的手段使德国经济陷入困境。而英国发动预防性战争的风险，只不过是梅特涅等人为了使反对者屈服夸大其词罢了"。参见 Robert K. Massie, *Dreadnought*: *Britain, Germany, and the Coming of the Great War*, London: Vintage Books, 2007, pp. 698-706; Arthur J. Marder, *From the Dreadnought to Scapa Flow*, Volume Ⅰ: *The Road to War 1904-1914*, Oxford: Oxford University Press, 1961, pp. 171-177。

① 基德伦在 1909 年 4 月建议"订立一个海军公约，规定英德两强都应在一个确定的期限内接受约束：第一，彼此都不发动反对另一方的战争；第二，不加入矛头针对两强中任何一国的联盟；第三，如两强中任何一国与第三国（或更多国家）发生冲突，另一国应遵守善意中立"。格雷写道，"同德国签订如基德伦先生所谋划出来的那样的协约，将有利于德国在欧洲建立霸权"。参见［英］A. J. P. 泰勒《争夺欧洲霸权的斗争：1848—1918》，沈苏儒译，商务印书馆 1987 年版，第 507—510 页。

② 关于几次英德海军谈判的详细叙述，最为直接的参考资料是英德两国与之密切相关的高层官员的回忆录。德国方面包括：Bethmann Hollweg, translated by George Young, *Reflection on the World War*, London: Thornton Butterworth, LTD., 1919; Alfred von Tirpitz, *My memories*, Vol. 1, New York: DODD, Mead and Company, 1919; Bernhard Bulow, *Imperial Germany*, translated by M. Lewenz, London and New York: Cassell and Company, 1914。英国方面包括：Viscount Haldane, *Before the War*, London and New York: Cassell and Company, 1920; Edward Grey, *Twenty Five Years*, *1892-1916*, Vol. 1, London: Hodder and Stoughton Limited, 1925;［英］温斯顿·丘吉尔：《第一次世界大战回忆录 1：世界危机（1911—1914）》，吴良健译，译林出版社 2013 年版。

③ 德国方面的主张是德国可以同意与英国达成限制海军规模的海军协定，但是需要英国同意与德国签订一个政治协定，内容除了双方承诺不相互攻击外，一旦其中一方陷入与第三国的战争，另一方保持善意中立。英国方面认为签署此类政治协议意味着承认德国对阿尔萨斯—洛林的占领，威胁到英国已经与法、俄建立起的友好关系，甚至间接帮助德国称霸欧陆，因而选择拒绝。从 1910 年开始，英国努力促使德国同意只讨论限制海军问题，就彻底削减造舰数量和交换海军信息达成一致。德国起先并不同意在政治协议上让步，并且坚持造舰速度可以放缓，但是数量不能削减。1910 年 8 月 14 日，英国政府对其立场进行了部分调整。英国驻德大使戈申表示，英国愿意在不改变德国海军法案的情况下，就降低造舰速度问题展开谈判。在第二次摩洛哥危机爆发前夕，德国方面已经基本同意了与英国海军部交换下一年度计划建造的舰艇数量的信息，并在每艘舰艇安装龙骨时，提供额外的技术数据。参见 E. L. Woodward, *Great Britain and the German Navy* (Reprinted), New York and London: Routledge, 2018, pp. 280-292; Robert K. Massie, *Dreadnought*: *Britain, Germany, and the Coming of the Great War*, London: Vintage Books, 2007, pp. 701-706。

和经济压力和巩固既有海上优势现状的双重目标；而德国方面则是希望以海军问题为筹码，要求英国作出有利于德国的政治承诺，从根源上缓和甚至逐步消解1904年英法协约以来被战略包围的外部安全压力。① 美国历史学家奥伦·詹姆斯·哈尔对此的评价简明深刻："没人能责怪英国想用更少的花费维持海权，也没人能责怪德国在英国培育的协约体系面前坚持他们的海军法案，这一体系剥夺了德国在外交上的自由。"②

但是，这一历史结果的出现也反映了一个更深层次的问题，持续多年的海上竞争造成的安全压力，已经耗尽了英国人对德国的耐心、信任和情谊，英国的整体性威胁认知已经彻底转变。同1901年与德国商谈殖民地问题合作时的情形不同，此时英国政府的心态已经发生了根本变化，概而言之，与德国的战略协调在性质上已经不再是同一个潜在的友邦，抑或中立国家寻求合作。谈判在双方深度战略互疑的状态下进行，互信缺失是最显著的特征。在这种背景下，英国自然不会同意达成类似可能削弱英法俄协约体系紧密度的政治协议。在英德海军谈判拉锯战期间，双方的海军竞赛并没有停止，反而在不断升级。例如1910年春季，公海舰队第一师由德国最新的4艘"无畏舰"组成，将母港从波罗的海的基尔转移到北海的威廉港。同时，德国国会又投票通过另外建造4艘"无畏舰"的资金预算，使总订购量达到了17艘；③ 麦肯纳则要求英国议会增加5艘"无畏舰"，将海军预算提高了550万英镑。这意味着在不到一年的时间里，海军部已经获得授权新建造15艘"无畏舰"。④ 许多有决策影响力的英国政治精英，也普遍表示出对法俄关系重要性优于英德战略协调的明确看法。1910年接替哈丁担任负责外交事务的常设副国务秘书的阿瑟·尼科尔森（Arthur Nicolson）是其中的典型代表。1911年6月，尼科尔森在英王乔治五世加冕典礼后举行的宴会上，面对周围关于英国借此次德国代表团出席加冕典礼

---

① John H. Maurer, "Arms Control and the Anglo-German Naval Race before World War I: Lessons for Today?", *Political Science Quarterly*, Vol. 112, No. 2, 1997.

② Oron James Hale, *Publicity and Diplomacy: With Special Reference to England and Germany*, New York: Appleton, 1940, p. 309.

③ Robert K. Massie, *Dreadnought: Britain, Germany, and the Coming of the Great War*, London: Vintage Books, 2007, p. 705.

④ Robert K. Massie, *Dreadnought: Britain, Germany, and the Coming of the Great War*, London: Vintage Books, 2007, p. 705.

的机会改善两国关系的讨论时,情绪激动地公开宣称只要他还是外交部的头儿,"英国永远,永远也不应该与德国为友"。① 尽管被阿加迪尔打断的谈判在1912年后短暂恢复,但是经历过1909—1912年若干国际、国内事件的冲击后,英国整体性威胁认知的变化已经使得英德两国的谈判空间被极度压缩,下文将提到的霍尔丹使团仅仅是昙花一现,其失败的结果并不令人意外。

(二) 阿加迪尔危机

这种先入为主的敌友认知也主导了英国在外交事务中的立场,客观上进一步推动了英法俄协约体系向着同盟体系的转型完成。被包围的战略处境迫使德国不得不尝试寻求外交"突围",尤其是设法在日益牢固的英国同盟体系中撕开缺口,英德关系由此更加恶化,最终走向了全面敌对。1911年7月的阿加迪尔危机(又称第二次摩洛哥危机)就是在这种背景下爆发的②,是德国在体系压力剧增的背景下做出的一次战略冒进。危机也深刻反映了英德海军矛盾的结构化。其结果既反映出了前文所述英国整体性威胁认知的急剧转变,同时又推动了这种整体性威胁认知的最终固化,遏制最大和唯一的敌国——德国的挑战成了英国一切对外政策的聚焦点。

在危机期间,英国政府始终坚信德国的意图是在摩洛哥大西洋沿岸建立一个要塞化海军基地。目的是最终挑战英国海上主导权,为其夺取欧洲霸权铺平道路。③ 甚至连此前积极反对海军扩建的劳合·乔治也在1911年7月21日的公开演讲中公开警告德国,英国人不会以牺牲几个世纪以来建立起的国际威望和地位换取和平。④ 丘吉尔的评价是,"阿加迪尔危机期

---

① Arthur J. Marder, *From the Dreadnought to Scapa Flow*, Volume I: *The Road to War 1904-1914*, Oxford: Oxford University Press, 1961, p. 222.

② 1911年4月,摩洛哥发生反对苏丹统治的叛乱。法国以保护侨民和利益为由向摩洛哥城市非斯(Fez)派出远征军,德国方面认为法国此举是完全吞并摩洛哥的第一步,与德国利益严重不符。因而德国于7月1日以同样的借口,派出炮舰"豹"号前往摩洛哥位于大西洋沿岸的阿加迪尔港(一些历史学家称之为"豹的跳跃"),拉开了第二次摩洛哥危机的序幕。

③ Robert K. Massie, *Dreadnought: Britain, Germany, and the Coming of the Great War*, London: Vintage Books, 2007, pp. 715-743.

④ Arthur J. Marder, *From the Dreadnought to Scapa Flow*, Volume I: *The Road to War 1904-1914*, Oxford: Oxford University Press, 1961, p. 241.

间，财政大臣对能为英国态度增加分量的每件事都非常热心"。① 与以往不同，阿加迪尔危机是政府在推动着海军部立场发生变化。海军部原本经过专家论证，认为即使德国获得阿加迪尔港，对于英国安全的影响也不会太大，因而可以容许。② 但是在政府的压力下，第一海务大臣阿瑟·威尔逊（Arthur Wilson）不得不公开表示，在任何情况下，皇家海军都不会容忍德国在摩洛哥的地中海沿岸获得战略据点。③ 一些有影响力的媒体也表达了和政府类似的立场，例如英国《标准报》（Standard）在7月5日的一篇文章中评论道，"一个显而易见的事实是，没有哪个英国内阁，会同意让一支强大的外国海军驻扎在我们通往开普敦航路上的大西洋沿岸！"④ 基于此，英国不仅在危机期间强硬支持法国，一度与德国处在"临战"状态。而且在危机结束后开始了全面的备战活动，标志性的重大举措包括：在危机期间正式启动了与法国海军关于联合作战问题的谈判，并于1913年签署军事协议。根据协议内容，皇家海军从地中海全面收缩，将该海域防卫义务交给法国海军，危机结束后将内务大臣丘吉尔调往海军部接替麦肯纳成为海军大臣，以此消除海军部对海陆军联合作战计划制定的阻碍等。德国方面，在阿加迪尔危机期间感受到的巨大海上压力，促使提尔皮茨等人开始了新一轮的海军加速建设。提尔皮茨在危机后表示，"（阿加迪尔危机）对德国威望的打击使得国内的焦躁情绪不断增加"，再次刺激了德国增强海军实力的诉求。⑤ 作为对危机期间德国外交失败的反击，同时为了弥合与英国巨大的海上实力差距。德皇宣布1900年开始实行的海军建设指导原则——"风险理论"已经不再符合德国实际需要，要求与英国以2∶3的

---

① ［英］温斯顿·丘吉尔:《第一次世界大战回忆录1:世界危机（1911—1914）》，吴良健译，译林出版社2013年版，第63页。

② ［英］A. J. P. 泰勒:《争夺欧洲霸权的斗争:1848—1918》，沈苏儒译，商务印书馆1987年版，第520页。

③ Arthur J. Marder, *From the Dreadnought to Scapa Flow*, Volume I: *The Road to War 1904-1914*, Oxford University Press, 1961, p. 241.

④ Arthur J. Marder, *From the Dreadnought to Scapa Flow*, Volume I: *The Road to War 1904-1914*, Oxford University Press, 1961, p. 240.

⑤ Paul M. Kennedy, *The Rise of the Anglo-German Antagonism 1860-1914*, London: George Allen & Unwin, 1982, p. 448.

主力舰数量固定比例分配海军规模。① 提尔皮茨则利用危机后德国社会普遍的对英敌对情绪，于1911年秋季推出了新的海军修正法案《诺维尔法案》（Novelle Act），推动德国议会于1912年批准了该法案，即第三个海军"补充法案"。根据法案内容，未来5年（1912—1917年）德国计划新增建造3艘主力舰。建造速度也从每年2艘变为一年2艘、一年3艘交替进行。② 预计到1920年，德国海军将拥有41艘主力舰、28艘重型巡洋舰和40艘轻型巡洋舰，人员达10.05万人，并且全年处于战备状态。③ 针对德国海军的再次扩建，丘吉尔于1912年3月强硬表示，德国是英国在海上唯一的敌人。英国政府也支持海军部以2∶1的速度匹配德国的舰艇建造，即德国每建造1艘主力舰，英国就建造2艘，这是英国第一次向世界公开宣布"两强标准"被废止。

阿加迪尔危机反映出的一个重要事实是，在英国整体性威胁认知已经开始固化的情况下，德国的唯一敌国形象在英国决策精英群体的认知中已经根深蒂固。在这种状态下，彼此的关系极为脆弱，缺乏外交缓冲空间。无论德国采取强硬对外政策的真实意图是什么，都容易被英国人联想为对英帝国的挑战，以及对欧洲霸权的觊觎，招致更为强硬的制衡回应。而此举又加深了德国的不安全感，加速了其海军力量建设和备战准备速度。双方在极度的相互不信任中，深陷安全困境而无法自拔。④ 在这种背景下，妥协即意味着将自身置于危险境地，外交协调手段发挥作用所依赖的政治互信在阿加迪尔危机后几乎消失殆尽。

（三）霍尔丹使团

阿加迪尔危机后，虽然英国政府和军方普遍相信德国发展海军的目的就是要挑战英国的海权优势、拆散英法与英俄协约联系，最终达到称霸欧

---

① Arthur J. Marder, *From the Dreadnought to Scapa Flow*, Volume I: *The Road to War 1904-1914*, Oxford University Press, 1961, p. 273.

② 徐弃郁：《脆弱的崛起：大战略与德意志帝国的命运》（修订版），新华出版社2014年版，第238页。

③ Holger H. Herwig, "*Luxury Fleet*": *The Imperial German Navy 1888-1918*, Boston and Sydney: George Allen & Unwin, 1980, pp. 77-78.

④ 徐若杰：《崛起国缘何陷入战略迷思——基于一战前德国海权战略决策的实证研究》，《太平洋学报》2020年第9期。

陆的目标，但是此次危机同样引发了英国政府内部关于"为法国或者俄国而陷入对德冲突与战争是否值得"的外交反思。① 英国政府在迅速采取诸多制衡措施的同时，并没有完全拒绝继续与德国通过谈判达成海军协议。德国方面，霍尔维格和驻英大使梅特涅（Metternich）始终希望促成海军协议，积极促成海军谈判的恢复，此时的德皇也对恢复谈判表示了兴趣。在收到英国的备忘录后，德皇立刻打电话给霍尔维格，商议回复事宜，在两天后即做出了正式答复。同时授权提尔皮茨准备谈判材料，"我们在绝对保密的情况下收集了所有资料，海军元帅提尔皮茨会带着这些资料前去与英国谈判。材料包括舰队的短期发展规划和发展中遇到的困难，以及海军法律、法规、目标、扩充，还有预期的海军法案及其意义和实施方案"。②

霍尔维格抓住短暂的有利形势，邀请德国汉堡—美洲航运公司总裁阿尔伯特·巴林（Albert Ballin）为英德政府间直接对话牵线搭桥。巴林与在英国金融界和政界拥有广泛影响力，且长期支持英德海军谈判的金融巨头厄内斯特·卡塞尔（Ernest Cassel）爵士进行了接洽。③ 在二人的共同推动下，英国首相阿斯奎斯授权海军大臣丘吉尔和财政大臣劳合·乔治，共同起草了一份备忘录，作为两国新一轮海军谈判的基础。其内容概而言之，即德国充分尊重英国的海上优势，现有军费和军备计划不再增加，如有可能应当放缓和削减。以此为前提，英国会积极考虑德国的殖民地利益诉求，并建议双方共同保证不加入针对另一方的侵略计划或侵略同盟。④ 这份文件于1912年1月29日，由卡塞尔前往柏林呈递给了德皇，并于1月31日带回了德皇的肯定答复和德国新的海军法案提纲。德皇提醒英国注意德国已经完成了海军法案修订案的起草工作，并邀请英国派遣一名内阁成员前往德国进行秘密谈判。

1912年2月5日，英国内阁授权陆军大臣霍尔丹代表政府到访柏林，

---

① 相关讨论参见 T. G. Otte, *The Foreign Office Mind: The Making of British Foreign Policy, 1865-1914*, Cambridge: Cambridge University Press, 2011, pp. 314 - 392; E. L. Woodward, *Great Britain and the German Navy* (*Reprinted*), New York and London: Routledge, 2018, pp. 323-337。

② ［德］威廉二世：《德皇威廉二世回忆录》，赵娟丽译，华文出版社2019年版，第202页。

③ ［美］诺曼·里奇：《大国外交：从拿破仑战争到第一次世界大战》，吴征宇、范菊华译，中国人民大学出版社2015年版，第340页。

④ ［英］温斯顿·丘吉尔：《第一次世界大战回忆录1：世界危机（1911—1914）》，吴良健译，译林出版社2013年版，第64页。

史称霍尔丹使团（Haldane Mission）。由于阿加迪尔危机结束不久，英德关系处于高度紧绷的状态，此次谈判从一开始便缺乏友好的气氛。2月7日，即霍尔丹一行到达柏林的前一天，德皇宣布了即将由议会表决的几个旨在增加陆海军军费的法案内容。这一事件引发了英国海军部的极度不满，2月9日，丘吉尔在事先未经政府授权的情况下，在格拉斯哥发表演讲，以尖锐的言辞进行了回击，"英国海军，对我们说是必需品，从某种观点上看，德国海军对他们来说在本质上更多的是一种奢侈品。我们的海军力量涉及英国的生存。海军对我们是生存，对他们是扩张"，所以在"海军竞赛日益尖锐的情况下，我们要增加造舰数，使实力足以对付其他海军强国。压力不会削弱英国海军实力，反而会增强"。① "奢侈的舰队"这一辛辣讽刺，一时间引发了德国社会情绪的沸腾。提尔皮茨在回忆录中认为，"奢侈的舰队"的提法表现了英国的真实嘴脸，英国人如此轻蔑对待德国和拒绝2：3比例等行为，已经证明霍尔丹来访不会给予德国任何好处，目的只是巧妙地在德国政府内部制造矛盾。② 连霍尔丹本人也认为谈判前景远不是那么乐观。③

霍尔丹在英国停留期间（2月8—10日），与德皇威廉二世、宰相霍尔维格、提尔皮茨等德国军政要员进行了会晤，④ 内容主要为政治协定⑤、殖民地协定⑥和海军协定⑦三个方面。2月11日霍尔丹离开柏林后，谈判继续进行，矛盾与分歧主要是英国在战争中的"绝对中立"承诺和德国修改海军"补充法案"两大问题。对此英国政府保持了强硬立场，坚决不做出让步。德皇一开始对谈判也抱有希望，在提尔皮茨与霍尔丹举行会晤的前

---

① ［英］温斯顿·丘吉尔：《第一次世界大战回忆录1：世界危机（1911—1914）》，吴良健译，译林出版社2013年版，第66页。
② Alfred von Tirpitz, *My Memories*, Vol. 1, New York: DODD, Mead and Company, 1919, p. 294.
③ Viscount Haldane, *Before the War*, London and New York: Cassell and Company, 1920, pp. 56-57.
④ Viscount Haldane, *Before the War*, London and New York: Cassell and Company, 1920, p. 57.
⑤ 德国要求英国在德国卷入战争时，无条件保持中立。霍尔丹认为这将限制英国在德国进攻法国时，向法国提供帮助的能力，建议将内容修改为一方遭到来自非签约方之一的他国"无端进攻"。
⑥ 双方在波斯、巴格达铁路、葡萄牙殖民地等方面很快达成了协定。
⑦ 霍尔丹拒绝了提尔皮茨提出的2：3比例划分，强调皇家海军实力必须相当于任何两个大国海军实力之和。

一天曾满怀期待地表示，"毫无疑问，英法同盟、德国乃至世界的命运，很大程度上取决于今天提尔皮茨和霍尔丹的会谈……如果他（提尔皮茨）成功让英德达成相互理解，我将宣布德国乃至全世界都要感谢他，把他视为和平的缔造者。那时他在世界上的地位将超越俾斯麦之后任何一位德国大臣！"① 但是面对英德在谈判中的僵持，德皇多变无恒心的性格缺陷再次发挥了作用，威廉二世很快就失去了耐心。3月5日，德皇下令霍尔维格一字不改地公布海军"补充法案"，谈判最终破裂。英国人在谈判中的心态在驻德大使戈申给哈丁的一封信中可以窥见端倪，"除非我们打算彻底逆转维持欧洲均势的对外政策，否则我们不能用德国向我们提出的建议束缚自己的双手。当德国发现我们不会屈服时，无疑会选择退缩"。② 德国方面，尽管霍尔维格、基德伦和梅特涅等人力促协议达成，然而得到德皇和公海舰队司令冯·赫尔岑多夫（Von Holtzendorff）等人支持的提尔皮茨不顾霍尔维格的反对，拒绝接受英国的谈判条件，完全扼杀了和英国达成协议的任何可能性。③

霍尔丹使团的失败表明海上矛盾已经彻底改变了英国整体性的威胁认知，德国作为唯一敌对国的形象已经彻底固化，除非德国自愿停止海军建设，否则两国关系不会得到任何改善。这一事件也标志着英德海军谈判的全面失败，自此之后，两国直到战争爆发也没有再进行过有关海军问题的任何接触，这使得英德两国错过了在"一战"前协调海军矛盾，避免双边关系因军事问题全面恶化，在通往万劫不复的大战之路上紧急刹车的重要机遇。自此之后，强化盟友体系和备战成为各自的首选政策。此后，尽管德国因为陆上安全压力的陡增和国内陆军势力的强烈反对，事实上退出了海军竞赛，④ 但是被海上矛盾破坏的两国关系也没有得到相应回暖。此外，客观来说，霍尔丹使团虽然没能解开海军这一死结，但是依然促进了两国

---

① Robert K. Massie, *Dreadnought: Britain, Germany, and the Coming of the Great War*, London: Vintage Books, 2007, p. 589.

② T. G. Otte, *The Foreign Office Mind: The Making of British Foreign Policy, 1865–1914*, Cambridge: Cambridge University Press, 2011, p. 346.

③ [美] 诺曼·里奇：《大国外交：从拿破仑战争到第一次世界大战》，吴征宇、范菊华译，中国人民大学出版社2015年版，第341页。

④ 徐弃郁：《脆弱的崛起：大战略与德意志帝国的命运》（修订版），新华出版社2014年版，第255页。

其他矛盾的缓和，英德围绕殖民地利益的谈判并未与海军谈判一同终止。1912—1914年，两国达成了《分割葡萄牙殖民地的英德协定》（Anglo-German Convention of 1913），并且在巴格达铁路建设与中东（主要是美索不达米亚和波斯南部）石油等问题上取得了突破性谈判进展，但对于英德关系的大局已然于事无补。当1914年8月战争来临时，军事安全的考虑超越了一切战略思考判断，有限的缓和瞬间化为乌有，分属两个对立阵营的英德双方在战场上兵戎相见。

四 海军部威胁认知形成—扩散的历史影响

1900—1912年，英德关系在短短十数年的时间里发生了质变性的急剧恶化，原本并无重大利益冲突和矛盾的两个大国，因为海上矛盾而最终悲剧性地走向了剑拔弩张的全面对抗状态。这种状态正是造成欧洲国际格局僵化为同盟国—协约国两大政治军事集团结构性对抗的首要根源，其结果虽然没有直接诱发大国军事冲突与体系战争，但是却间接性地为1914年大战的爆发提供了必要的"国际氛围"。从战略决策与缔造的视角审视回顾这段历史，英国皇家海军的最高决策机构——海军部在海军竞赛中的威胁认知的形成—扩散，最终在很大程度上塑造了英国政府在大战略层面整体性的威胁认知。而英国政府的整体性威胁认知变化作为对德战略决策的战略认知前提，毫无疑问是理解和把握这一时期英德关系走向的重要基础。本节拟在前文章节（第三章及第四章）的实证研究基础上，对海军部威胁认知的形成—扩散历史机制如何作用于英德关系，以及所产生的重要历史影响进行一个整体性的总结和评价，目的在于进一步透视海上矛盾在英德关系走向激变中扮演的角色，凸显国内政治过程中的跨部门战略认知互动对战略决策的影响。

（一）政治—外交影响

海军部威胁认知的形成—扩散正值"一战"前英国对外战略收缩和战略调整的关键时期，通过对英国整体性威胁认知变迁施加塑造性影响，极大地推动了英德海上矛盾性质的升级。德国海军扩建引发的海军竞赛问题，从一个主要牵涉两国军事部门，军事安全层面的双边矛盾，升级为关涉两国政府和全社会，与国家生存及安全紧密捆绑，毫无调和空间的零和大战略冲突。

在整个战略过程中，作为皇家海军的最高领导机构，在英德因海上矛盾而出现的一系列对抗事态中，海军部首当其冲，因而其对德国海军快速扩建之于英国的安全威胁也更为敏感和"先知先觉"。1900—1909年是海军部威胁认知的形成期，海军部在其间的多次互动后，在军事战略层面作出了多次重大调整。德国海军在威胁次序中的位置不断攀升，最终以1909年海军部内部废除"两强标准"为节点，德国海军成为英国唯一的军事竞争对手。这一时期英德海上矛盾在性质上属于两国军事部门在军事安全层面的矛盾。这一阶段，尽管德国海军的快速发展已经引起了英国政府的警惕，但是政府内部并没有形成共识性的战略判断，支持限制海军军备和与德国通过谈判实现海军军备限制的势力，在国内政治中拥有很大的影响力。

第二次"海牙和平会议"后，作为国内政治博弈中的参与者，海军部通过国内政治过程进行威胁认知扩散，特别是利用1909年"海军恐慌"、海军谈判和阿加迪尔危机等事件所引发的国内政治和社会矛盾，成功地实现了威胁认知向政府和社会的全面扩散。海军部以德国海军作为唯一对手的威胁认知，最终对英国政府的整体性威胁认知产生了重要的塑造作用。此后，遏制德国海军挑战已经不再是一个军事问题，而成为整个英帝国所严重关切的，事关国家生存、安全和繁荣的大战略议题。海军矛盾已经上升为左右英德两国关系的唯一重要因素。原本应该包括政治、经济、外交和军事四个方面的复杂双边关系被牢牢套在了主力舰数量对比的死结上。双方安全困境之弦在一系列夹杂着猜疑、戒备的互动中被越拉越紧，军事安全问题上升到了前所未有的高度，外交政策的灵活性和空间受到了前所未有的压缩。[①]

在1912年霍尔丹使团失败后，两国间利用外交协调缓和海上安全矛盾冲击的缓冲机制彻底瓦解，通过积极备战和强化联盟关系以确保军事安全成为英国最重要的大战略考量，直至大战爆发。"英国也感到有一双手正

---

① Jonathan Steinberg，"The Copenhagen Complex"，*Journal of Contemporary History*，Vol. 1，No. 3，1966.

第五章 海军部与英国整体性威胁认知的调整（1907—1912 年）

在挖其赖以生存的真正基础。很快而且肯定，德国海军将编队整齐地出现在我们门口，它必然置我们于危险境地，只有顽强的努力以及几乎像对待实际战争那么紧张的警惕才能避开这个危险"，① 对当时的英国政府而言，一方面，在海军实力上始终压制住德国的挑战在 1912 年后极其重要，甚至可以说是首要的对外政策目标。格雷在一封给殖民主义领袖、著名教育家雷纳尔·罗德（Rennell Rodd）爵士的私人信件中一针见血地指出，"如果我们的舰队不能对德国舰队形成优势，英国的独立就只能乞怜于德国发慈悲了"。② 1914 年 2 月 3 日，格雷在曼彻斯特举行的一次演讲中进一步指出，"军费过度开支达到一定程度时，必然引起灾难，甚至可能毁灭欧洲的繁荣和文明。那（军费开支增加）何时才能结束？眼下我只能说，除了将我国的军费保持在国家安全以及我们对英帝国其他领地的义务范围内，别无他途"。③ 另一方面，英国采取的另一制衡举措是在军事安全层面加强与协约盟友的合作。通过强化与法国、俄国的战略协调，明确盟友间的战略分工，以此分担英国在海上单独对抗德国的战略负担，同时确保联盟在巨大体系压力面前的牢固度。欧洲国际关系格局终于悲剧性地彻底陷入两大政治—军事集团尖锐对立、高危而且僵化的局面。标志性事件包括 1912 年 6 月，英法两国海军部门达成协议，皇家海军从地中海进行战略回撤，继续向本土集中，赋予了法国海军在地中海的主导地位和相应的对德作战义务。④ 英国则承担起了战时援助保护法国西部和北部海岸的责任。1913 年 2 月 10 日，英法签署的另一份海军协定，重点讨论了两国海军在与同盟国集团或者德国的战争中，采取联合作战行动的问题。1914 年 4—7 月，英俄两国也积极进行了签订双边海军协议的接触和尝试，只是因为俄国无法给予英国满意的利益回报，而直到战争爆发协议也未能达成。

---

① ［英］温斯顿·丘吉尔：《第一次世界大战回忆录 1：世界危机（1911—1914）》，吴良健译，译林出版社 2013 年版，第 26—27 页。

② "Sir Edward Grey to Sir Rennell Rodd, 13 January 1913", cited from: Arthur J. Marder, *From the Dreadnought to Scapa Flow*, Volume I: *The Road to War 1904-1914*, Oxford University Press, 1961, p. 272.

③ "Sir Edward Grey at Manchester, 3 February", cited from: Arthur J. Marder, *From the Dreadnought to Scapa Flow*, Volume I: *The Road to War 1904-1914*, Oxford University Press, 1961.

④ Philips Payson O'Brien, "The Titan Refreshed: Imperial Overstretch and the British Navy before the First World War", *Past & Present*, No. 172, 2001.

(二) 社会影响

海军部威胁认知的形成—扩散产生的最主要社会影响，是深刻改变了英国内部的社会心态，加剧了英国民众对德国的愤怒和疑惧，人们更愿意相信德国对英国充满恶意。原本应该在双方关系彻底滑向深渊之路上充当"减速带"的社会联系，反而变成了推动双方紧张关系升级的又一根源。除了前文所述媒体在国内政治中对"大海军主义"理念和德国海军现实威胁的鼓噪，普通英国公众的对德认知也深受影响。表现为：一方面，夹杂着帝国主义、社会达尔文主义、英雄主义等内容的极端爱国主义思想，随着英德关系的恶化在英国社会广泛流行，不断在英国社会激起更大的对德敌意。这类思想拥有非常广泛的传播渠道，包括学校教科书、突出军事性的青年运动、大量宣传"入侵恐慌"的小说和戏剧、各类"大海军主义"游说团体和社会联盟、军事庆典等，甚至达到了"军事和帝国主义主题在日常广告和公共纪念场所无处不在"的程度。① 以"一战"前备受英国社会喜爱的"入侵文学"为例，这些作品的内容主要是基于作者的主观臆想、毫无根据的谣言甚至谎言，通常以危言耸听、哗众取宠的故事情节吸引读者的关注，宣传战争不可避免和英帝国被德国突然袭击摧毁等内容。当时大为畅销的"入侵文学"作品包括埃利斯·巴克（Ellis Barker）的《19世纪》（*Nineteenth Century*）、斯潘塞·威金森（Spenser Wilkinson）的《海湾中的英国》（*Britain at Bay*），以及前文曾提到的柴尔德斯的《沙岸之谜》等。② 另一方面，英国社会充斥着关于德国的负面谣言，这些谣言加剧了英国社会对德国军事意图的疑惧，使得英国社会长期处于对德高度神经敏感的状态。虽然一些谣言在事后即被澄清，但是对英德社会关系的损害却继续累积，并经常影响到英国政府的政策判断。这些谣言内容五花八门，如有传言说德国间谍遍布英国东海岸，秘密从事绘制地图和测量水深等工作。两名英国陆军少校更是在文章中声称在英格兰和苏格兰共有6500名德国间谍。有传言说德国在查令街路口的一个银行地下金库存储了数千支步枪，用以在战时迅速

---

① ［英］詹姆斯·乔尔、戈登·马特尔：《第一次世界大战的起源》（第三版），薛洲堂译，商务印书馆2020年版，第374—375页。

② Holger H. Herwig, "*Luxury Fleet*": *The Imperial German Navy 1888-1918*, Boston and Sydney: George Allen & Unwin, 1980, p. 51.

武装德国预备役人员（真相是这些枪支是一家迷你步枪俱乐部协会购买的过时武器）。在公众普遍对德神经过敏的社会大背景下，英国政府也深受其影响。1909年3月25日，阿斯奎斯命令在帝国防务委员会设置下属委员会，在之后数月内每月举行三次会议，彻底调查德国间谍的人数和活动范围。[1] 总体而言，英德海上矛盾引发的军备竞赛和外交对抗，以及海军部威胁认知向社会的大规模扩散，从根本上改变了英国人对待德国的心态，双方之间的互信已经彻底丧失，陷入了一种恶性循环的战略互疑状态。[2] 借用丘吉尔的话："一种日益沉重的感觉不再限于政治和外交圈子，人们已意识到普鲁士人居心不良，他们妒忌不列颠帝国的辉煌。只要找到于我们不利的良机，他们会尽可能利用它。此外人们开始了解，以放弃针锋相对之外的手段说服德国离开它的既定路线是毫无用处的。"[3] 德国民间充斥的反英情绪也在一定程度上"证实"了英国民众的上述认识，例如在英德关系高度恶化的背景下，德军将领伯恩哈迪于1912年出版了《德国与一下场战争》，鼓吹德国如果无法通过征服新领土成为"世界强国"，则只能被毁灭。[4]

在大众政治时代背景下，每个国家的战略决策，至少在形式上都离不开公众的同意和民意的支持。鉴于社会舆论对政治潜移默化的巨大影响，英德社会关系的恶化与政府整体性威胁认知的变迁相互作用，共同推动了英德两国因海上矛盾而彻底交恶。具体来说，首先，充斥着愤怒、恐慌和疑虑等非理性情绪的民意会推动政府对德政策的持续强硬，使得政府在对德外交协调中所能选择的妥协空间被大幅度压缩，英德间通过利益互换，实现外交关系缓冲，缓解安全困境压力的机会窗口最终被彻底封闭。其次，作为社会土壤，助长了极端的"战争渴望"情绪在英国社会弥漫，而这种狂热的社会情绪不仅以社会压力的形式通过国内政治过程对英国的整体性威胁认知变迁产生影响，更是造成英国在1914年8月最终选择对德宣

---

[1] Arthur J. Marder, *From the Dreadnought to Scapa Flow*, Volume I: *The Road to War 1904-1914*, Oxford: Oxford University Press, 1961, pp. 179-180.

[2] 顾全：《大陆强国与海上制衡：1888—1914年德国的海军扩张》，上海人民出版社2019年版，第339页。

[3] [英]温斯顿·丘吉尔：《第一次世界大战回忆录1：世界危机（1911—1914）》，吴良健译，译林出版社2013年版，第24—25页。

[4] Friedrich Von Bernhardi, *Germany and the Next War*, New York: Franklin Classics, 2018.

战的重要国内政治诱因。英国著名哲学家和反战主义者伯特兰·阿瑟·威廉·罗素（Bertrand Arthur William Russell）在回忆录中展现了英国对德宣战前夕（1914年8月3日）的情景①，可以作为一个窥视上述问题的宝贵缩影。"我整晚在街上徘徊，尤其是在特拉法尔加广场附近的街区，关注欢呼的人群，特别留心注意那些形形色色路人的情感。在这个晚上以及之后的几天时间里，我很惊讶地发现，无论男女普遍对战争的前景感到兴奋。"② 虽然7月危机期间，英国各地总计发生了43场规模不等的反战游行示威，③ 如第二共产国际执行局英国分局于8月2日在特拉法尔加广场举行了规模盛大的反战抗议，共有两万多人参加。但是在当时的社会背景下收效几乎可以忽略不计，未能把英国从走向持久大战的深渊边缘拉回来。

小结

1909—1911年是英国整体性威胁认知形成与固化的关键阶段。第二次"海牙和平会议"的失败加深了英国政府对德国的疑虑和警惕，标志着英国将德国视作唯一潜在对手的整体性威胁认知初步形成。而1909年海军部挑起的"海军恐慌"则大大加速了英国整体性威胁认知的固化进程。从历史结果来看，1909年"海军恐慌"是导致海上矛盾在英德关系中地位升级的分水岭。

在"海军恐慌"中，海军部基于对德国海军现实及潜在威胁的评判，在安全焦虑情绪的驱动下，联合政府和议会内部的支持者，形成"海军部—海军派"政治联盟，并在与反对势力的国内政治博弈中，充分发动了媒体、军事工业综合体、在野党等支持"大海军主义"的政治和社会力量。英国内部军政精英之间的分歧焦点是海军预算数额，博弈场所经历了从内阁到议会再回到内阁的变化。经过一系列激烈的"路线斗争"，海军部对

---

① 英国政府于1914年8月4日正式对德宣战。
② Bertrand Russell, *The Autobiography of Bertrand Russell 1914-1944*, Vol. 1, London: George Allen & Unwin Ltd., 1968, p. 16.
③ [英]詹姆斯·乔尔、戈登·马特尔：《第一次世界大战的起源》（第三版），薛洲堂译，商务印书馆2020年版，第373页。

第五章 海军部与英国整体性威胁认知的调整（1907—1912 年）

德国海军扩建的威胁认知，在英国内阁、议会和社会中迅速扩散蔓延。海军部成功地使自身对德国海上威胁程度的认知被政府接受，进而上升为国家意志。"德国是英国的首要敌人"和"通过在海上强军备战制衡德国威胁，保障英国安全和生存"成为政治精英和社会共识。此后，海上矛盾不再是两国的军事竞争问题，而逐渐成为主导英德全方位关系的决定性因素，其重要性从军事层面上升到了大战略层面，为英德关系在其后迅速滑向全面对抗状态奠定了基础。

海军矛盾成为横亘在两国关系中的死结，不仅导致了双方海军谈判的失败和阿加迪尔危机期间的濒临战争，更为深远的影响是，将德国视作敌对国的认知已经在英国决策精英群体的脑海中根深蒂固。此后，双方关系再也没能从 1909 年"海军恐慌"至阿加迪尔危机期间若干事态的负面影响中恢复到正常状态，尽管 1912 年后英德海军竞赛的问题基本上已不复存在。海军竞赛虽然结束了①，但是两国敌意已经根深蒂固，加之两大对立集团均已经做好了战争准备。即使 1912—1914 年英德两国关系部分缓和，但是紧张状态始终没有解决。备战而非尝试协调成为两国的首选政策，最终因为边远地区的微小火花爆发了大战。崛起国与霸权国之间在战场上的最终摊牌不可避免。正如马德尔的感叹，"海军竞赛并没有引发战争，但它保证一旦战争爆发，英国必然处于德国的敌对方"。②

---

① 1914 年初，提尔皮茨曾一反常态地支持霍尔维格否决了德皇关于加强德国地中海舰队的实力，以及完成 1912 年海军法案中建造第三个"无畏舰"中队的计划。原因是他认为新一轮造舰将超越德国纳税人的承受极限，因而是一个"巨大的政治错误"。参见 E. L. Woodward, *Great Britain and the German Navy* (Reprinted), New York and London: Routledge, 2018, pp. 430-431。

② Arthur J. Marder, *From the Dreadnought to Scapa Flow*, Volume I: *The Road to War 1904-1914*, Oxford University Press, 1961, pp. 431-432.

第六章 总结与反思

对于那些想要了解过去事件的真相的人来说，由于人总是人，过去的事件在将来某个时候可能会再次发生，或者发生类似的事件。①

——古希腊历史学家 修昔底德（Thucydides）

如果从21世纪回头看，我们可以在两件事上指责那些将欧洲带入大战的人：第一，他们缺乏想象力，未能看到一场战争冲突竟有如此大的破坏力；第二，他们缺乏勇气，无法站出来直面那些认定除了战争别无选择的人，选择，总是有的。②

——加拿大历史学家 玛格丽特·麦克米伦（Margaret MacMillan）

国际安全研究是国际政治学科中最为古老和核心的研究领域，堪称学科基石。而大国崛起中霸权国与崛起国之竞争、冲突乃至战争更是国际安全研究中经久不衰的重大论题。作为多年来引起学界广泛辩论的大国战略竞争互动典例，"一战"前的英德海军竞赛及其紧密相关的两强双边关系的变迁过程和历史结果，为我们深入思考体系中的霸权国—崛起国竞争失控的深层根源，提供了极富启发的宝贵实证材料。在当下国际关系不确定性增强、国际形势变动不居的大变局时代，这段历史的学术价值，并没有因为距今超过百年的时间隔阂而变得黯淡。诚如美国战略学家彼得·帕雷

---

① ［古希腊］修昔底德：《伯罗奔尼撒战争史》，何元国译，中国社会科学出版社2017年版，第17—18页。
② ［加拿大］玛格丽特·麦克米伦：《和平戛然而止：通往1914年之路》，王兢译，广西师范大学出版社2022年版，第671—672页。

特所言,"历史作为对先前已逝事物有教养的记忆,是个不应该被轻易抛弃的教益源泉……它能够通过理清往昔和理解其部分含义,来帮助我们思考当今和未来"。① 提炼萃取英德互动中蕴含的丰富历史启示,不仅有助于促进对大国竞争相关的中观理论探索,而且有助于在以史为鉴中获取对现实国际安全问题具有参考价值的战略知识。

根据英国经济学家卡尔·波兰尼(Karl Polanyi)的观点,一个有组织的均势体系只有在失衡处于萌芽状态的时候,才能对战争实现有效防范。一旦失衡的因素积聚成一种势头,则只有武力才能纠正它。② 从逻辑上来看,第一次世界大战的爆发正是欧洲均势体系完全失衡的结果,而英德矛盾是贯穿其中的主因,海上矛盾由军事安全到大战略层面的等级跃升,则又是塑造英德矛盾的主线。从波兰尼的上述论点推之,深入理解"海上矛盾如何对英德关系变化产生影响",对于解释英德为何陷入霸权国—崛起国结构性的关系困境,探究在大国竞争加剧的大背景下,军事安全矛盾升级为大战略矛盾的原因颇为关键。

鉴于既有研究成果对此并未做出令人信服的充分解释,或陷入权力转移范式的思维束缚,对复杂的英德互动的分析过度简化和模式化;或存在由果推因的"结果导向"认知偏差,过度聚焦德国战略决策和行为的错误,而忽视英国的类似误判在两国关系中发挥的重要作用;或聚焦于对两国海军竞赛互动的爬梳考证,未能从宏观上萃取其中的战略机理。因此,本书基于19世纪末20世纪初英帝国通过战略收缩调控衰落的历史大背景,以1900年海军部开始启动针对德国海权发展的风险评估进程为时间起点;以1912年阿加迪尔危机后,英国开始全面备战,以及霍尔丹使团访德失败后,英德海军谈判的全面破裂为终点,选取英国在这段历史中的战略决策过程为考察视角,从军政关系角度切入,通过聚焦海军部在英德海军竞赛期间的对德威胁认知和应对行为变化,研究"一战"前英国海军部与政府两大政治精英群体之间的威胁认知互动,以威胁认知扩散解释海上矛盾及竞赛是如何导致英德敌意和对抗固化的。本书希望基于战略史研究路径,

---

① [美]彼得·帕雷特主编:《现代战略的缔造者:从马基雅维利到核时代》,时殷弘等译,世界知识出版社2006年版,第10页。
② [英]卡尔·波兰尼:《大转型:我们时代的政治与经济起源》,冯钢、刘阳译,当代世界出版社2020年版,第9页。

综合运用过程追踪和战略透视研究等方法，依托于议题领域丰富的高质量史学成果，在"旧史新解"中提炼和萃取有关大国竞争管控的历史教益。因此，本书的作用在于承上启下，旨在对整个实证研究过程进行系统性的总结与回顾，以更为简明扼要的方式还原海上矛盾作用于英德关系的内在机制机理。同时，也为进一步探究和汲取历史教益，实现历史研究与现实关怀的跨时空链接，升华研究高度提供坚实的基础。

一　战略过程总结

（一）英德海上矛盾的阶段性特征

从19世纪中后期开始，"不列颠治下的和平"的国际秩序在多种因素的共同作用下，日渐难以为继。包括第二次工业革命后英国自身工业、科研和经济能力的相对下降，新兴工业强国兴起带来的经济挑战，"海军至上主义"时代列强竞逐海权危及英国海上主导权等。1871年普法战争后，德国统一带来的强烈地缘政治冲击，以及德国在诸多领域对英国的迅速赶超，都深刻地加剧着英国霸权的危机。[①] 布尔战争充分暴露了英国霸权地位的风雨飘摇，迫使英国人在此后（时间大致是1900—1907年），开始艰难地进行以收缩为核心特征的战略调整，即尝试与海外利益领域的竞争对手协调利益矛盾，摆脱因海外利益遍布全球而面临的实力和资源过于分散、难以应对欧洲均势变化的问题。英国将战略重心重新转向欧洲大陆，最终通过体系"再平衡"维护体系霸权国地位。[②]

英德海上矛盾在上述背景下出现并不断变化，其缘起与发展，本质上反映出的是19世纪末20世纪初，英国霸权的相对衰落与德国海上利益的迅速扩张之间的剧烈冲突。更为深层的根源则是英国霸权的相对衰落与德国的国际权势快速崛起之间难以调和的强大张力。1884年以后，随着德国殖民事业与海权的兴起，由此不可避免地与英国产生了以殖民利益纠纷为

[①] [美]爱德华·鲁瓦克：《从德国经验看中国的"全球性大国"之路》，张雅霖译，载王缉思主编《中国国际战略评论2011》，世界知识出版社2011年版，第52—60页。

[②] 吴征宇：《〈克劳备忘录〉、"再平衡"与中美关系》，《江海学刊》2018年第1期。

主要内容的矛盾，这是英德海上矛盾的肇始。但是早期的海上矛盾并没有对英德外交关系产生撼动。甚至直到1904年，英国的主要敌国仍然是与其存在巨大殖民利益冲突的法、俄两国，德国的身份只是其需要警惕的潜在对手。通过对相关历史的审视，整体而言，英国在战略协调中寻找合作国的顺序，主要的依据是与该国的敌意和矛盾大小。即优先选择与德国、美国、日本等矛盾较小的非敌国进行合作尝试。在英德合作难以达成且国际格局发生巨大变化的情况下，加之德国咄咄逼人的扩张主义政策一再损害英国的国家利益，甚至对英国的安全产生巨大威胁，英国才最终下定决心与老对手法国、俄国进行战略协调，强化针对德国快速崛起的制衡。英国的战略调整在1904年英法协约签订和1905—1906年的第一次摩洛哥危机后开始加速，在1907年英俄协约签订后基本完成。

英德海上矛盾因德国高速且大规模的海军扩建而迅速发酵，海军竞赛是双方海上矛盾集中和剧烈的表现。德国海军的大规模扩张肇始于1897年提尔皮茨主政海军事务，从第一（1898年）和第二个（1900年）《海军法案》出台后开始全面推进，几乎与英国对外战略调整同步启动。不可否认，1900年后，海军竞赛引发的海上矛盾是造成英德关系全面交恶的最为重要的原因。但是这种作用经历了一个非线性的发展过程，通过军方威胁认知的固化与扩散最终造成英德陷入全面对抗状态。

第一，1900—1909年，规模快速扩张的德国海军在促使英国战略调整中起到了一定的作用。例如在第一次摩洛哥危机中，德国海军因素是刺激英国加速进行战略收缩和敌友关系再调整的主要原因之一。但是海军问题并不是造成英国战略调整的主因。1900—1909年，双方的海上矛盾在层级和性质上属于军事安全之争。尽管英国海军部始终在关注和评估德国海军扩张带来的威胁程度，并且随之不断地调整对德威胁认知，直至事实上以"一强标准"取代了"两强标准"，将德国视作"海上唯一敌人"。不过总体而言，这一阶段德国海军之于英国安全的紧迫性尚未被英国政府和社会广泛接受。而此时英国政府的对德威胁认知和相关政策尚处于内部争论中，政府内部依然存在着主张对德接触寻求战略协调的声音，即使在1907年《克劳备忘录》出台后，这种争论仍在小范围存在。当时英国政府内部始终存在着积极寻求与德国进行海军谈判的政治势力，且影响力一直持续到了"一战"爆发。因此，这一阶段海上矛盾离英国将德国当作首要敌国、两国进入全面敌对状态仍有一定距离，英国只是根据国际形势的变化，出于霸权护持的考虑，沿着既定的战略轨迹行进，而不是针对德国进行所谓的"战略包围"，尽管在事实上产生了这种效果。

第二，1909 年"海军恐慌"是导致海上矛盾在英德关系中地位升级的分水岭，此后海上矛盾不再是两国的军事竞争问题，而逐渐成为主导英德全方位关系的决定性因素。简言之，海上矛盾的重要性上升到了大战略层面。在"海军恐慌"中，海军部基于对德国海军现实威胁的评判和对潜在威胁的焦虑恐慌心理，出于实现自身职能和部门利益的现实需要，联合政府和议会内部的支持者，形成了"海军派"。"海军部—海军派"组成的国内政治联盟在与反对势力的国内政治博弈中，充分发动了媒体、军事工业综合体、在野党等支持"大海军主义"的社会力量。在一系列激烈的"路线斗争"后，在与政府决策精英的认知互动中实现了威胁认知的全面扩散，以此对英国整体性对德威胁认知产生了重要的塑造作用，使得海军部对德国海军威胁紧迫性的态度，在很大程度上得到了政府的认可和接受。其一方面推动了海上矛盾上升为左右英德关系的首要因素；另一方面，使得"通过在海上强军备战制衡德国威胁，保障英国安全和生存"成为社会共识，严重削弱了政府内部对海军军费增加的质疑，从而在根本上解决了长期困扰皇家海军的政治限制问题。此后的英德海军谈判又使两国的嫌隙和猜忌不断加深，直至 1911 年阿加迪尔危机爆发和 1912 年霍尔丹使团出访失败，英国的对德威胁认知完全固化，迅速着手以德国为唯一敌人进行备战。简言之，从英国战略决策的视角分析"一战"前英德对抗的起源，海军部是造成英德海上矛盾这一军事安全竞争问题最终演变为双方全面敌对根源的核心动力。

第三，1912 年后英德海军竞赛已经因德国无力支撑而趋缓，但是对英德关系的负面影响依然在支配英德关系，直至"一战"爆发。尽管海上矛盾与大战爆发之间存在某种因果关联，但是客观来说，海上矛盾并不是直接原因，主要产生的是间接性的影响，然而这种影响却是决定性和根本性的。持续多年的高烈度海上竞争不仅彻底瓦解了双方的战略互信，而且在高强度的体系压力下，两国决策精英的战略认知已经被固化而难以逆转，扩军备战成为深陷安全困境的双方最为理性的战略选择。概括而言，海上矛盾成为牢牢套住英德两国的死结，被双方的长期竞争性互动越拉越紧，最终导致英德彻底交恶。1912年阿加迪尔危机后，对德备战已经成为英国全社会的共识，德国作为"唯一和首要敌对国"的身份已经被深深地固化在英国人的外部认知中；而德国决策精英从一开始就被"哥本哈根情结"支配，在主观上坚持预设海军发展必然引发英德战争，并以此作为战略前提。英国威胁认知和对德政策的变化则恶化了德国的周边安全环境，并加深了不安全感。这也是德国从1912年开始重新将战略重心聚焦于陆上力量强化，以及《施利芬计划》出笼的重要原因。在这种剑拔弩张的全面对抗状态下，已经全面崩坏的英德关系自然不会因海上矛盾的缓和而回到原点。

（二）海上矛盾对英德关系的作用机制

本书认为，海上矛盾之所以对英德关系产生作用，是因为其推动了皇家海军的对德威胁认知形成和固化，并通过威胁认知扩散对英国政府（主要是内阁和外交部）内部决策精英的战略判断施加影响，最终对英国整体性对德威胁认知产生塑造作用。为了更加充分和深入地解释海上矛盾—英国战略决策—英德关系三者之间的因果逻辑关系，本书将1890—1912年英国战略决策中的对德威胁认知变迁作为考察对象。通过对研究相关实证材料的梳理考察，将英国对德威胁认知细分为两个层面：其一是与海上矛盾利益直接相关的军事部门，即皇家海军的最高代表——英国海军部的威胁认知；其二是英国政府（主要是内阁和外交部），可以代表整个国家立场的整体性威胁认知。

第一，海军部对德威胁认知的形成与固化。作为对维持英国绝对海上优势负首要责任的部门，海军部对德国的威胁认知在时间顺序上先于英国对德整体性威胁认知形成。海军部的威胁认知变迁，经历了三个阶段。阶段一：威胁认知的初步形成（1900—1904年）。随着英德战略协调谈判破裂与德国海军的初步发展，从1901年开始，海军部加速了评估工作。以1902年10月10日海军大臣塞尔伯恩向内阁提交了"1903—1904年海军预算"备忘录为标志，形成了初步威胁认知，并在1902—1904年采取了一些针对性的有限应对措施。这一时期海军部的威胁认知更多的只是一种对未来可能性风险的警惕，以及对德国海军扩建目标的疑虑。海军部对德威胁认知的初步形成，以及采取的一些应对措施，为1904年费舍尔海军改革，以及英德海上矛盾的后续发展打下了基础。阶段二："两强标准"下的对德威胁认知（1904—1906 年）。这一时期海军部对德国威胁的看法，基本上是 1902 年以来威胁认知的延续和进一步深化。从 1904 年开始，日益激化的海上矛盾推动海军部将德国列入"两强标准"内的敌对国家名单，从而加速推动了两国关系走向全面敌对。这一时期海军部威胁认知概而言之，是将德国海军作为"两强标准"框架内的两大海上对手之一，即用德国取代了对马海战后海军实力大为削弱的俄国。英法关系的变化与德国强势的对外政策也在其中发挥了重要的作用。阶段三：海军竞赛与单一敌国身份的固化（1906—1909 年）。这一时期，海军部对德威胁认知走向了彻底固化，其中的原因包括"无畏舰"革命后英德海军竞赛的全面展开、英法俄协约集团的初步形成，以及英国外交部对德政策理念的变化和英国社会公众舆论的推动。随着 1909 年 3 月"两强标准"被海军部内部弃置，德国成为皇家海军眼中"唯一的海上敌人"。直接的影响是海军部对德国的这一威胁认知被完全固化。此后直至 1914 年"一战"爆发，皇家海军始终围绕未来的对德作战问题做准备，并且在国内政治斗争中积极为这一目标争取宽松的资源条件和政策环境。

第二，海军部对德威胁认知的全面扩散。这是英国整体性对德威胁认知形成过程中一个极为关键的环节。在英德海军竞赛烈度持续增加的大背景下，海军部基于主客观两种风险评估产生了强烈的安全焦虑，即德国海军扩建的现实威胁，以及基于对未来德国海军扩建规模和速度预测所形成的想象性威胁。这种安全焦虑和部门利益是促使其极力推动威胁认知扩散和发挥政策影响的两大根源。这种扩散主要依托于两方面的组织行为：一是在第二次"海牙和平会议"、1909—1912 英德多次海军谈判、阿加迪尔危机等国际事件中，以专业意见间接影响政府政策立场；二是作为引发 1909 年"海军恐慌"的首要责任者，在恐慌期间联合来自政府、议会和社会的支持者，最终实现威胁认知的全面扩散，推动政府和社会形成威胁共识。在整个过程中，海军部与"海军派"二者密切协作。前者主要在幕后间接推动威胁认知的全面扩散，后者与反对势力直接展开竞斗。

第三，英国整体性威胁认知的形成与固化。所谓的整体性威胁认知属于国家安全战略层面，层级高于属于军事安全战略层面的海军部威胁认知。简言之就是英国政府对外部威胁来源的总体判断，对于英国对外政策的调整具有决定性的导向作用。如前文所述，在 1909 年"海军恐慌"中，通过一系列激烈的国内政治交锋,海军部的威胁认知完成了全面扩散。将德国视作唯一敌对国,将德国海军扩建作为德国试图挑战英国海上主导权和谋求欧洲霸权的表现的威胁认知,得到了英国政府的接受,并且发展成为英国社会广泛接受的共识,英德民间关系彻底恶化。部分英国媒体和民众在对德议题上甚至比政府更加激进,推动对德制衡力度的剧增。截至此时,海军问题已不再是英德之间单纯的军事矛盾,而成为决定英德关系的最重要因素。军事安全问题最终僭越到了大战略层面,并且占据了主导地位。

二　经验与启示

约翰·J. 米尔斯海默(John J. Mearsheimer)在点评利德尔·哈特的生平和著述时,由衷地感叹道,"构建关于世界如何运转的理论,历史是一个丰富的数据库。当过去的事件可以提供与今天相似的具有启发性的案例时,历史尤其有用"。① 历史的这种价值,在国际安全研究领域更为突出。以延续多年长盛不衰的崛起国—霸权国相处难题为例,尽管不同时代军事技术、地缘政治、社会思潮、战争文化等方面存在的巨大差异,会对国家行为体的外交和军事互动产生决定性影响,赋予所处历史时期的独特性。然而其中蕴含的深层次战略机理或曰一般性规律,却可以超脱时空的约束,为今天处理类似问题提供借鉴和指引。

本书的研究提供了一个理解英德围绕海上矛盾走向敌对的新视角,进而为重新思考霸权国与崛起国之间的竞争管控问题,提供了有益视角和实证案例。结合中国当前正处于"百年未有之大变局"的特殊历史时期,以及中美两国进入战略竞争时代的现实情况,深入反思这段大国战略互动的历史,笔者认为以下经验和启示具有不容忽视的学理和现实价值。

(一)警惕安全焦虑对战略决策的干扰作用

英德走向全面对抗的历史深刻地反映出,在关键的战略决策过程中,战略缺失或失当会给国家带来灾难性的后果,直接关系到的是大战略的延

---

① [美]约翰·米尔斯海默:《李德·哈特与历史之重》,齐皓译,上海人民出版社2020年版,第248页。

展性问题。这种问题在大国竞争烈度不断上升的时期，更应当引起高度警惕。在过程追踪基础上，综合分析英德走向全面对抗的过程不难发现，双边战略互动中，伴随体系压力而不断滋生的安全焦虑因素，通过塑造决策精英的威胁认知，从而对双方战略决策和实践都产生了极其重要的负面影响。其作用体现在，陷入其中的决策精英普遍基于某种战略冲动的非理性认知偏差，而非对具体战略环境的审慎体察进行战略谋划和运作。① 在英国威胁认知的变迁过程中，安全焦虑对军政决策精英的影响不容忽视。霸权地位的相对衰落和战略视野的一再收缩，使得英国人对德国的快速崛起尤为敏感，而相继发生的德国海外殖民事业的不断开拓与海军建设的高速推进，都给英国带来了巨大的安全风险，为安全焦虑的产生与发挥作用提供了必要的土壤。德国在若干次国际危机中的表现与海军竞赛的不断升级，更是加剧了英国的恐慌、疑虑与不安，为安全焦虑彻底塑造英国的威胁认知和主导战略决策提供了源源不断的催化剂。1909年"海军恐慌"期间及之后，英国对于德国妄图称霸欧洲已经深信不疑。安全焦虑造成英国在评估德国威胁时，一方面，往往带着先入为主的主观猜忌，即基于对德国潜在实力与意图的臆测，而非对现实状况的准确评估；另一方面，深入人心的"德国争霸"叙事，使得英国倾向于将德国的所有对外政策表现立即判定为谋求霸权的敌对行为，而无论德国是否迫不得已，以及背后的真实意图为何。不断增加的备战紧迫感使英国错过了多次与德国协调管控竞争、避免走向毁灭性大战的机会。再观德国，安全焦虑的作用更加明显，表现为两种非理性的战略迷思。② 一是"哥本哈根情结"，先入为主地将英

---

① 时殷弘：《关于中国对外战略优化和战略审慎问题的思考》，《太平洋学报》2015年第6期。

② 战略迷思是指一种非科学、属幻想的，无法结合现实的主观价值，是战略行为体在战略决策与实施过程中，所表现出的一种偏执的错误认知倾向。本质上是一种高度简化的、机械的、偏执的战略认知模式。陷入其中的决策精英普遍基于某种战略冲动的非理性认知偏差，而非对具体战略环境的审慎体察进行战略谋划和运作。相关理论讨论参见 Robert Jervis, *Perception and Misperception in International Politics*, Princeton University Press, 1978; Jeffrey W. Taliaferro, *Balancing risks*: *Great Power Intervention in the Periphery*, Cornell University Press, 2004; Joao Resende Santos, *Neorealism*, *States*, *and the Modern Mass Army*, Princeton University Press, 2007;［美］杰克·斯奈德《帝国的迷思——国内政治与对外扩张》，于铁军等译，北京大学出版社2007年版；时殷弘《关于中国对外战略优化和战略审慎问题的思考》，《太平洋学报》2015年第6期；徐若杰《崛起国缘何陷入战略迷思——基于一战前德国海权战略决策的实证研究》，《太平洋学报》2020年第9期。

国界定为妨碍德国发展的敌人，从一开始就将"英德对抗不可避免"作为制定对外政策的方针，使双方的博弈互动深受自证预言效应的影响；二是"海权迷思"，基本逻辑可以简单概括为"德国的安全和崇高的国际地位必须获得和英国接近的海权"。① 这种战略理念的突出特征是将控制海洋等同于国家发展，以军事战略思考替代了大战略考量，认为夺取制海权即可实现国家强盛。原本包含政治、经济、文化等诸多内容的海权被等同于军事意义上的制海权，海军的高速扩建加速了欧洲大国关系的分化组合向着不利于德国的方向迅速发展，② 最为关键的负面影响是对英德关系产生了致命的破坏。正如"一战"后德国外交官冯·曲尔曼做出的反思，"战前在英国多年的政治活动使我深信，德国作战舰队的迅速扩建乃是使英国站到我们的敌人方面的最主要原因"。③

另外，安全焦虑对战略决策的干扰作用还体现在军政和"精英—民众"两组认知互动中，这种影响通常表现为军方的威胁认知扩散增加政府战略决策的内部压力，缩小外交缓冲机制的作用空间，恶化原本严峻的国际形势。由于战略资源的有限性和相对稀缺性特征，不同部门在资源分配中所得的份额大小，通常需要经由国内政治博弈决定。通过本书的研究案例不难发现，在大国竞争加剧、体系压力增加的背景下，首当其冲的军事部门，为了同时实现保障国家安全的军事效能和军种发展的部门利益，会倾向于通过威胁认知扩散，提高自身利益诉求的合法性和紧迫性，以此降低扩军备战行动遭遇的国内政治阻力，特别是突破来自政府的出于经济发展考虑的军费增长"天花板"的限制。军政认知互动层面，军事部门的决策精英倾向于利用与政府内部政治精英之间复杂的社会联系，团结政府内部的支持者，同时在政府内部"路线斗争"中通过威胁认知传递和扩散，说服或迫使反对派妥协，从而影响政府政策决策过程和争取对自身有利的国内政治博弈结果。另外，在大众政治时代，军事部门主要通过宣传引导，将自身对于外部

---

① Jonathan Steinberg, "The Copenhagen Complex", *Journal of Contemporary History*, Vol. 1, No. 3, 1966, pp. 23-46.
② 徐弃郁：《脆弱的崛起：大战略与德意志帝国的命运》（修订版），新华出版社2014年版，第255页。
③ ［美］科佩尔·S.平森：《德国近现代史》，范德一等译，商务印书馆1987年版，第408页。

威胁的认知传递给社会,以此动员社会力量形成对自身有利的公共舆论氛围,从而达到影响国内政治博弈进程的目的。这两种利用认知互动进行战略动员的方式在1909年海军部挑起并利用"海军恐慌"牟利的过程中表现得淋漓尽致。正如前文所述,海军部的威胁认知扩散在客观上主导了1909—1912年英国政府的战略决策进程,对英国整体性对德威胁认知和英德关系走向产生了几乎是决定性的影响,加速推动了两国全面对抗格局的生成。

(二)需要重视大国竞争行为影响的延续性

大国竞争行为,特别是其中的高烈度对抗行为,所产生的影响往往并不因为行为和互动的中止而结束,而会在一个时间段内持续性发生作用。纵观英德因海上矛盾持续升级而最终走向全面对抗的历史,有一个有趣的现象值得注意:海军问题原本是诱发英德敌对关系的根源,要是德国没有与英国进行海军竞赛,双边关系可能并不会发生破裂。但是在1912年英德海军竞赛结束、德国事实上放弃了基于"风险理论"的高速海军建设的情况下,英德关系并没有因为上述事态而悬崖勒马,反而继续在滑向战争深渊的道路上越行越远,巴格达铁路问题等矛盾的圆满解决也未能阻挡这一势头。简言之,海上矛盾的影响并没有随着矛盾的消失而停止,英德关系在1912年后再也没能回到矛盾缘起之前的状态。美国学者罗伯特·杰维斯(Robert Jervis)将互动的国际关系类比为一个系统,将这种现象解释为一种系统效应,① 认为在系统内部"一个导致了重要效应的因素能够诱发许多变化,以至于当这个因素消失以后,效应还会持续存在"。② 中国学者唐世平强调了系统效应之于国际安全的重大影响,"在国际系统内,每一项安全战略都会不可避免地影响战略发起者的后续行为和世界格局的变化"。③ 理解并把握这种系统效应,无疑是决策者审慎地进行战略决策的前提,同时也只有充分考虑并及时规避这种系统效应的负面影响,方能在高

---

① 根据杰维斯的界定,系统具有两个根本特征:一是组成系统的一系列单元或者要素相互联系;二是系统的整体具有不同于部分的特征或状态。参见 Robert Jervis, *System Effect: Complexity in Political and Social Life*, New Jersey: Princeton University Press, 1997, p. 3。

② Robert Jervis, *System Effect: Complexity in Political and Social Life*, New Jersey: Princeton University Press, 1997, p. 37.

③ 唐世平、王凯、杨珊:《理解国际安全战略中的"系统效应"——以中苏同盟破裂的多重影响为例》,《世界经济与政治》2013年第8期。

度敏感的大国安全竞争中，寻得管控分歧和防范关系失控的足够空间。

国家安全环境是决定战略决策与实践的关键场景，因此，系统性地评估和审视安全环境是科学战略决策的前提。具体而言，一个国家既是自身安全环境的被动接受者和消费者，又是主动创造者。① 其任何战略行为都离不开安全环境的影响，同时又对安全环境产生塑造作用。影响国家安全环境的诸多因素构成一个相互联系的复杂系统，且互动结果的影响往往会跨越时间和许多领域，"单元的命运以及它们与其他单元的关系会受到在其他地方和较早时期互动的强有力影响"。② 有鉴于此，一方面，一定要系统、客观、审慎地评估国家安全环境，并根据国际形势的变化作出及时调整，充分考虑到战略行为有可能产生的多种连锁反应，降低负面系统效应的影响；另一方面，评估国家安全环境不能陷入"战略迷思"，即只是片面考虑和关注某一因素对国家安全的影响，而不去审视这一因素通过国际互动，与其他因素相互作用之于国家安全产生的最终影响。前文提到的"一战"前德国战略决策精英深陷"海权迷思"，将通过发展进攻性海上力量获得海权（制海权）视作国家发展繁荣的唯一条件，③ 完全不顾发展海权背后复杂的战略机理以及采取上述战略的负面影响，导致了原本并无重大利益纠葛的英德关系全面崩坏，遭遇了英国主导下强有力的体系制衡，崛起进程也在第一次世界大战后戛然而止。

（三）战略决策需要科学审慎、一以贯之的大战略指导

在国际实践中，非理性、错误和缺乏审慎态度的战略决策不仅无助于国家利益的实现，反而会给国家安全带来不可估量的损害。归结其中的深层次根源，往往是因为脱离了清晰明确、一以贯之和科学审慎的大战略指导，特别是发生了常见的战略目标与手段关系错位甚至颠倒的情况。历史一再向人们发出警示，具体领域的战略（例如海权战略）如果脱离了基于大战略指导下的科学谋划，很容易导致灾难性国际政治后果。在本书考察

---

① 唐世平：《塑造中国的理想安全环境》，中国社会科学出版社2003年版，第67页。
② Robert Jervis, *System Effect: Complexity in Political and Social Life*, New Jersey: Princeton University Press, 1997, pp.6-11.
③ 徐若杰：《崛起国缘何陷入战略迷思——基于一战前德国海权战略决策的实证研究》，《太平洋学报》2020年第9期。

海军竞赛与英德全面对抗的生成（1900—1912 年）

论述的这段历史中，在英德双方最终走向全面对抗的历史过程中，两国大战略层面存在的问题在其中产生了至关重要的影响。英国原本大战略方向较为明确，即努力摆脱过度扩张带来的高成本负荷，通过战略收缩实现调控衰落。基于这一大战略目标，警惕和制衡德国海军发展带来的挑战、与法俄这两个传统老对手缓和关系等都只是战略手段。但是在英德海军竞赛启动后，尤其是从 1905 年第一次摩洛哥危机至 1914 年"一战"爆发，伴随着德国挑战力度的增加与安全环境的严峻，制衡德国的重要性不断升级，最终从战略手段成为战略目标，英国甚至不惜彻底放弃灵活的结盟政策，在外交事务中将自身与法国和俄国高度捆绑。在这种背景下，原本与英德直接利益关联性有限的若干国际危机，如两次摩洛哥危机、波斯尼亚危机等都对英德关系产生了剧烈的震荡性影响，多次导致英德陷入战略僵持。而由此带来的巨大安全压力的直接后果，是双方战略互信的彻底瓦解。两国都不愿也不敢承受采取绥靖策略的结果。这是双边危机管控机制和矛盾缓冲机制彻底失灵、双方深陷安全困境直至走向大战的重要原因之一。德国的大战略缺失则更为严重，作为崛起国，尽管德国综合国力获得了持续性高速增长，具备在未来全面赶超英国的巨大潜力。但是在当时的国际格局中，英国仍然处于一个更为有利的战略位置。德国的理想战略选择应当是积极与英国通过战略协调管控双边分歧，避免过早卷入直接对抗和冲突，保持有利于自身崛起的安全稳定的国际战略环境和足够宽广的战略空间。然而德国从威廉二世执政后，在利益诉求具体内容不明确，只有若干抽象口号的"世界政策"的指导下，逐渐将单骑突进的大规模海军扩建和咄咄逼人的海外利益扩张作为战略目标，而非实现具体战略目标的政策手段，并多次以此为因错失与英国达成战略谅解的机会。其结果是从根本上破坏了原本并无重大利益冲突的英德关系。德国的国际战略环境因英国的制衡而迅速恶化，战略空间也因此急速萎缩。德国陷入了一个恶性循环的怪圈："世界政策"本意是为了增进德国的安全和国家利益，但是德国推进力度越大反而越不安全。德国决策精英在巨大的体系压力下，战略认知被"哥本哈根情结"所支配，以更为强硬的政策回应英国的制衡和寻求"战略突围"，这是推动英国军方和政府最终将德国视为唯一敌国、英德全面对抗结构化的外部根源。

（四）崛起国的海权战略选择首先应合理界定国家利益

战略决策是将国家利益诉求转化为具体行动之间的主观过程，对国家利益的认知和评判在其中居于核心地位，一切战略决策均以实现某种国家利益为终极目标。[①] 在战略决策中，对所追求国家利益的界定是否合理，即内涵与外延清晰明确、基于自身现实和未来发展的真实需要而非国际权力欲望，是一个直接关系到与体系其他大国战略互动进程及其结果，甚至国家安全环境的重大问题。由于海权具有鲜明的排他性特征，且往往与竞逐世界霸权密切联系，[②] 易于引发大国竞争乃至冲突。基于合理的国家利益界定进行海权战略决策和运作，对于正处在权力上升期、与霸权国关系敏感性高、但相较于霸权国仍然存在相对劣势的崛起国而言，意义更是不言而喻。从德国视角审视全书不难发现，1884年以来，特别是"世界政策"这一庞大工程启动后，德国在海权战略决策过程中始终缺乏清晰、明确、合理的利益界定。其对海权的追求更多的是出于以威廉二世为核心的决策精英对帝国荣耀的渴望，以及提尔皮茨等海军高层在若干战略误判基础上，一厢情愿地炮制出的"风险理论"。正是由于上述因素的影响，德国在战略实施中频繁出现决策错误和行为冒进，不断给英德关系造成不必要的损害，从而作为外部因素推动了英国军方和政府对德威胁认知的形成与固化，最终导致双边关系从一个相对友好的状态走向了高烈度的全面对抗。

透视德国的海权战略决策，以下历史教益对于身处类似环境的崛起国而言颇具价值，值得引起高度重视。第一，要正视地缘政治因素对国际互动的影响，合理界定海洋利益和配置战略资源。德国作为一个崛起中的陆海复合型国家，在"海洋转型"中罔顾自身地缘政治特征所带来的局限，遭遇了巨大的战略挫折，海洋事业乃至崛起进程都因此戛然而止。具体而言，德国在设计和执行海权战略的过程中，过于一厢情愿地强调进攻性海上力量发展对英国的威慑效应，而没有充分考虑到英德地缘距离的影响。

[①] 目前国内学界公认的国家利益定义为：一切满足民族国家全体人民物质与精神需要的东西。在物质上，国家需要安全与发展。在精神上，国家需要国际社会承认与尊重。参见阎学通《中国国家利益分析》，天津人民出版社1997年版，第10—11页。

[②] 吴征宇：《海权与陆海复合型强国》，《世界经济与政治》2012年第2期。

英德两国隔北海相望,地理位置极为接近。作为依靠海上绝对优势护持霸权和保护国家安全的岛国,英国对于周边国家的海军发展原本就极为敏感,德国在北海囤积大量战列舰的行为很容易被英国联想到是为了准备对英伦三岛的入侵。即使德国并不存在此类意图,英国也不敢以国家存亡为风险选择相信德国的战略意图。而德国的海权战略决策和执行并没有考虑英国人的这种战略心理,而是将英国的警告和制衡回应视作对德国追逐正当海洋利益的横加干涉,一味盲目扩大以战列舰为主的进攻性海上力量规模,不断升级海军竞赛烈度,致使双方海上矛盾不可调和。第二,海洋利益界定要依据自身海权战略禀赋和真实需要决定。正如前文所述,德国是一个陆海复合型国家。面海向陆的地缘政治特征决定了德国不可能像海洋国家英国一样,将战略资源主要集中在海上力量发展上,势必存在海陆统筹发展的难题。然而德国军政决策精英主观上陷入"海权迷思",过度夸大军事意义的海权对于国家的重要性,将发展海权简单等同于通过军事力量对海洋的控制,就像陆军控制领土一样,而不去关注上述行为能够带来的利益大小,以及自身对海权需求的有限性,甚至在英德海军竞赛急剧恶化安全环境后,事实上以谋取和英国平起平坐的海上地位为目标。其结果是不仅浪费了大量的战略资源,破坏了崛起所需要的良好国际安全环境,而且也没有在发展海权中增进实质性的国家利益。简言之,战略成本远远大于战略收益。

唐代诗人杜牧在千古名篇《阿房宫赋》中劝诫后世当以史为鉴,不要重蹈历史覆辙,云"秦人不暇自哀,而后人哀之,后人哀之而不鉴之,亦使后人而复哀后人也"。第一次世界大战在给世界带来深重浩劫的同时,也结束了斯蒂芬·茨威格笔下欧洲的黄金时代。虽然战争的爆发距今已有百年时光,然而欧洲国家卷入这场浩劫的原因,在一个世纪之后的今天,仍然值得每一个关心传统国际安全问题的人时刻反思。在过程追踪中探寻历史上大国冲突的深层根源,在反思历史中挖掘可资借鉴的系统性教益,能够帮助我们在当前复杂多变的"百年未有之大变局"的时代背景下,以更为广阔的战略视野和更加科学的思维洞悉变幻莫测的国际形势,寻得有效管控大国竞争之道,此即本项战略史研究的最大关怀和价值所在。

参考文献

一 原始材料

注：原始材料包括了与本书所涉历史直接相关的军政要员回忆录和书信集、官方档案文件汇编、媒体新闻记录等。

[德] 威廉二世：《德皇威廉二世回忆录》，赵娟丽译，华文出版社 2019 年版。

[德] 冯·俾斯麦：《思考与回忆：俾斯麦回忆录》，山西大学外语系《思考与回忆》翻译组译，东方出版社 2007 年版。

[英] 温斯顿·丘吉尔：《第一次世界大战回忆录 1：世界危机（1911—1914）》，吴良健译，译林出版社 2013 年版。

王绳祖、何春超、吴世民编选：《国际关系史资料选编（17 世纪中叶—1945）》，法律出版社 1988 年版。

Alfred von Tirpitz, *My Memories*, New York：DODD, Mead and Company, 1919.

Bernhard Bulow, translated by M. Lewenz, *Imperial Germany*, London and New York：Cassell and Company, 1914.

Bethmann Hollweg, translated by George Young, *Reflection on the World War*, London：Thornton Butterworth, LTD., 1919.

Edward Grey, *Twenty Five Years, 1892–1916*, Vol. 1, London：Hodder and Stoughton Limited, 1925.

Gooch, Harold Temperley, eds., *British Documents on the Origins of the War*, London：Majesty's Stationery Office, 1928.

Herbert Henry Asquith, *The Genesis of the War*, London & New York: Toronto and Melbourne, 1923.

Matthew S., Seligmann eds., *Naval Intelligence from Germany: The Reports of the British Naval Attachés in Berlin, 1906-1914*, London and New York: Routledge, 2007.

Matthew S., Seligmann and others eds., *The Naval Route to the Abyss: The Anglo-German Naval Race 1895-1914*, Farnham: Ashgate Publishing Limited, 2015.

Sir John Fisher, *Memories and Records*, London, New York and Toronto: Hodder and Stoughton, 2011.

"The Times Digital Archive 1785-2019", https://www.gale.com/intl/c/the-times-digital-archive.

Viscount Esher, *Journals and Letters of Reginald Viscount Esher*, Vol.2, London: Ivor Nicholson and Watson Limited, 1935.

Viscount Haldane, *Before the War*, London and New York: Cassell and Company, 1920.

二 中文资料

（一）专著

（春秋）孙武著，（汉）曹操等注，袁啸波校点：《孙子》，上海古籍出版社2013年版。

方长平：《国际冲突的理论与实践》，社会科学文献出版社2015年版。

顾全：《大陆强国与海上制衡：1888—1914年德国的海军扩张》，上海人民出版社2019年版。

胡波：《后马汉时代的中国海权》，海洋出版社2018年版。

胡杰：《海洋战略与不列颠帝国的兴衰》，社会科学文献出版社2012年版。

姜鹏：《隐忍的崛起——基于地缘战略心理学视角》，中国社会科学出版社2020年版。

贾子方：《当代常规威慑的技术起源》，世界知识出版社2019年版。

李少军：《国际关系学研究方法》，中国社会科学出版社 2008 年版。

李义虎：《地缘政治学：二分论及其超越——兼论地缘整合中的中国选择》，北京大学出版社 2007 年版。

刘丰：《制衡的逻辑：结构压力、霸权正当性与大国行为》，世界知识出版社 2010 年版。

梅然：《德意志帝国的大战略》，北京大学出版社 2016 年版。

牛军：《冷战时代的中国战略决策》，世界知识出版社 2020 年版。

钮先钟：《西方战略思想史》，广西师范大学出版社 2003 年版。

钱乘旦、陈晓律：《在传统与变革之间：英国文化模式溯源》，江苏人民出版社 2010 年版。

钱乘旦、许洁明：《英国通史》，上海社会科学院出版社 2017 年版。

秦亚青：《霸权体系与国际冲突——美国在国际武装冲突中的支持行为（1945—1988 年）》，上海人民出版社 2022 年版。

师小芹：《论海权与中美关系》，军事科学出版社 2012 年版。

时殷弘：《敌对与冲突的由来：美国对新中国的政策与中美关系（1949—1950）》，南京大学出版社 1995 年版。

时殷弘：《现当代国际关系史》，中国人民大学出版社 2006 年版。

时殷弘：《巨变与审慎：论对外战略问题》，南京大学出版社 2019 年版。

时殷弘主编：《战略二十讲》，天津人民出版社 2008 年版。

唐世平：《塑造中国的理想安全环境》，中国社会科学出版社 2003 年版。

唐世平：《我们时代的安全战略理论：防御性现实主义》，林民旺、刘丰、尹继武译，北京大学出版社 2016 年版。

王联：《世界民族主义论》，北京大学出版社 2002 年版。

王铁崖编：《中外旧约章汇编》（第一册），生活·读书·新知三联书店 1957 年版。

吴昊：《荣耀之海：19 世纪英国海军战略与帝国海权》，海洋出版社 2017 年版。

吴征宇编译：《〈克劳备忘录〉与英德对抗》，广西师范大学出版社 2014 年版。

吴征宇：《地理政治学与大战略》，中国法制出版社 2012 年版。

徐弃郁：《脆弱的崛起：大战略与德意志帝国的命运》（修订版），新华出版社 2014 年版。

徐弃郁：《帝国定型：美国的 1890—1900》，广西师范大学出版社 2014 年版。

阎学通：《中国国家利益分析》，天津人民出版社 1997 年版。

尹继武：《社会认知与联盟信任形成》，上海人民出版社 2009 年版。

尹继武：《战略心理与国际政治》，北京大学出版社 2016 年版。

张清敏：《对外政策分析》，北京大学出版社 2019 年版。

周桂银：《国际政治中的外交、战争与伦理》，南京大学出版社 2019 年版。

周丕启：《大战略分析》，上海人民出版社 2009 年版。

左才：《政治学研究方法的权衡与发展》，复旦大学出版社 2018 年版。

（二）译著

[德] 塞巴斯蒂安·哈夫纳：《从俾斯麦到希特勒》，周全译，译林出版社 2015 年版。

[联邦德国] 弗里茨·费舍尔：《争雄世界：德意志帝国 1914—1918 年的战争目标政策》上册，何江、李世隆等译，商务印书馆 1987 年版。

[德] 赫伯特·罗辛斯基：《海军思想的演进》，吕贤臣、尤昊、王哲文译，上海交通大学出版社 2016 年版。

[德] 赫尔弗里德·明克勒：《帝国统治世界的逻辑》，阎振江、孟翰译，中央编译出版社 2008 年版。

[德] 卡尔·施米特：《陆地与海洋——世界史的考察》，林国基译，上海三联书店 2018 年版。

[加拿大] 玛格丽特·麦克米伦：《和平戛然而止：通往 1914 年之路》，王兢译，广西师范大学出版社 2022 年版。

[美] 巴里·波森：《军事学说的来源：两次世界大战之间的法国、英国和德国》，梅然译，上海人民出版社 2013 年版。

[美] 巴里·波森：《克制：美国大战略的新基础》，曲丹译，社会科学文献出版社 2016 年版。

[美] 戈登·克雷格、[美] 亚历山大·乔治：《武力与治国方略——我们时代的外交问题》，时殷弘、周桂银、石斌译，商务印书馆 2004 年版。

[美]查尔斯·P. 金德尔伯格:《世界经济霸权:1500—1990》,高祖贵译,商务印书馆 2003 年版。

[美]杰克·斯奈德:《帝国的迷思——国内政治与对外扩张》,于铁军等译,北京大学出版社 2007 年版。

[美]科佩尔·S. 平森:《德国近现代史》,范德一等译,商务印书馆 1987 年版。

[美]林肯·佩恩:《海洋与文明》,陈建军等译,天津人民出版社 2017 年版。

[美]理查德·内德·勒博:《国家为何而战?——过去与未来的战争动机》,陈定定、段啸林、赵洋译,上海人民出版社 2016 年版。

[美]理查德·内德·勒博:《和平与战争之间:国际危机的性质》,赵景芳译,北京大学出版社 2018 年版。

[美]罗伯特·阿特:《美国大战略》,郭树勇译,北京大学出版社 2005 年版。

[美]美国陆军军事学院编:《军事战略》,军事科学院外国军事研究院译,军事科学出版社 1986 年版。

[美]诺曼·里奇:《大国外交:从拿破仑战争到第一次世界大战》,吴征宇、范菊华译,中国人民大学出版社 2015 年版。

[美]彼得·帕雷特主编:《现代战略的缔造者:从马基雅维利到核时代》,时殷弘等译,世界知识出版社 2006 年版。

[美]威廉森·默里、[英]麦格雷戈·诺克斯、[美]阿尔文·伯恩斯坦编:《缔造战略:统治者、国家与战争》,时殷弘等译,世界知识出版社 2004 年版。

[美]悉德尼·布拉德肖·费伊:《第一次世界大战的起源:大国博弈之殇》,于熙俭译,文化发展出版社 2019 年版。

[美]约翰·米尔斯海默:《李德·哈特与历史之重》,齐皓译,上海人民出版社 2020 年版。

[英]詹姆斯·乔尔、[英]戈登·马特尔:《第一次世界大战的起源》(第三版),薛洲堂译,商务印书馆 2021 年版。

[苏联]B. A. 阿拉夫佐夫:《德国海军学说》,中国人民解放军海军司令部译,海军内部材料,1959 年版。

［英］布伦丹·西姆斯：《千年英欧史：英国与欧洲，1000年的冲突与合作》，李云天、窦雪雅译，中信出版集团2021年版。

［英］理查德·埃文斯：《竞逐权力：1815—1914》，胡利平译，中信出版社2018年版。

［英］A. J. P. 泰勒：《争夺欧洲霸权的斗争：1848—1918》，沈苏儒译，商务印书馆1987年版。

［英］P. J. 马歇尔主编：《剑桥插图大英帝国史》，樊新志译，世界知识出版社2018年版。

［英］本·威尔逊：《深蓝帝国：英国海军的兴衰》，沈祥麟译，社会科学文献出版社2019年版。

［英］杰弗里·巴勒克拉夫：《当代史导论》，张广勇、张宇宏译，上海社会科学院出版社2011年版。

［英］卡尔·波兰尼：《大转型：我们时代的政治与经济起源》，冯钢、刘阳译，当代世界出版社2020年版。

［英］克里斯托弗·克拉克：《沉重的皇冠：威廉二世权谋的一生》，盖之珉译，中信出版社2017年版。

［英］理查德·希尔：《铁甲舰时代的海上战争》，谢江萍译，上海人民出版社2005年版。

［英］马丁·怀特：《权力政治》，宋爱群译，世界知识出版社2004年版。

［英］尼尔·弗格森：《帝国》，雨珂译，中信出版社2012年版。

［英］朱利安·S. 科贝特：《日俄海战：1904—1905. 第2太平洋舰队的末路》，邢天宁译，台海出版社2019年版。

（三）论文

陈德海：《英国的"光辉孤立"政策与〈英日同盟〉的缔结》，《外交学院学报》1992年第2期。

陈汉时：《二十世纪初英德主要矛盾说质疑》，《山东大学学报》（哲学社会科学版）1987年第1期。

崔文龙、赵光强：《论德意志帝国海军战略的转变》，《军事历史研究》2012年第1期。

顾全：《再论"提尔皮茨计划"：德国海权扩张战略中的缺陷与政治理性》，

《史学集刊》2015 年第 5 期。

李义虎：《从海陆二分到海陆统筹——对中国海陆关系的再审视》，《现代国际关系》2007 年第 8 期。

刘晋：《英国式有限战争理论的起源与流变——基于朱利安·科贝特有限战争理论的分析》，《国际政治研究》2016 年第 4 期。

梅然：《海军扩展与战略稳定：从英德竞争到中美关系》，《国际政治研究》2007 年第 4 期。

秦立志：《陆海复合型国家战略转型的动力机制——兼论对中国的启示》，《太平洋学报》2019 年第 2 期。

秦立志：《德意志第二帝国的海权战略与英德冲突的根源》，《世界经济与政治》2020 年第 11 期。

时殷弘：《关于中国对外战略优化和战略审慎问题的思考》，《太平洋学报》2015 年第 6 期。

邵永灵、时殷弘：《近代欧洲陆海复合型国家的命运与当代中国的选择》，《世界经济与政治》2000 年第 10 期。

宋伟：《联盟的起源：位置现实主义的分析——以一战前的英德联盟战略为例》，《世界经济与政治论坛》2017 年第 1 期。

唐世平、王凯、杨珊：《理解国际安全战略中的"系统效应"——以中苏同盟破裂的多重影响为例》，《世界经济与政治》2013 年第 8 期。

吴征宇：《海权、陆权与大战略——地理政治学的大战略内涵》，《欧洲研究》2010 年第 1 期。

吴征宇：《离岸制衡与选择性干预——对二战后美国大战略的理论思考》，《世界经济与政治》2009 年第 10 期。

吴征宇：《海权的影响及其限度——阿尔弗雷德·塞耶·马汉的海权思想》，《国际政治研究》2008 年第 2 期。

吴征宇：《海权与陆海复合型强国》，《世界经济与政治》2012 年第 2 期。

吴征宇：《〈克劳备忘录〉、"再平衡"与中美关系》，《江海学科》2018 年第 1 期。

吴征宇：《〈克劳备忘录〉与英德对抗的起源》，《国外理论动态》2016 年第 2 期。

吴征宇：《兰克 VS. 德约：均势现实主义与霸权现实主义》，《欧洲研究》

2007 年第 2 期。

徐弃郁：《后起大国的和平发展道路选择：第一次世界大战 100 周年之际的反思》，《新视野》2014 年第 3 期。

徐弃郁：《历史的重读：第一次世界大战 100 周年启示》，载王缉思主编《中国国际战略评论 2014》，世界知识出版社 2014 年版。

徐若杰：《崛起国缘何陷入战略迷思——基于一战前德国海权战略决策的实证研究》，《太平洋学报》2020 年第 9 期。

徐若杰：《海军军备竞赛与英国海军对德威胁认知评估变迁（1900—1909）》，《军事历史》2023 年第 3 期。

徐若杰：《1909 年"海军恐慌"与英国对德国威胁认知的转变》，《军事历史研究》2023 年第 3 期。

左希迎、唐世平：《理解战略行为：一个初步的分析框架》，《中国社会科学》2012 年第 11 期。

三 英文资料

（一） 专著

Alfred Mahan, *Sea Power in Its Relations to the War of 1812*, Boston: Little Brown, 1905.

Alfred Mahan, *The Influence of Sea Power upon History 1660-1783*, Boston: Little Brown, 1890.

Andreas Rose, translated by Rona Johnston, *Between Empire and Continent: British Foreign Policy before the First World War*, New York and Oxford: Berghahn Books, 2017.

Andrew Lambert, *Seapower States: Maritime Culture, Continental Empires and the Conflict that Made the Modern World*, New Haven and London: Yale University Press, 2018.

Andrew Lambert eds., *Letters and Papers of Professor Sir John Knox Laughton, 1830-1915*, New York: Ashgate Publishing, 2009.

Arthur Herman, *To Rule the Waves: How the British Navy Shaped the Modern*

World, New York: Harper, 2004.

Arthur J. Marder, *From the Dreadnought to Scapa Flow*, *Volume I*: *The Road to War 1904-1914*, Oxford: Oxford University Press, 1961.

Arthur Marder, *The Anatomy of British Sea Power*: *A History of British Naval Policy in the Pre-Dreadnought 1880-1905*, New York: Octagon Books, 1976.

Barry Gough, *Churchill and Fisher*: *Titans at the Admiralty*, Barnsley: Sea Forth Publishing, 2017.

Bernard Semmel, *Liberalism and Naval Strategy*: *Ideology, Interest and Sea Power During the Pax Britannica*, London and Sydney: Allen & Unwin, 1986.

Bryan Ranft, *Technical Change and British Naval Policy, 1860-1939*, London: Hodder and Stoughton, 1977.

Christopher M. Bell, *Churchill and Sea Power*, Oxford: Oxford University Press, 2012.

D. M. Schurman, *The Education of a Navy*: *The Development of British Naval Strategic Thought, 1867-1914*, London: Cassell, 1965.

David J. Gregory, *The Lion and the Eagle*: *Anglo-German Naval Confrontation in the Imperial Era 1815-1919*, Oxfordshire: David Gregory in conjunction with Writersworld, 2012.

David Stevenson, *Armaments and the Coming of War*: *Europe, 1904-1914*, Oxford: Oxford University Press, 2000.

E. L. Woodward, *Great Britain and the German Navy* (*Reprinted*), New York and London: Routledge, 2018.

Gary E. Weir, *Building the Kaiser's Navy*: *The Imperial Navy Office and German Industry in the Tirpitz Era, 1890-1919*, Annapolis: Naval Institute Press, 1992.

Geoffrey Till, *Seapower*: *A Guide for the Twenty-First Century*, London and New York: Routledge, 2004.

Geoffrey Till, *Seapower*: *A Guide for the Twenty-First Century* (4th *Edition*), London and New York: Routledge, 2018.

Geoffrey Till, *The Development of British Naval Thinking*, London and New

York: Routledge, 2006.

G. John Ikenberry, *After Victory: Institutions, Strategic Restraint, and the Rebuilding of Order after Major Wars*, Princeton: Princeton University Press, 2001.

George Modelski and William R. Thompson, *Seapower in Global Politics, 1494–1993*, London: The Macmillan Press, 1988.

George W. Monger, *The End of Isolation: British Foreign Policy, 1900–1907*, London: Thomas Nelson and Sons Ltd., 1963.

Gerald S. Graham, *The Politics of Naval Supremacy: Studies in British Maritime Ascendancy*, New York: Cambridge University Press, 1965.

H. J. Mackinder, *Britain and the British Seas*, Oxford: Oxford University Press, 1925.

Halford J. Mackinder, *Democratic Ideals and Reality: A Study in the Politics of Reconstruction*, New York: Henry Holt & Company, 1919.

Hans Kohn, *The Idea of Nationalism: A Study of Its Origins and Background*, New York: The Macmillan Company, 1946.

Henry Kissinger, *On China*, New York: Penguin Press, 2012.

Holger H. Herwig, *"Luxury Fleet": The Imperial German Navy 1888–1918*, Boston and Sydney: George Allen & Unwin, 1980.

Ivo Nikolai Lambi, *The Navy and German Power Politics 1862–1914*, Boston: Allen & Unwin, 1984.

J. R. Hill and Bryan Ranft eds., *The Oxford Illustrated History of the Royal Navy*, Oxford University Press, 2002.

J. R. Seeley, *The Expansion of England: Two Courses of Lectures*, New York: Cosimo Classics, 2005.

Jan Rugger, *The Great Naval Game: Britain and Germany in the age of Empire*, Cambridge: Cambridge University Press, 1979.

Jeffrey W. Taliaferro, *Balancing Risks: Great Power Interaction in the Periphery*, Ithaca and London: Cornell University Press, 2004.

John Darwin, *The Empire Project: The Rise and Fall of the British World System*, New York: Cambridge University Press, 2009.

John J. Mearsheimer, *Conventional Deterrence*, Ithaca: Cornell University Press, 1983.

Jon Tetsuro Sumida, *In Defence of Naval Supremacy: Finance, Technology, and British Naval Policy, 1889-1914*, Boston: Unwin and Hyman, 1989.

Jonathan Steinberg, *Yesterday's Deterrent: Tirpitz and the Birth of the German Battle Fleet*, New York: The Macmillan Company, 1966.

Julian S. Corbett, *Some Principles of Maritime Strategy*, Annapolis: Naval Institute Press, 1988.

Keen Booth, *Navies and Foreign Policy*, London and New York: Routledge, 2014.

Kenneth Bourne, *Britain and Balance of Power in North America, 1815-1908*, London: Prentice Hall Press, 1968.

Kenneth N. Waltz, *Theory of International Politics*, Long Grove: Waveland Press, 1979.

Kuznets, Modern, *Modern Economics Growth*, New Haven: Yale University Press, 1966.

Liddell Hart, *When Britain Goes to War*, London: Faber and Faber Limited, 1936.

Liddell Hart, *When Britain Goes to War: Adaptability and Mobility*, London: Faber and Faber Limited, 1935

Liddle Hart, *Strategy*, London: Plume, 1991.

Lisle A. Rose, *Power at Sea. Volume 1, The Age of Navalism, 1890-1918*, Columbia and London: University of Missouri, 2006.

Louis Snyder eds., *The Dynamics of Nationalism: Readings in Its Meaning and Development*, New York: D van Nostrand Company, 1964.

Ludwig Dehio, *The Precarious Balance*, London: Chatto & Windus, 1963.

Lukas Milevski, *The Evolution of Modern Grand Strategic Thought*, Oxford: Oxford University Press, 2016.

Mark R. Brewley, *Liberal Leadership: Great Powers and Their Challengers in*

Peace and War, Ithaca: Cornell University Press, 1993.

Martin Wight, *Power Politics*, London: Continuum, 1995.

Michael Epkenhans, *Tirpitz: Architect of the German High Seas Fleet*, Washington, D. C. : Potomac Books, 2008.

Nicholas A. Lamber, *Sir John Fisher's Naval Revolution*, University of South Carolina Press, 1999.

Nicholas A. Lambert, *Planning Armageddon: British Economic Warfare and the First World War*, London: Harvard University Press, 2014.

Nicholas J. Spykman, *The Geography of Peace*, New York: Harcourt, Brace and Company, 1944.

Patrick J. Kelly, *Tirpitz and the Imperial German Navy*, Indiana: Indiana University Press, 2011.

Paul M. Kennedy, *Strategy and Diplomacy 1870–1945*, London: Fontana Paperbacks, 1983.

Paul M. Kennedy, *The Rise and Fall of British Naval Mastery*, London: Allen Lane, 1976.

Paul M. Kennedy, *The Rise of the Anglo-German Antagonism 1860–1914*, London: George Allen & Unwin, 1982.

Peter Padfield, *The Great Naval Race: Anglo–German Naval Rivalry, 1900–1914*, New York: David Mackay Company, 1974.

Phillip O'Brien eds. , *Technology and Naval Combat in the Twentieth Century and Beyond*, London: Routledge, 2007.

Robert Gilpin, *War and Change in World Politics*, Cambridge: Cambridge University Press, 1981.

Robert Jervis, *The Logic of Images in International Relations*, Princeton: Princeton University Press, 1970.

Robert Jervis, *Perception and Misperception in International Politics*, Princeton University Press, 1978.

Robert Jervis, *System Effect: Complexity in Political and Social Life*, New Jersey: Princeton University Press, 1997.

Robert K. Massie, *Dreadnought: Britain, Germany, and the Coming of the Great*

War, London: Vintage Books, 2007.

Roger Morriss, *Naval Power and British Culture, 1760-1850; Public Trust and Government Ideology*, London and New York: Routledge, 2016.

Rolf Hobson, *Imperialism at Sea: Naval Strategic Thought, the Ideology of Sea Power and the Tirpitz Plan 1875-1914*, Boston and London: Brill and Academic Publisher, 2002.

Sir John Robert Seeley, *The Expansion of England: Two Courses of Lectures*, New York: Cosimo Classics, 2005.

Sir John Robert Seeley, *The Growth of British Policy: An Historical Essay*, Ithaca and London: Cornell University Press, 2009.

T. G. Otte, *The Foreign Office Mind: The Making of British Foreign Policy, 1865-1914*, Cambridge: Cambridge University Press, 2011.

Thomas Mahnken and others eds., *Arms Races in International Politics: From the Nineteenth to the Twenty-First Century*, Oxford: Oxford University Press, 2016.

Walter LaFeber, *The New Empire: An Interpretation of American Expansion 1860-1898*, Ithaca: Cornell University Press, 1963.

William H. McNeill, *The Pursuit of Power: Technology, Armed Force, and Society since A. D. 1000*, Chicago: University of Chicago Press, 1984.

Wolfgang Wegener, Translated by Holger H. Herwig, *Naval Strategy of the World War*, Annapolis: Naval Institute Press, 1989.

Zara S. Steiner and Keith Neilson, *Britain and the Origins of the First World War*, London: Palgrave Macmillan, 2003.

(二) 论文

Edho Ekoko, "British Military Plans Against France in West Africa, 1898-1906", *Journal of Strategic Studies*, Vol. 4, No. 3, 1981.

Andrew Gordon, "The Admiralty and Imperial Overstretch, 1902-1941", *Journal of Strategic Studies*, Vol. 1, No. 17, 2008.

Anthony D. Smith, "The Resurgence of Nationalism? Myth and Memory in the Renewal of Nations", *The British Journal of Sociology*, Vol. 47,

No. 4, 1996.

Avner Offer, "The Working Classes, British Naval Plans and the Coming of the Great War", *Past & Present*, Vol. 107, No. 1, 1985.

Charles H. Fairbanks, "The Origins of the Dreadnought Revolution: A Historiographical Essay", *The International History Review*, Vol. 13, No. 2, 1991.

Christian K. Melby, "Empire and Nation in British Future-War and Invasion-Scare Fiction, 1871 – 1914", *The Historical Journal*, Vol. 63, No. 2, 2020.

Christopher Layne, "British Grand Strategy, 1900-1939: Theory and Practice in International Politics", *Journal of Strategic Studies*, Vol. 2, No. 3, 1979.

Christopher M. Bell, "The Myth of a Naval Revolution by Proxy: Lord Fisher's Influence on Winston Churchill's Naval Policy, 1911 – 1914", *Journal of Strategic Studies*, Vol. 38, No. 7, 2015.

Christopher Martin, "The 1907 Naval War Plans and the Second Hague Peace Conference: A Case of Propaganda", *Journal of Strategic Studies*, Vol. 28, No. 5, 2006.

David French, "Have the Options Really Changed? British Defence Policy in the Twentieth Century", *Journal of Strategic Studies*, Vol. 15, No. 1, 1992.

Eggan Fred, "Social Anthropology and the Method of Controlled Comparison", *American Anthropologist*, Vol. 56, No. 5, 1954.

Evan Braden Montgomery, "Signals of Strength: Capability Demonstrations and Perceptions of Military Power", *Journal of Strategic Studies*, Vol. 43, No. 2, 2020.

Harford J Mackinder, "The Geographical Pivot of History", *The Geographical Journal*, Vol. 23, No. 4, 1904.

Holger H. Herwig, "The Failure of German Sea Power, 1914-1945: Mahan, Tirpitz, and Raeder Reconsidered", *The International History Review*, Vol. 10, No. 1, 1988.

Holger H. Herwig, "Through the Looking Glass: German Strategic Planning before 1914", *Historian*, Vol. 77, No. 2, 2015.

Jack S. Levy and William R. Thompson, "Balancing on Land and at Sea: Do States Ally against the Leading Global Power?", *International Security*, Vol. 35, No. 1, 2010.

Jack S. Levy and William R. Thompson, "Hegemonic Threats and Great Power Balancing in Europe, 1495 – 1999", *Security Studies*, Vol. 14, No. 1, 2005.

James R. Holmes and Toshi Yoshihara, "History Rhymes: The German Precedent for Chinese Seapower", *Orbis*, Vol. 54, No. 1, 2010.

Jim Beach, "The British Army, the Royal Navy, and the 'Big Work' of Sir George Aston, 1904–1914", *The Journal of Strategic Studies*, Vol. 29, No. 1, 2006.

John Colomb, "British Defence: Its Popular and Its Real Aspects", *The New Century Review*, Vol. 2, No. 2, 1897.

John H. Maurer, "Arms Control and the Anglo-German Naval Race before World War I: Lessons for Today?", *Political Science Quarterly*, Vol. 112, No. 2, 1997.

John H. Maurer, "The Anglo-German Naval Rivalry and Informal Arms Control, 1912-1914", *The Journal of Conflict Resolution*, Vol. 36, No. 2, 1992.

Jon Tetsuro Sumida, "British Naval Administration and Policy in the Age of Fisher", *The Journal of Military History*, Vol. 54, No. 1, 1990.

Jon Tetsuro Sumida, "Geography, Technology, and British Naval Strategy in the Dreadnought Era", *Naval War College Review*, Vol. 59, No3, 2006.

Jon Tetsuro Sumida, "British Capital Ship Design and Fire Control in the Dreadnought Era: Sir John Fisher", *The Journal of Modern History*, Vol. 51, No. 2, 1979.

Jonathan Steinberg, "Germany and the Russo-Japanese War", *The American Historical Review*, Vol. 75, No. 7, 1970.

Jonathan Steinberg, "The Copenhagen Complex", *Journal of Contemporary History*, Vol. 1, No. 3, 1966.

Robert Jervis, "Deterrence Theory Revisited", *World Politics*, Vol. 31,

No. 2, 1979.

Kenneth L. Moll, "Power, and Panic: Britain's 1909 Dreadnought 'Gap'", *Military Affairs*, Vol. 29, No. 3, 1963.

Kuznets, "Quantitative Aspects of the Economic Growth of Nations: Paper X", *Economic Development and Cultural Change*, Vol. 11, No. 2, 1967.

Matthew S. Seligmann & David Morgan-Owen, "Evolution or Revolution? British Naval Policy in the Fisher Era", *The Journal of Strategic Studies*, Vol. 38, No. 7, 2015.

Matthew S. Seligmann, "A Prelude to the Reforms of Admiral Sir John Fisher: the Creation of the Home Fleet, 1902-3", *Historical Research*, Vol. 83, No. 221, 2010.

Matthew S. Seligmann, "A View from Berlin: Colonel Frederick Trench and the Development of British Perceptions of German Aggressive Intent, 1906-1910", *The Journal of Strategic Studies*, Vol. 23, No. 2, 2000.

Matthew S. Seligmann, "Britain's Great Security Mirage: The Royal Navy and the Franco-Russian Naval Threat, 1898-1906", *The Journal of Strategic Studies*, Vol. 35, No. 6, 2012.

Michelle Murray, "Identity, Insecurity, and Great Power Politics: The Tragedy of German Naval Ambition before the First World War", *Security Studies*, Vol. 19, No. 4, 2010.

Morgan-Owen, Gethin D., "History is a Record of Exploded Ideas: Sir John Fisher and Home Defence, 1904-10", *International History Review*, Vol. 36, No. 3, 2014.

Nelson. M. Blake, "Background of Cleveland's Venezuelan Policy: A Reinterpretation", *The American Historical Review*, Vol. 66, No. 4, 1961.

Nicholas A. Lambert, "Admiral Sir John Fisher and the Concept of Flotilla Defence, 1904-1909", *The Journal of Military History*, Vol. 59, No. 4, 1995.

Nicholas A. Lambert, "Strategic Command and Control for Maneuver Warfare: Creation of the Royal Navy's 'War Room' System, 1905-1915", *The Journal of Military History*, Vol. 69, No. 2, 2005.

Nicholas A. Lambert, "British Naval Policy, 1913-1914: Financial Limitation and Strategic Revolution", *The Journal of Modern History*, Vol. 67, No. 3, 1995.

Paul A. Papayoanou, "Interdependence, Institutions, and the Balance of Power: Britain, Germany, and World War I", *International Security*, Vol. 20, No. 4, 1996.

Paul Haggie, "The Royal Navy and War Planning in the Fisher Era", *Journal of Contemporary History*, Vol. 8, No. 3, 1973.

Paul M. Kennedy, "German World Policy and Alliance Negotiation with England", *The Journal of Modern History*, Vol. 45, No. 4, 1973.

Paul M. Kennedy, "Tirpitz, England and the Second Navy Law of 1900: A Strategical Critique", *Militaergeschichtliche Zeitschrift*, Vol. 8, No. 2, 1970.

Paul M. Kennedy, "The Influence and the Limitations of Sea Power", *The International History Review*, Vol. 10, No. 1, 1988.

Richard Dunley, "Sir John Fisher and the Policy of Strategic Deterrence, 1904-1908", *War in History*, Vol. 22, No. 2, 2015.

Richard Langhorne, "The Naval Question in Anglo-German Relations, 1912-1914", *The Historical Journal*, Vol. 14, No. 2, 1971.

Robert C. Rubel, "Command of the Sea: An Old Concept Resurfaces in a New Form", *Naval War College Review*, Vol. 65, No. 4, 2012.

Samuel F. Wells Jr., "British Strategic Withdrawal from the Western Hemisphere, 1904-1906", *The Canadian Historical Review*, Vol. 49, No. 4, 1968.

Wu Zhengyu, "The Crowe Memorandum, the Rebalance to Asia, and Sino-US Relations", *Journal of Strategic Studies*, Vol. 39, No. 3, 2016.

附　　录

附表1　　英国历任海军大臣一览（1886—1915年）

姓名	任职时间	党派
乔治·汉密尔顿（George Hamilton）	1886—1892年	保守党
约翰·斯班塞（John Spencer）	1892—1895年	自由党
乔治·戈申（George J. Goschen）	1895—1900年	保守党
塞尔伯恩（Selborne）	1900—1905年	自由党统一派（Liberal Unionist）
考德（Cawdor）	1905年	保守党
特维德茅斯（Tweedmouth）	1905—1908年	自由党
雷金纳德·麦肯纳（Reginald Mckenna）	1908—1911年	自由党
温斯顿·丘吉尔（Winston Churchill）	1911—1915年	自由党

附表2　　海军部历任第一海务大臣一览（1886—1914年）

姓名	任职时间
亚瑟·胡德（Arthur Hood）	1886—1889年
里查德·汉密尔顿（Richard Hamilton）	1889—1891年
安东尼·霍斯金斯（Anthony Hoskins）	1891—1893年
弗雷德里克·理查兹（Frederick Richards）	1893—1899年
沃尔特·科尔（Walter Kerr）	1899—1904年
约翰·费舍尔（John Fisher）	1904—1910年
亚瑟·威尔逊（Arthur Wilson）	1910—1911年
弗朗西斯·布里奇曼（Francis Bridgeman）	1911—1912年
路易斯·巴登堡亲王（Prince Louis of Battenberg）	1912—1914年

附表3　英国政府首相与外交大臣一览（1886—1916年）

首相	任职时间	党派	外交大臣	任职时间	党派
罗伯特·塞西尔（Robert Cecil）	1886年8月3日—1892年8月15日	保守党	斯塔福德·亨利·诺思科特（Stafford Henry Northcote），罗伯特·塞西尔（Robert Cecil）	1886年8月3日—1887年1月12日，1887年1月14日—1892年8月11日	保守党
威廉·格莱斯顿（William Gladstone）	1892年8月15日—1894年3月5日	自由党	阿奇博尔德·菲利普·普里姆罗斯（Archibald Philip Primrose）	1892年8月18日—1894年3月11日	自由党
阿奇博尔德·普里姆罗斯（Archibald Philip Primrose）	1894年3月5日—1895年6月25日	自由党	约翰·沃德豪斯（John Wodehouse）	1894年3月11日—1895年6月21日	自由党
罗伯特·塞西尔（Robert Cecil）	1895年6月25日—1902年7月12日	保守党	罗伯特·塞西尔（Robert Cecil）	1895年6月29日—1900年11月12日	保守党
亚瑟·贝尔福（Arthur James Balfour）	1902年7月12日—1905年12月5日	保守党	亨利·查尔斯·基思·佩蒂-菲茨莫里斯（Henry Charles Keith Petty-Fitzmaurice）	1900年11月12日—1905年12月4日	保守党
亨利·坎贝尔－班纳曼（Henry Campbell-Bannerman）	1905年12月5日—1908年4月7日	自由党			
赫伯特·亨利·阿斯奎斯（Herbert Henry Asquith）	1908年4月7日—1916年12月7日	自由党	爱德华·格雷（Edward Grey）	1905年12月10日—1916年12月10日	自由党

附表4　　　　　英德海军总体开支与造舰费用　　　　　单位：百万英镑

年份	海军总体开支		造舰费用	
	英国	德国	英国	德国
1900	29.5	—	11.2	3.2
1901	31.9	10.2	11.1	5.3
1902	31.2	10.6	10.7	5.5
1903	35.5	11.0	13.9	5.3
1904	36.8	10.7	14.1	5.1
1905	33.3	12.0	12.1	5.3
1906	31.4	12.7	11.1	5.8
1907	31.4	14.9	10.6	6.6
1908	32.2	17.0	9.4	9.0
1909	35.8	20.6	11.2	11.5
1910	40.4	21.3	16.7	12.7
1911	42.9	22.1	18.9	13.1
1912	44.4	22.7	17.3	12.2
1913	48.8	23.5	17.1	11.4

资料来源：David Stevenson, *Armaments and the Coming of War: Europe 1904-1914*, Oxford: Oxford University Press, 1996, pp. 7-8。

附 录

附表 5　第一次世界大战前英国和德国"无畏舰"一览

舰级	数量（艘）	所属财年	完工时间	排水量（吨）	航速（节）	主武器（舰炮数量×口径）
无畏（Dreadnought）	1	1905—1906	1906年12月	17900	20.9	10×12英寸
柏勒罗丰（Bellerophon）	3	1906—1907	1909年5月—1911年11月	18600	20.75	10×12英寸
圣文森特（St. Vincent）	4	1907—1908 1908—1909	1909年5月—1911年11月	19250—19900	21	10×12英寸
巨人（Collosuss）	2	1909—1910	1911年7月—1911年8月	20000	21	10×12英寸
猎户（Orion）	4	1909—1910	1912年1月—1912年6月	22500	21	10×13.5英寸
乔治五世（King George V）	4	1910—1911	1912年11月—1913年10月	23000	21	10×13.5英寸
铁公爵（Iron Duke）	4	1911—1912	1913年3月—1914年10月	25000	21	10×13.5英寸 12×6英寸
伊丽莎白女王（Queen Elizabeth）	5	1912—1913	1915年1月—1916年2月	27500	25	8×15英寸 14/16×6英寸
王权（Royal Sovereign）	5	1913—1914	1916年5月—1917年9月	25750	21	8×15英寸 14×6英寸
拿骚（Nassau）	4	1906—1907 1907—1908	1909年10月—1910年5月	18873	19	12×11英寸 12×5.9英寸

· 233 ·

海军竞赛与英德全面对抗的生成（1900—1912年）

续表

舰级	数量（艘）	所属财年	完工时间	排水量（吨）	航速（节）	主武器（舰炮数量×口径）
赫尔戈兰 （Helgoland）	4	1908—1909 1909—1910	1911年8月—1912年7月	22808	20.5	12×1英寸 14×5.9英寸
皇帝 （Kaiser）	5	1909—1910 1910—1911	1912年8月—1913年8月	24724	21	10×12英寸 14×5.9英寸
国王 （Koenig）	4	1911—1912 1912—1913	1914年8月—1914年11月	25796	21	10×12英寸 14×5.9英寸
拜恩 （Bayern）	4	1913—1914 1914—1915	1916年3月 （部分中途裁撤）	28600	22	8×15英寸 16×5.9英寸

资料来源：Robert K. Massie, *Dreadnought: Britain, Germany, and the Coming of the Great War*, London: Vintage Books, 2007, pp. 909—912。

· 234 ·

后　　记

　　国际冲突的成因是一个古老而经典的国际安全议题，也是多年来鞭策我不断进行专业探究求索的学术困惑。人类社会自诞生以来，经历了数不胜数的冲突与战争，残酷的战争史以累累白骨、血流成河和遍地焦土惊醒世人；国际冲突管控是人类社会必须直面的生死攸关的难题。国家为何而冲突？一种主流的解释是基于现实主义权力政治观的"修昔底德陷阱"论，"国强必争霸，争霸必冲突"被当作人类无法回避的历史铁律，一种被预先设定好的、可以穿越千年时间空间的人类社会运行"剧本"。不可否认，崛起国与霸权国的结构性矛盾在一定程度上支配了世界历史发展进程，但是作为一名谨慎的国际关系研究者，无论是从个人情感、世界观，还是学术观念出发，我都不愿意接受这种极度悲观绝望的机械解释。我始终希望能够穿越历史迷雾，打破"结果导向"的既定思维模式，深入国际冲突从萌芽到爆发的历史过程，在"一张黑纸中发现白点"，找寻决策者错失的、可以悬崖勒马管控竞争升级的机会窗口，真正做到以史为鉴，在重新思考历史中，萃取兼具学理和现实大国战略竞争管控的历史教益。

　　本书的原型是我于 2021 年 7 月在中国人民大学国际关系学院获得博士学位的毕业论文，在完成博士答辩三年后，能够得到中国社会科学院青年学者文库资助出版，对于一名刚刚走上国际问题科研工作道路不久的青年学人而言，实在是莫大的鼓励和荣幸。从 2010 年正式开启国际政治专业本科学习开始，本硕博辗转青岛大学、北京大学、中国人民大学三所高校，在中国社会科学院欧洲研究所工作三年，十四载春秋的求索沉淀，终于换得了人生第一部专著的付梓出版，庆幸自己一路走来的坚持不懈，在无数个思路堵塞，辗转反侧难以入眠的时候，没有因为陷入自我怀疑而放弃，最终完成了这项富有挑战性的研究，算是送给自己入职三周年的一件宝贵礼物。

　　论学业能力，我是典型的中人之资，并不奢望做出足以忝列经典，流传后世的巨作。故而求学之路一直颇为自由随性，没有给自己过大压力，只是在日常学习中努力让自己保持敏感的问题意识，在不断阅读中或有所悟，尽力让自己的每一篇文章内容符合社会科学规范，确保每一个观点言之有据不落空泛。空暇之余，我最为满足的生活就是沐浴午后温暖的阳光，在窗明几净的书斋中品一壶浓郁的茶水，读一本有深度的书。以这种淡然随性的性格，能够顺利走到现在，在异常激烈的学术竞争中存活下来，实为庆幸。一路走来，有太多的人需要感谢，如果没有他们对我的无私帮助和真诚提携，我的发展轨迹和现状可能完全不一样，能够在研究之路上小有所获，离不开他们的关心与帮助。

　　首先要感谢我的博士生导师吴征宇教授。能够有幸忝列师门跟随老师学习，使我得以在关键的博士阶段，接受到了优质的培养和学术训练。吴老师治学极为严谨，对待学术一丝不苟，始终对标国际最先进的研究标准。攻读博士学位的四年，正是受到他的这种治学风骨的影响，才使得我能够在纷纷扰扰的外部环境中，始终保持"坐得住"的读书状态，避免了因为抵不住诱惑而耽误了学术素养的提升。在生活中，吴老师始终关心学生的在校生活和心理健康状况，经常以丰富的人生阅历和经验及时提供指引。小到短时间的抑郁情绪疏解，大到长远的职业规划建议，或循循善诱，或当头棒喝，总是能够一针见血地直击问题本质，让学生及时破除毫无必要的焦虑、不切实际的幻想、一厢情愿的迷思。在我很多次不知所措和试图逃避的时候，吴老师的帮助都会让我受益良多。值得一提的是，正是在吴老师的指导和鼓励下，我才最终克服畏难情绪，鼓起勇气深入历史中探寻英德海军竞赛与两国关系恶化之间的关联性，挖掘其中的战略机理。事实证明，这一选择是极为明智的。通过对历史的研习，增加了我对大国战略竞争及风险管控的理解和认识，也在深挖历史这座宝矿的过程中，获得了大量的灵感和启发，为今后继续从事国际安全研究打下了基础。从吴老师身上，我最深的体悟是学者的良心和师者的仁心。

　　我的硕士导师李义虎教授为人热情真诚、谦和豁达，乐于提携后辈。读博以来，李老师仍然时常关心我的学习和生活情况，在我对未来举棋不定难以决策的时刻为我指点迷津，并且在我遇到困难的时候在百忙之中仗义相助。我的成长也离不开青岛大学国际政治专业几位老师多年来的关爱和支持。李广民教授、丁金光教授、欧斌教授和韩庆娜副教授是我的学术启蒙人和人生导师,从本科至今无论在学业、生活和求职方面都给我提供了很多关照和帮助。本科四年,如果没有他们的耳提面命,我可能会多走很多弯路,很庆幸能够在最为关键的本科阶段遇到他们。在此还要重点感谢中国人民大学国际关系学院的左希迎和梁雪村老师。两位老师都是学界青年翘楚,他们既是经常给我学术启发的前辈师长,又是对我关怀备至的大哥大姐。在论文发表和求职抉择的困难时期,我经常向两位老师取经。尽管他们平时教学科研任务都极为繁忙,但是总会及时和耐心地给我回复,有时谈话甚至会超过一个小时,令人非常感动。此外,还要感谢在博士学位论文答辩过程中,作为评审专家为本项研究提供诸多宝贵建议的于铁军教授、方长平教授、蒲俤教授、房乐宪教授,他们严谨求实的工作为书稿的完善提供了许多有益的启发。

独学而无友,则孤陋而寡闻。在学术道路上,有幸结识了众多品学兼优、志趣相投的朋友,无论是学业方面的互相切磋增益,还是生活中无微不至的相互关照,都使我受益良多。复旦大学李帅宇博士后是我硕士同窗好友,多年以来我们保持了密切的学术联系。在博士学位论文的撰写和书稿的修订过程中,作为一名专长于比较政治经济学理论的优秀青年学者,帅宇总能从经济视角提出对军事安全问题的看法,启发我关注英德海上矛盾不断升级的经济动因;中国国际问题研究院康杰副研究员、上海外国语大学助理研究员王思羽博士分别是我在北京大学、中国人民大学求学阶段的师兄,两位都精通军事安全议题,并对本书讨论的问题有着独到的见解。与他们的多次交流,对于书中内容的查缺纠错助益颇多,中共中央党校讲师谢天博士、中国社会科学院世界经济与政治研究所助理研究员逄锐之博士、北京外国语大学讲师宋亦明博士、中国国际问题研究院助理研究员鲍志鹏博士、北京大学博士研究生高衡、清华大学博士研究生李享等朋友也阅读了本书的部分或全部内容,并提供了重要的建议,本人亦深表感谢。

本书的出版离不开单位领导和同事们的关照与厚爱。我所在的中国社会科学院欧洲研究所是国内规模最大的欧洲研究机构,为我更加深入地思考欧洲历史问题提供了重要的支撑。一方面,参与冯仲平所长主持的国家社科基金重大项目"欧洲对外战略调整与中欧美关系研究"等科研工作，使我能够在关注欧洲现实问题的过程中，回溯反思欧洲国际体系演进的历史，这种历史与现实之间的联动思考与相互对照，为丰富完善书中的观点提供了许多新的灵感；另一方面，得益于身边有很多治学严谨、思想深刻、待人谦和的欧洲研究专家，在与同事们的日常交流中，也收获了很多宝贵的建议与启发。吴白乙研究员、刘作奎研究员、胡琨副研究员、彭姝祎研究员、张敏研究员、张海洋副研究员、赵纪周博士等同事，都曾与本人进行过相关学术讨论，为研究的查缺补漏和观点完善提供了颇多助益。欧洲所科研处的同事牟薇、常兆瑞在书稿申请立项的过程中，提供了很多耐心细致的行政工作支持，确保了完成全部申请和审批流程的效率。中国社会科学出版社编辑黄晗老师在书稿的编校出版过程中付出了辛勤的工作，在此一并致以真挚的感谢。

最后，感谢父母一直以来对我的支持。多年来，正是他们在物质、精神两方面为我提供了坚实的后盾，使我可以全身心投入自己的学业和事业中。

时光荏苒，在历史长河中每个个体都是渺小的尘埃，所以更应该追寻着阳光前行，避免在现实风浪中迷失方向，在各种各样的诱惑面前失去自我，努力在自己所处的位置上发挥自身独特的价值，无惧山高路远和艰难险阻。本书的出版是学术道路上的一个阶段性总结，祈愿自己能够始终不渝地坚守当年选择成为一名科研人员的初心，通过自身的努力探索，真正做出经得起时间残酷锤炼的作品。未来，唯愿不负脚下的路，不负值得珍惜的人，不负心中的诗和远方，无愧于我们这一代人肩负的时代使命。

徐若杰

2024 年 10 月